长江经济带绿色创新发展指数报告（2022）

庄毓敏　等编著

中国财富出版社有限公司

图书在版编目（CIP）数据

长江经济带绿色创新发展指数报告. 2022 / 庄毓敏等编著. -- 北京：中国财富出版社有限公司，2024.11. -- ISBN 978-7-5047-8257-1

Ⅰ. F127.5

中国国家版本馆 CIP 数据核字第 2024TN7244 号

策划编辑	李彩琴	责任编辑	敬　东　杨白雪	版权编辑	李　洋
责任印制	尚立业	责任校对	孙丽丽	责任发行	董　倩

出版发行	中国财富出版社有限公司	
社　　址	北京市丰台区南四环西路 188 号 5 区 20 楼	**邮政编码**　100070
电　　话	010－52227588 转 2098（发行部）	010－52227588 转 321（总编室）
	010－52227566（24 小时读者服务）	010－52227588 转 305（质检部）
网　　址	http://www.cfpress.com.cn	**排　　版**　宝蕾元
经　　销	新华书店	**印　　刷**　北京九州迅驰传媒文化有限公司
书　　号	ISBN 978-7-5047-8257-1/F・3761	
开　　本	710mm×1000mm　1/16	**版　　次**　2025 年 1 月第 1 版
印　　张	15	**印　　次**　2025 年 1 月第 1 次印刷
字　　数	238 千字	**定　　价**　88.00 元

编 委 会

前　言

推动长江经济带高质量发展是党中央作出的重大决策，是关系国家发展全局的重大战略。自 2016 年《长江经济带发展规划纲要》正式印发，习近平总书记先后三次召开座谈会，为长江经济带发展谋篇布局、把脉定向。2018 年，中共中央、国务院明确要求充分发挥长江经济带横跨东中西三大板块的区位优势，以生态优先、绿色发展为引领，推动长江上中下游地区协调发展和沿江地区高质量发展。2022 年，党的二十大报告指出，"必须坚持科技是第一生产力、人才是第一资源、创新是第一动力……创新驱动发展战略，开辟发展新领域新赛道，不断塑造发展新动能新优势""加快实施创新驱动发展战略""加快实现高水平科技自立自强""推动经济社会发展绿色化、低碳化是实现高质量发展的关键环节"。

为深入贯彻落实习近平总书记对长江经济带发展的系列重要指示精神，紧密围绕"绿色转型""创新驱动"的理念，强调绿色发展与创新发展的融合关系，本报告系统分析、综合评价长江经济带 110 个城市绿色创新发展现状及竞争力。通过对比分析各城市绿色创新发展政策与实践，科学构建多维度指标评价体系，动态反映各城市在绿色创新投入、绿色创新产出方面取得的成效，综合衡量长江经济带 110 个城市的绿色创新发展水平。本报告的研究成果有利于长江经济带各城市更好地把脉绿色创新质量，找准发展中存在的主要短板和突出问题，对标先进城市，见贤思齐，为长江经济带全流域绿色创新发展提供准确数据参考和科学决策依据。

本报告从绿色、创新概念和基础理论出发，阐述了构建指数的理论框架、基本原则和方法。通过归纳总结国内外相关指数的编制经验，遵循科学性、系统性、可比性原则选取指标，运用"投入—产出"分析框架，从绿色创新投入和绿色创新产出两大维度构建指标体系，全面评价长江经济带城市的创新驱动和绿色发展情况。其中，绿色创新投入维度（指数）包含创新制度、研发投入、创新基础、创新转化4个二级指标，绿色创新产出维度（指数）包含创造产出、绿色经济、生态环境、健康生活4个二级指标。运用二阶验证性因子分析模型，基于标准化因子载荷计算指标权数，通过科学的指数编制方法，测算出2017—2020年长江经济带110个城市的绿色创新发展指数。

与其他指数相比，本指数有四大创新和亮点：一是在每一个维度、每一个二级指标设计中将创新驱动和绿色发展深度融合；二是在绿色创新投入指数中引入创新转化指标，突出创新驱动的成效；三是绿色创新产出指数下的4个二级指标在逻辑上层层递进，体现了绿色创新发展的协同性；四是多层次展现各城市绿色创新发展水平，方便不同区位、不同规模的城市相互学习和比较。报告除了对长江经济带110个城市进行整体比较分析外，还按照长江上中下游以及城市性质两个维度，分组对比与分析。本报告可以为新时期长江经济带高质量发展提供一个新的抓手，为政府绩效考核提供一个新的评价指标，同时对各城市的债务评级提供新的参考工具，具有较高的实用价值。

根据长江经济带绿色创新发展指数（本报告中简称绿色创新发展指数）测算，2017—2020年上海稳居长江经济带绿色创新发展榜首，南京、杭州、成都、武汉、苏州、长沙、合肥7个城市稳居长江经济带十强，湘潭作为绿色创新发展的后起之秀，2020年其总指数大幅提升，首次跻身十强。重庆于2019年掉出十强，2020年再次进入十强。按照长江上中下游城市来划分，33个上游城市各年度十强的排名大致稳定，成都绿色创新发展持续稳居榜首，重庆、昆明、绵阳、贵阳、宜宾、泸州、雅安、遵义8个城市稳居前十；中游的36个城市中，武汉稳居第一，且在创新基础、创新转化以及创造产出指标上领跑中游地区甚至整个长江经济带地区，长沙、湘潭、株洲、南昌、十堰、宜昌6个城市绿色创新发展步伐较稳，在中游地区保持前十；41个下游城市各年度十强排名较为稳定，上海高分问鼎，南京、杭州、苏州、合肥、宁波、无锡和绍兴7个城市稳居十强。按照城市性质进行分组的结果来看，直辖市及省会（含副省级）城市各年度排名基本稳定，上海持续强势霸榜，武汉的总指数在 2020 年有较大幅度的提升，排名由第五名跃升至第二名；其他城市中，苏州继续保持明显的领先优势，其余十强城市有较大波动。

报告还从 8 个子指标维度，分别介绍了排名前十城市的先进经验。在创新制度方面，上海、南京、武汉出类拔萃，3 个城市均重视绿色创新宣传和报告，绿色创新政策系统完善、丰富有效；在研发投入方面，湘潭、合肥、上海表现突出，财政支持向绿色创新发展倾斜，雄厚的财政资金支持充分激发科技创新的潜力；在创新基础方面，武汉、成都、南京成绩斐然，发挥城市特色、聚焦重点领域建设高水平的新型基础设施，为高质量发展添砖加瓦；在创新转化方面，上海、苏州、武汉遥遥领先，推动高校成果转化体系改革，打造高水平科技创新人才队伍等政策多管齐下，辅以打造全球产业科技创新高地；在创造产出方面，武汉、南京、上海首屈一指，重在积极发挥人才优势，坚持产业链与创新链相融合；在绿色经济发展方面，扬州、镇江、泰州位列前三，因地制宜整合旅游资源，促进产业集群发展，推进产业绿色转型低碳发展；在生态环境方面，黄山、丽水、普洱名列前茅，积极开展区域合作，以旅游业为载体打造生态文明新典范；在健康生活方面，杭州、上海、南京领跑全国，利用自身医疗禀赋优势集纳全国顶尖资源，全面实施"科教兴医"。

最后，本报告针对长江经济带各城市在绿色创新投入产出中存在的共性问题和突出短板，汲取优秀城市经验，促进区域协调发展，提出了以下 5 条政策建议：一是加强政策引领，打造"绿色发展"社会良好氛围；二是加大研发投入，推进科技成果转移转化；三是健全绿色基础设施，科技创新驱动绿色发展；四是聚焦"双碳"目标，推进经济社会全面绿色转型；五是加强生态文明建设，共享健康生活。

庄毓敏

2024 年 12 月

目　录

1　绿色创新发展指数概况

绿色创新发展指数由 2 个一级指标（子指数）、8 个二级指标和 25 个三级指标构成，全面评价了长江经济带 110 个城市的创新驱动和绿色发展情况。

1.1　长江经济带城市整体分析

长江经济带覆盖上海、江苏、浙江等沿江 11 个省市，横跨中国东、中、西三大区域，是中央重点实施的"三大战略"之一，是具有全球影响力的内河经济带、东中西互动合作的协调发展带、沿海沿江沿边全面推进的对内对外开放带，也是生态文明建设的先行示范带。推动长江经济带发展，是以习近平同志为核心的党中央作出的重大决策，是关系国家发展全局的重大战略，对实现"两个一百年"奋斗目标、实现中华民族伟大复兴的中国梦具有重要意义。习近平总书记强调，要坚定不移贯彻创新、协调、绿色、开放、共享的新发展理念，推动长江经济带高质量发展，使长江经济带成为我国生态优先绿色发展主战场、畅通国内国际双循环主动脉、引领经济高质量发展主力军。深入贯彻落实习近平生态文明思想和对长江经济带发展的系列重要指示精神，紧密围绕"以绿色带动创新，以创新促进绿色"的理念，强调绿色发展与创新发展的融合关系。本报告系统分析研究了长江经济带 110 个城市绿色创新发展竞争力，对比分析各城市绿色创新发展政策与实践，通过科学构建指标评价体系和各级指标数据分析，动态反映出各城市在污染治理、生态修复、绿色创新融合发展等方面取得的成效，科学衡量长江经济带 110 个城市的绿色创新发展水平。

总体来看，十强城市各年度的排名基本稳定，但从总指数得分和子指数动态发展来看，一些城市绿色创新驱动更强劲、绿色发展成效更显著。具体来看：

上海、武汉、南京、杭州4年来保持强势领先地位，依托较好的发展基础引领长江经济带绿色创新发展。2017—2020年，上海创新制度和创新转化指标始终排名第一，领先优势明显。上海具有优秀的绿色创新制度宣传和完善的绿色创新政策系统，同时创新转化能力高居榜首，领先优势十分明显。2020年武汉的排名由第五名跃升至第二名，创新制度、创新基础、创新转化和创造产出指标得分均跻身前三。其不仅重视政策引领，并积极统筹推进新基建和传统基建的建设，为创新夯实基础，切实加强科技成果转化中心建设，为创新发展提供有力支撑。南京在2017—2019年稳居第二名，2020年降至第三名。其创新制度指标稳定居于前位，绿色创新政策丰富、有效，同时创造产出指标得分也十分优秀，南京秉持"共创、共享、共赢"的理念，助力科技自立自强和产业质效提升。杭州在2017—2019年稳居第三名，2020年下滑至第四名。杭州的创新制度指标表现亮眼，其绿色创新制度的宣传较好，绿色创新政策执行到位。在健康生活指标方面，杭州建设领跑全国，不断加快构建全生命周期服务体系，公共卫生保障与监测能力不断提升。

成都、苏州、合肥、长沙排名稳定，发挥突出特长，稳固已有优势，走出具有城市特色的绿色创新发展之路。成都的创新基础指标一直强势领先，科学构建超大城市立体交通体系，并推进高水平新型基础设施布局，建设践行新发展理念的公园城市示范区。苏州创新转化能力突出，指标排名稳居第二，支持政策多管齐下，发力创新转化多环节，辅以体系建设打造全球产业科技创新高地。2017—2020年，合肥的绿色经济指标进步明显，由第十五名跃升至第四名。研发投入指标也表现优秀，处于领先地位。长沙的创新基础指标表现较好，其指数连续四年稳居第四，主要源于长沙强化以电力、算力、动力为代表的三大支撑，以全面加强基础设施建设为前提，提升城市能级、拉动经济增长。

重庆排名相对较为波动，可继续固强补弱，湘潭排名上升，绿色创新发

展阔步向前。2017—2020 年，重庆两度进入十强，排名在第九名和第十一名间跳动，2020 年重新回到第九名得益于其在创新制度指标方面的稳健进步。2020 年，重庆绿色创新制度宣传力度大，并积极尝试改革绿色创新制度，在创造产出、生态环境和健康生活指标上重庆仍有较大的发展空间，需要结合城市特色和实践继续针对性地提升绿色创新水平，探索出适合自己的绿色低碳发展之路。湘潭是绿色创新发展的后起之秀，2020 年首次跻身十强，其总指数由 2017 年的 31.79 提升到 2020 年的 45.28，排名也由 2017 年的第二十一名上升到 2020 年的第十名，其绿色经济指数进步最为明显。湘潭以产业绿色转型助推老工业城市更新升级，加快高新技术产业发展，为老工业城市转型提供了优秀样本，为建设资源节约型社会、环境友好型社会提供了支撑。

2017—2020 年长江经济带十强城市整体排名情况如图 1-1 所示。

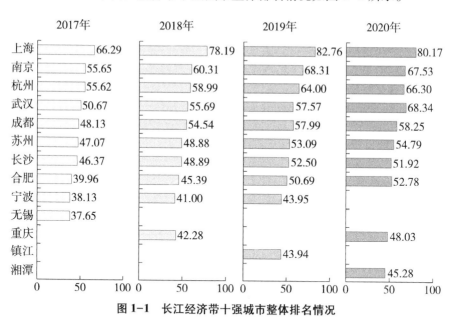

图 1-1　长江经济带十强城市整体排名情况

1.2　上中下游城市分析

长江经济带 110 个城市中，33 个位于长江上游地区、36 个位于长江中游地区、41 个位于长江下游地区。由于在自然资源、对外交通联系、科技教育水平、经济发展水平等方面均存在较大差异，上中下游城市创新驱动绿色发展的方式各有千秋。分流域考察绿色创新发展情况，可以更加深入地了解各流域绿色创新发展的水平和特点，有利于各城市之间互相学习与借鉴，以绿色引领为帆，化创新驱动为桨，促进长江经济带高质量发展。

1.2.1 长江上游地区

长江上游地区排名前列的城市位次较为稳定，各城市的绿色创新发展动力存在明显差异。 成都 2017—2020 年绿色创新发展水平持续稳居榜首，其创新基础、创新转化、创造产出指标均存在显著领先优势。重庆、昆明、绵阳、贵阳、宜宾、泸州、雅安、遵义 8 个城市稳居长江经济带上游城市十强，绿色创新发展稳步向前。攀枝花、乐山分别于 2018 年和 2019 年被挤出长江上游城市十强；自贡健康生活指标得分进步明显，2019 年首次进入十强之列，2020 年超越遵义，排名提升至第九名。

2017—2020 年长江经济带上游城市十强排名情况如图 1-2 所示。

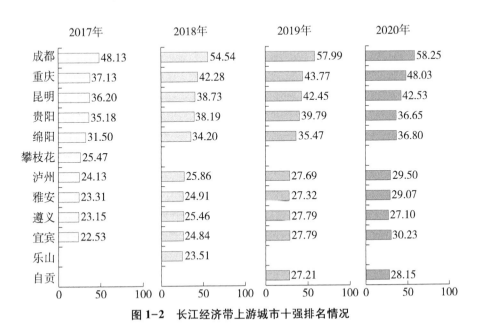

图 1-2 长江经济带上游城市十强排名情况

1.2.2 长江中游地区

长江中游地区各城市指数整体呈现上升趋势，十强城市各年度的排名变动较大。2017—2020 年，武汉在长江经济带中游 36 个城市中，绿色创新发展能力遥遥领先，且在创新基础、创新转化以及创造产出指标上领跑中游地区甚至整个长江经济带地区。长沙、湘潭、株洲、南昌、十堰、宜昌 6 个城市绿色创新发展步伐较稳，一直在中游地区保持前十，但排名有所变动。衡阳2018 年短暂跌出十强，2019 年重新进入十强后总指数排名不断上升，研发投入指标增长较大。常德于 2019 年跌出十强，主要由于其研发投入、绿色经济和创新基础指标下滑。怀化于 2018 年首次进入前十，其后始终居于十强之列且总指数稳步提升，这主要得益于其研发投入指标有大幅进步。

2017—2020 年长江经济带中游城市十强排名情况如图 1-3 所示。

图 1-3　长江经济带中游城市十强排名情况

1.2.3 长江下游地区

长江下游地区城市十强排名存在一定波动，但前列城市牢固占据领先地位，与中上游十强城市相比，下游地区十强城市的指数较高，绿色创新发展

能力较强。2017—2020 年，上海在长江经济带下游 41 个城市中，绿色创新投入和产出指数都遥遥领先，优势明显。南京、杭州、苏州、合肥、宁波、无锡和绍兴 7 个城市稳居十强，但排名有所变化。南京的绿色创新制度宣传到位，绿色创新政策丰富、有效，创造产出指标得分居于前列，用产业的思维抓创新，秉持"共创、共享、共赢"的理念，助力科技自立自强和产业质效提升；杭州的健康生活建设始终居于首位，领跑全国，不断加快构建全生命周期服务体系，公共卫生保障与监测能力不断提升；苏州支持政策多管齐下，发力创新转化多环节，辅以体系建设打造全球产业科技创新高地，创新转化排名稳居前位；合肥在研发投入和绿色经济方面不断进步，探索出具有城市特色的发展之路；宁波和无锡在创新制度和健康生活方面都有较好的表现，可继续发展城市特长，补足弱项、巩固优势；绍兴健康生活指标进步明显，但研发投入和生态环境排名下降，需进一步提升。镇江与扬州于 2019 年和 2020 年在绿色经济指标排名中均位列前两名，并拉动总指数于 2019 年挤进十强，成为下游地区新的先锋城市。

2017—2020 年长江经济带下游城市十强排名情况如图 1-4 所示。

图 1-4 2017—2020 年长江经济带下游城市十强排名情况

1.3 按城市性质分类分析

长江经济带 110 个城市中，包含上海、重庆 2 个直辖市，武汉、长沙、成都、杭州、宁波、南京、贵阳、昆明、南昌、合肥 10 个省会（含副省级）城市，以及 98 个其他城市。城市性质不同，其城市能级也存在很大差异。按照城市性质划分，进一步分析对比各城市绿色创新发展情况，可以更加深入地了解不同城市的绿色创新发展的水平和特点，有利于各城市之间互相学习与参考借鉴发展经验，以制定可以落地的政策措施，探索一条适合自身的绿色创新发展之路。

1.3.1 直辖市和省会（含副省级）城市

总体来看直辖市和省会（含副省级）城市的总指数呈现逐年上升趋势，各年度的排名基本稳定。2017—2020 年，上海始终处于领跑位置，并在创新制度和创新转化上始终处于首位，一方面，其重视绿色创新制度的宣传和报道，且经济发达，居民消费水平较高，另一方面，上海持续推进建设和优化科技成果转移转化的服务体系，并推动高校院所成果转化体制机制改革，突出转化运用导向，新增对医疗卫生机构的科技成果转化要求，在 2020 年创新转化评价中以绝对优势高居榜首。其余 11 个直辖市和省会（含副省级）城市排名基本稳定，波动较小。其中武汉的总指数在 2020 年有较大幅度的提升，排名由第五名跃升至第二名，特别是健康生活分指数取得了较大的进步，由 2019 年的第十六名跻身至 2020 年的第四名，此外，武汉也始终稳固并加强优势，2020 年创新基础和创造产出指标排名都处于首位，为长江经济带城市绿色创新发展提供良好借鉴。4 年来，杭州的健康生活指数排名蝉联第一，绿色创造产出指数均跻身前三，并在 2020 年升至首位，表现突出。南京的总指数排名稳居前列，4 年来创新制度、创新基础以及创新转化指标排名始终处于前三，2020 年总指数排名位于第三。

2017—2020 年直辖市及省会（含副省级）城市十强排名情况如图 1-5 所示。

图 1-5　2017—2020 年直辖市及省会（含副省级）城市十强排名情况

1.3.2　其他城市

在 98 个其他城市中，苏州继续保持明显的领先优势，其余十强城市有较大波动。苏州在创新制度和创新转化指标上的表现亮眼，近年来在建立绿色城市和创新制度方面做出了切实的努力，政策多管齐下，发力创新转化多个环节，辅以体系建设打造全球产业科技创新高地，在 2020 年创新转化评价中位居第二名。湘潭、无锡、株洲、镇江、绍兴和常州 6 个城市稳居十强，排名波动较小。其中，湘潭的研发投入指标领先优势明显，2020 年该指标排名位于首位；4 年来无锡的研发投入指标排名持续下降，需重视该方面发展；株洲的研发投入指标排名靠前，总体来看绿色创新产出能力持续进步；镇江的绿色经济表现优秀，2020 年该指标排名位于第二位；绍兴各指标排名变动幅度较小，应继续稳固优势发展短板；常州的创新基础和创造产出指标有所下降，应针对性补齐短板，以提升绿色创新发展能力；扬州绿色经济发展较快，于 2019 年挤入十强；温州于 2018 年挤进十强后一直保持，绿色创新发展能力和健康生活水平不断发展进步；芜湖于 2018 年被挤出十强，其后创新基础和健康生活排名均有进步，助力其 2020 年重新回归十强，此外，芜湖针对三大产业采取相应的科技转型策略，完善科技金融服务系统，在创造产出上具有较强的竞争优势。

2017—2020 年其他城市十强排名情况如图 1-6 所示。

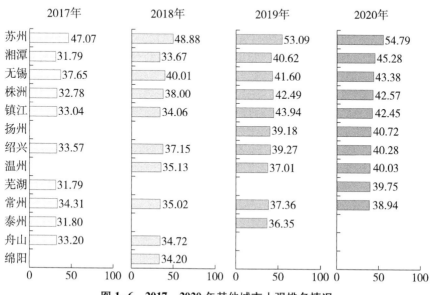

图 1-6　2017—2020 年其他城市十强排名情况

2 绿色创新发展指数结构分析

2.1 绿色创新投入指数

实现高质量发展，将以往的以要素投入为主的模式转变为创新驱动、绿色发展的模式，必然需要在多方面进行变革和投入，与其相关的指标在绿色创新投入指数中予以涵盖。绿色创新投入指数主要反映不同城市为了达成绿色创新的转型，实现经济高质量发展所必需的制度、资金、人力资本、基础设施、信息服务等方面基础支撑和必要投入情况。主要包含了创新制度、研发投入、创新基础、创新转化 4 个指标。2020 年绿色创新投入指数排名前十的城市分别为上海、武汉、南京、苏州、杭州、成都、合肥、重庆、长沙、南昌。

上海对绿色创新领域的投入继续大幅领先，创新制度和创新转化指标成绩亮眼。上海在绿色创新投入 4 个指标中均排名前十，发展协调度较高，尤其是创新制度和创新转化指标连续四年稳居第一。一方面，上海注重强化政策引领，2020 年印发《上海市绿色发展行动指南（2020 版）》，积极制订各项措施和行动计划加强绿色引领，同时重视对于绿色创新制度的宣传和报道，在长江经济带城市中起到很好的标杆作用；另一方面，上海大力发展技术转移服务机构，持续推进建设和优化科技成果转移转化的服务体系，并积极推动高校院所成果转化体制机制改革，因此创新转化能力与其他城市相比具有非常突出的绝对优势。

武汉、南京、苏州、杭州、成都的绿色创新投入水平相近，但重点投入领域有所差异。武汉、成都和南京的创新基础指标在长江经济带 110 个城市中排名前三。其中，武汉积极建设"打基础、强功能、利长远"的重大项目，夯实新型基础设施，构建完善的新型基础设施体系。成都加快推进高水平新型基础设施布局，建设践行新发展理念的公园城市示范区，致力于打造国家绿色产业示范基地。南京聚焦重点领域，着重建设智慧平安绿色交通，加快融合基础设施应用布局，努力打造城市能源互联网先行实践样板。苏州的创新转化指标突出，其在全省率先开展对技术转移各方主体如供求双方、技术经纪人和技术转移机构的补助和引导，以科研院所为主力完善技术转移体系建设，同时完善创新型企业培育机制，促进中小科技企业做强做大。杭州绿色创新投入维度的 4 个指标发展比较均衡，其创新制度宣传力度大并且执行到位，并大力推动知名高校院所的建设，探索其成果转化的高效机制，在创新制度方面具有比较优势。

合肥、重庆、长沙和南昌的创新基础较好，但各投入指标的协调性不够，存在较明显的弱势领域。重庆、合肥和南昌统筹推进传统基础设施和新型基础设施建设，其创新基础指标在 110 个城市中分别排第五名、第七名、第八名，具备扎实的创新基础，但重庆的研发投入指标相较而言有些不足，合肥则在创新制度和创新转化两个指标表现相对较弱，南昌需继续加强除创新基础外其他三个指标的投入，为实现创新发展积蓄更大动能。长沙注重在创新基础方面的投入，不断增加 R&D（研究与试验发展）经费内部支出，强化产学研用协同创新，加快建设人才集聚中心，并强化电力、算力、动力为代表的三大基础设施支撑，进而增强创新驱动力。

2020 年长江经济带城市绿色创新投入指数十强如图 2-1 所示。

2.2 绿色创新产出指数

实现高质量发展，将以往的以要素投入为主的模式转变为创新驱动、绿色发展的模式，最为核心的就是要看经济发展、企业生产、人民生活的相关指标是否满足绿色创新的内涵，相关指标体现在绿色创新产出指数之中。绿色创新产出指数主要反映不同城市在经济社会发展过程中体现出来的可持续发展、绿色生产、低碳生活等方面的效率提升和创新成果。主要包含创造产

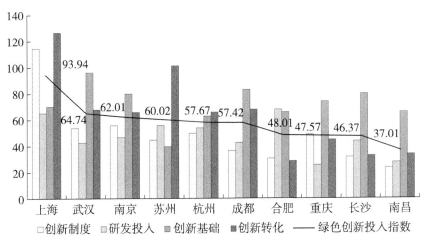

图2-1　2020年长江经济带城市绿色创新投入指数十强

出、绿色经济、生态环境、健康生活4个指标。2020年绿色创新产出指数排名前十的城市分别为杭州、南京、武汉、上海、镇江、温州、扬州、成都、湘潭、株洲。

杭州、南京和武汉的绿色创新产出水平位居长江经济带沿线11省市前三，在产出方面具备明显优势。杭州在健康生活指标的排名中连续四年稳居第一，健康杭州建设领跑全国，其居民主要健康指标处于全国领先水平，公共卫生保障体系的构建不断完善，监测预警能力不断提升。南京和武汉的创造产出成绩亮眼，在110个城市中位居前二。其中，南京注重将创新链和产业链深度融合，将传统的招商引资体系、思路和办法，有机运用到创新项目和企业的引进培育上，从而有效助力科技自立自强和提升产业质效；武汉依托其丰富的科教资源和优越的创新禀赋，着力提高在汉高校院所科技成果的就地转化率，积极推进产业创新发展研究院的建设，并注重抓住机遇，突破性发展数字经济。

上海、镇江、温州、扬州绿色创新产出指数相近，绿色创新发展各有亮点。上海在创造产出和健康生活维度的表现突出，排名均稳居前三。一方面，上海作为中国重要的经济中心城市，集聚"100+"创新型企业，推出"100+"应用场景，打造"100+"品牌产品，突破"100+"关键技术，产出优势非常突出；另一方面，上海百强医院数量占全国近 20%，并在医疗科技创新发展上取得大量成就，市民健康素养整体水平较高。扬州和镇江的绿色经济水平位居前二。其中，扬州充分利用其优势旅游资源，重点培育现代服务业，实现产业集群化发展，进而促进经济的绿色转型；镇江在全国率先创立城市"四碳"创新机制，强力推进低碳发展，取得了显著的成效。温州健康生活指标表现相对亮眼，其社会力量办医蓬勃发展，健康温州建设格局已经基本形成，医疗卫生资源持续增加。

成都各指标发展的协调度较高；湘潭和株洲为后起之秀，其绿色创新产出指数排名于 2020 年首次跻身前十名。成都绿色创新产出指数的 4 个指标得分比较均衡，其创造产出指数排名在 110 个城市中具有较强优势，构建了"科创空间+专业化运营队伍+创新创业载体+创新服务平台+科创基金"的创新综合服务体系，进入了加快成形成势的发展新阶段。湘潭和株洲的绿色经济指标均进步显著，湘潭作为南方重要工业基地，以传统优势工业转型升级为重点，不断优化产业结构，为老工业城市创新绿色转型提供了优秀样本；株洲大幅退出旧动能，加快培育新动能的步伐，并积极构建"两型交通"体系，低碳建设领跑全省。

2020 年长江经济带城市绿色创新产出指数十强如图 2-2 所示。

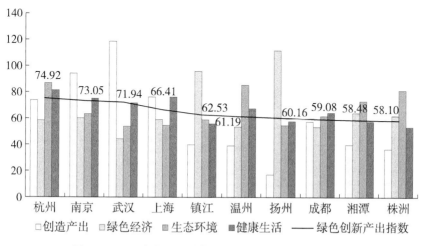

图 2-2　2020 年长江经济带城市绿色创新产出指数十强

3 长江经济带城市先进经验借鉴

3.1 创新制度

根据 2020 年创新制度指标的评价结果，上海、南京、武汉、杭州、重庆、苏州、无锡、宁波、成都、常州位列前十。

3.1.1 大力推动绿色创新制度宣传

上海在绿色创新制度的宣传和报道上独树一帜，尤其是在"党政机关报和政府门户网站中相关关键词的出现频率"这一三级指标上表现亮眼，相关关键词出现频率有近两万次，遥遥领先其他城市。2020 年，武汉绿色创新宣传报道激增，较 2019 年增长逾 1 倍，表现仅次于上海。重庆绿色创新宣传也十分亮眼，在"党政机关报和政府门户网站中相关关键词的出现频率"和"中国最具影响力的综合报纸对当地发展经验的报道频率"这 2 个指标中表现亮眼，分别位列第二名和第四名。

3.1.2 配套完善绿色创新制度体系，带动绿色产业发展

上海绿色创新政策体系完善，印发《上海市绿色发展行动指南（2020版）》《关于在常态化疫情防控中进一步创新生态环保举措更大力度支持经济高质量发展的若干措施》等多份指南、方案，推动企业来沪考察，加大对绿色企业的支持力度。南京、成都、宁波通过深化绿色金融创新，让更多资金流向绿色产业。无锡、常州、宁波分别打造特色产业园区——无锡零碳科技产业园、中欧（常州）绿色创新园、宁波生态文明先行示范区，带动绿色产

业聚集式发展。重庆产学结合，提出通过激发高校、科研院所绿色技术创新活力，推进"产学研金介"深度融合，加强绿色技术创新基地平台建设等措施来实现绿色技术创新体系形成系统布局、创新基础能力显著增强的目标。杭州立足"数字经济"的特色产业，将经济中心转化为新金融、互联网。

3.1.3　深化区域合作，发挥绿色创新协同效应

长三角地区城市为绿色创新区域合作的代表典范，在前十城市中占据了7个席位。常州是连接江北"七湖"水网地区的北部生态、太湖及以西丘陵地区的南部生态的关键枢纽，以及水系与太湖水系交汇地、京杭运河与太湖水系交汇地，通过推动生态绿城项目，发挥出长三角生态中枢的角色。苏州积极推进包括青浦区（上海）、吴江区（江苏苏州）、嘉善县（浙江嘉兴）等（"两县一区"）在内的长三角生态绿色一体化发展示范区建设，重点探索流域生态环境共保共治、水资源统筹配置和有偿使用等相关机制。上海印发《长三角生态绿色一体化发展示范区生态环境管理"三统一"制度建设行动方案》，致力于推动区域生态环境持续改善，促进一体化示范区经济社会生态绿色高质量发展。

3.2　研发投入

根据2020年研发投入指标的评价结果，湘潭、合肥、上海、株洲、怀化、绵阳、苏州、衡阳、杭州、益阳位列前十。

3.2.1　推行中小企业研发费用奖补，引导创新主体研发投入

上海市科学技术委员会对"面向工业环境下5G安全问题关键技术研究与攻防应用示范"等57个项目予以立项，市科委资助18592万元，其中2020年拨款14873.7万元。株洲2017—2021年累计帮助企业争取到省研发奖补资金3.2亿元，所获支持金额全省第二，并推动为创新产品购买商业保险、政府给予保费补贴，以及将成果转化后首批新品纳入政府采购等模式，让政府

与企业共担风险。

3.2.2 加强与研究院所对接交流，放大研发投入乘数效应

衡阳大力集聚高端创新人才，落实"人才雁阵"计划、"万雁入衡"行动，联合建设院士专家工作站，打造一批技术攻关和科技成果产业化标志性工程，加快推进南华大学、衡阳师范学院、湖南工学院、市农科院、市蔬菜所等高校和科研院所技术成果运用、转化和产业化，推进驻衡高校与"大院大所""名校名所"开展政产学研合作。怀化重点支持在怀高等院校、市本级科研院所和医疗机构，围绕怀化主导产业、特色产业和战略性新兴产业创新发展，组织开展相关前沿技术及共性关键技术攻关，为增强自主创新能力提供技术和人才储备。苏州建立诺贝尔奖实验室"一事一议"专项引进机制，支持诺贝尔奖科学家来苏组建实验室，鼓励全球知名高校、科研院所在苏合作建设科研创新平台、科技成果转化中心和国际研发机构，三年内新建科技创新载体100家。

3.2.3 落地人才安置优惠政策，吸引全国英才助力创新

合肥陆续推出引进急需紧缺人才、实施基层成长计划、拓宽人才能力提升渠道、加强创业资金扶持、加大安居保障力度等一系列人才新政，不断营造更加优良的就业环境、创业环境、科研环境，进一步吸引支持各类人才来肥创新创业。上海拓展人才引进落户通道已开放至18个，在沪"世界一流大学建设高校"本科应届毕业生可落户，"樱花卡"会员享受相应的人才公寓、医院挂号等增值服务，支持事业单位科研人员和企业人员双向兼职，为留学人员来沪创业提供从资金支持、社保补贴、知识产权保护，到落户"绿色通道"、专业服务等在内的立体支持。绵阳每年拿出6000万元人才发展专项资金，对来绵创新创业团队累计资助金额最高2000万元，设立国际人才分市场，实施人才激励计划等。配置绵阳人才公寓，发放"绵州英才卡"，逐步形成具有含金量和吸引力的人才政策体系。

3.3 创新基础

根据 2020 年创新基础指标的评价结果，武汉、成都、南京、长沙、重庆、上海、合肥、南昌、昆明、杭州位列前十。

3.3.1 推进新型基础设施建设，夯实高质量发展基础

武汉深化移动网、固网"双千兆"城市建设，并积极推动实现新能源汽车充电桩与 5G 基站、大数据中心、人工智能等新基建项目的资源整合。成都培育数据、算力、算法、应用资源协同的产业生态，围绕信息基础设施、融合基础设施、创新基础设施三大领域系统谋划建设路径。南京加快 5G 网络建设，同时加快布局新一代数字基础设施。长沙基本建成高速、移动、泛在、安全的新一代信息通信网络基础设施，打造智能网联示范区。上海形成全球规模最大、种类最全、综合服务功能最强的大科学设施群雏形，建成具有国际影响力的超大规模城市公共数字底座。

3.3.2 优化交通基础设施，建设智慧平安绿色交通

武汉在航空方面优化提升机场服务能级，建设智慧机场，铁路方面推进铁路西北货运环线建设，形成"一环八向"铁路货运网，公路方面建设全国公路网重要枢纽，城市圈环线高速正式贯通，全面激活"1+8"城市圈交通枢纽。成都科学构建超大城市立体交通体系，打造全国"交通级"。南京"米"字形高铁网络加速成型，完善连接日、韩、东盟地区的近洋航线，增强国家物流枢纽功能。长沙打通对外通道，加快长沙机场改扩建工作，合力打造黄花机场"七位一体"综合交通枢纽。重庆聚焦农村小康路、高速铁路、高速公路和普通干线公路补短板，并持续实施"850+"城市轨道交通成网计划，推进第二、第三、第四期轨道交通项目建设。

3.3.3 加强研究平台建设，为提升科技创新能力打下坚实基础

合肥加快人工智能、能源、大健康、环境科学等重大综合研究平台以及未来技术创新研究院建设，打造大型综合研究基地，同时不断推进国家实验室建设，充分做好国家实验室服务保障工作。南昌持续推进南昌航空科创城、中国（南昌）中医药科创城、南昌 VR 科创城建设。杭州支持国家实验室、国家工程研究中心等科研"国家队"落地杭州，全力支持之江实验室、西湖实验室打造国家实验室，并建成超重力离心模拟与实验装置，加快推进新一代工业互联网系统信息安全大型实验装置、超高灵敏极弱磁场和惯性测量装置、多维超级感知重大科技基础设施等项目建设。

3.4 创新转化

根据 2020 年创新转化指标的评价结果，上海、苏州、武汉、成都、南京、杭州、重庆、南昌、常州、长沙位列前十。

3.4.1 大力推进建设创新转化服务体系，发展科技服务业

上海从创新转化服务体系整体出发，大力发展技术转移服务机构，建设一批创新资源配置优、产业辐射带动作用强的专业化众创空间，为初创期企业和项目提供服务。苏州通过鼓励社会力量和国际管理模式的引入，加快建设运行新型孵化载体，支持建立"创业苗圃—孵化器—加速器"的科技创业孵化服务链条。成都制定《成都市科技创新券实施管理办法》，以科技创新券有效对接科技服务供求双方，计划培育高能级重大创新平台 160 个、各类创新平台 2000 个。南京依托强力主体，建设专业化众创空间，完善多样化服务网络，并设立技术转移奖补资金，激励技术转移机构、吸纳方和经纪人等开展技术转移活动。

3.4.2 重视高企、创新型小微企业等市场主体发展

苏州每年统筹安排 2 亿元资金，根据科技型中小企业不同需求给予多种方式扶持，并通过给予研发费用补助、建立研发准备金制度等方式，激励各类创新型企业高水平发展，引导其有计划、持续地增加研发投入。武汉在 2020 年，通过不同部门联动与政策激励等方式多管齐下，保证高新技术企业培育工作，同时抓住疫情催生的新业态、新模式机遇，大力发展数字经济、线上经济。杭州实施国家高新技术企业和"雏鹰计划"企业"双倍增"计划，加快构建"众创空间+孵化器+孵化园"的全域孵化体系，通过政府引导创业投资机构设立的孵化基金予以支持，加强源头培育。南昌加快培育创新型领军企业，在研发、转化、产品创新等多方面进行支持，扶持高质量科技型中小企业成长为"小巨人"企业，对每家经认定的"小巨人"企业提供资金累计 300 万元，并每年考核，动态管理。

3.4.3 促进科研院所与业界在转化方面广泛合作

上海要求高校加强专业化机构建设，通过探索有效机制，提升创新转化能力，部分在沪科研院所已经形成了"研究所原始创新—公司化二次开发平台—市场化技术转移转化"的转化机制。苏州鼓励高校院所与企业开展合作，2020 年其高校院所登记的技术合同总额超过半数在苏州转化，并有 4 家机构为全省输出技术前十名的科研机构。南京组织高校院所与地方精准对接、深度合作，建立校（院）地合作联席会议机制，加强对合作的统筹协调，同时围绕高校优势学科，在专利密集型产业领域推进知识产权运营交易工作。杭州探索推出"创新协作员"机制，即高校院所专家协同企业创新，并将科技成果产业化，目前浙江大学等多所当地高校已实践这一机制。

3.5 创造产出

根据 2020 年创造产出指标的评价结果，武汉、南京、上海、杭州、马鞍

山、成都、长沙、合肥、芜湖、滁州位列前十。

3.5.1 统筹推进各类人才队伍建设，聚力打造创新创业人才高地

上海发布《上海市推进科技创新中心建设条例》，建立健全与科技创新中心建设相匹配的人才发展环境，如鼓励用人单位完善收入分配机制。长沙发布《长沙市青年人才筑梦工程实施细则》，涉及租购房、培训、创业、就业等9类奖补；并对高层次人才的认定做出调整，"三增"主要注重德才兼备、注重产业导向、注重与时俱进，"三减"主要体现在删减了唯论文认定条件、废止奖项指标以及过时限制条件。滁州根据其自身产业特征和发展需要编制了《滁州市2020年度重点产业急需紧缺人才需求目录》和《滁州市2020年度高层次人才创业项目需求目录》，根据上述目录引进的各类人才可享受购房津贴等方面的优惠政策。

3.5.2 加快完善创新创业服务体系

武汉积极推进产业创新发展研究院建设，引导社会力量建设多元主体新型研发机构，并向湖北东湖科学城集聚，构建科技成果转化支撑平台，促进"政产学研金服用"一体化高效协同。南京用产业的思维抓创新，重点做好"三棵树"文章，将传统的招商引资体系、思路和办法，有机运用到创新项目和企业的引进培育上，打造枝繁叶茂的"科创森林"。上海2020年正式实施《上海市推进科技创新中心建设条例》，作为科创中心建设的"基本法、保障法、促进法"，条例着力将"最宽松的创新环境、最普惠公平的扶持政策、最有力的保障措施"的理念体现在制度设计中，加大了对各类创新主体的赋权激励，保护各类创新主体平等参与科技创新活动。成都"一核四区"创新布局和主体功能初步形成，进入加快成形成势发展新阶段，构建"科创空间+专业化运营队伍+创新创业载体+创新服务平台+科创基金"创新综合服务体系。

3.5.3 抢抓新一轮科技革命和产业变革机遇，突破性发展数字经济

武汉2020年印发《武汉市突破性发展数字经济实施方案》，强调突破性

发展数字产业化、产业数字化，促进人工智能、区块链等数字经济新兴技术与实体经济、城市治理、社会民生深度融合。南京 2020 年印发《南京市数字经济发展三年行动计划（2020—2022 年）》，以"数字产业化、产业数字化、数字化治理"为主线，推动数字经济与实体经济深度融合发展，打造数字政府和数字孪生城市。

3.6 绿色经济

根据 2020 年绿色经济指标的评价结果，扬州、镇江、泰州、合肥、宜宾、湘潭、株洲、南京、舟山、衡阳位列前十。

3.6.1 大力推进节能减排工作，推动新能源开发利用

镇江针对区域内重工业密集、能源消耗过高的现状，制定精细化管理策略，在全国首创以碳平台为基础，以碳峰值、碳考核、碳评估和碳资产管理为核心的碳管理体系。合肥每年制定年度节能目标任务，定期发布季度"能耗晴雨表"，发起用能权（节能量）交易、搭建能耗在线监测系统、及时预警调控，并不断扩大可再生能源规模，有序推进煤改气、油改气，同时在天然气发电、天然气化工、天然气工业燃料利用效率方面取得了积极进展。株洲在全省率先开展排污权交易改革，范围涵盖全市所有工业企业，交易因子和交易总量居全省首位。舟山依托丰富的风能和潮汐能资源，探索研究海水制氢、远海风电、漂浮式海上光伏发电，大力推进潮流能科研成果推广示范，加快海上风电开发建设。

3.6.2 对传统产业进行绿色化改造和技术升级，优化产业结构

泰州在已有中国医药城及健康产业基础上，重点建设精准医疗、健康疗养、健康食品、健康旅游四条大健康融合发展产业链，突出打造医药地标产业。宜宾通过广泛运用固体废弃物处理及资源化利用等技术，加快白酒、化工等具有较高市场占有率的重要产业进行绿色化改造和提质增效，促进资源

高效利用和产业结构优化升级。株洲在改造清水塘老工业区的过程中探索出一条"土地收储+搬迁奖补+转型支持+就业帮扶"的新路。

3.6.3 充分利用当地各种资源，促进产业绿色发展

扬州通过构建旅游产业、餐饮产业、沐浴产业相结合的发展模式，实现产业结构的升级换代，致力于培育现代服务业高质量发展领军企业。泰州结合"生态+产业"模式，大力发展生态旅游业和生态农业，优质稻米、特色畜禽、生态河蟹等成为农业支柱产业。合肥科技孵化基地众多，以新能源汽车为代表的低碳产业已成功将科技优势转化为产业优势。衡阳大力发展林下种植、林下养殖、林下产品采集加工和森林景观利用四大类林下经济，建立一批规模大、效益好、带动能力强的林下经济示范基地。

3.7 生态环境

根据2020年生态环境指标的评价结果，黄山、丽水、普洱、赣州、丽江、怀化、衢州、景德镇、临沧、保山位列前十。

3.7.1 大力推进生态保护和修复，筑牢生态安全屏障

黄山建设高水平新安江—千岛湖生态保护补偿试验区，通过实施生态补偿机制，水环境治理效果显著。赣州在治理实践中，按照"宜草则草、宜果则果、宜游则游"的治理原则，探索出因地制宜的"生态修复型、生态开发型、生态旅游型"三种方式，"三型共治"加快崩岗治理。衢州统筹地形地貌、环境功能、产业规划等因素，通过循环出让、生态复绿、土地复垦等模式分类处置，变矿渣场地为连片耕地。

3.7.2 注重生物多样性保护，建立科学管理体系

普洱在全省率先编制实施保护生态多样性的地方性法规，生物多样性保护工作逐步走上了制度化、规范化、法治化轨道。丽江基本建成以3个自然

保护区、2个国家级风景名胜区、7个重要湿地、2个地质公园等不同类型管理实体的生物多样性保护体系，开展了宁蒗彝族自治县拉伯乡加泽大山野生红豆杉资源挂牌管护、玉龙雪山省级自然保护区玉龙蕨种群监测和保护、老君山滇金丝猴巡护等项目，推进珍稀濒危物种保护。保山严格按照《自然保护区管理条例》《风景名胜区管理条例》等法律法规划定保护地边界，开展保护区规划修编，设立标志标牌，对保护区进行更严格管理。

3.7.3 依托优质特色自然资源，促进文旅产业发展

黄山与杭州积极开展区域合作，实施"千岛湖—新安江大画廊"文旅合作项目，杭州到黄山成为长三角地区首选的休闲度假旅游线。丽水着重运用艺术引领、传统复兴、红色赋能三种手段，聚力打造共同富裕山区模式。怀化以文旅产业作为重点产业，孕育了雪峰山、中坡山、穿岩山、排牙山等国家森林公园和借母溪国家级自然保护区等众多美丽的"原生态植物园"，协同推进乡村振兴与绿色发展。衢州结合特色生态产品，积极创建世界食品安全创新示范基地，做大做强"三衢味"农产品区域公用品牌。景德镇依托自然生态优势，以"一带三边五线"为重点，将昌江百里风光带和206国道、景瑶线、乐弋线等美丽示范风景线与特色民宿、特色产业、乡村全域旅游串联起来，大力推进高岭·中国村、荻湾乡村振兴等项目，生态旅游发展势头强劲。

3.8 健康生活

根据2020年健康生活指标的评价结果，杭州、上海、南京、武汉、舟山、丽水、宁波、绍兴、衢州、温州位列前十。

3.8.1 开展实施特色医疗工程，推动"科技兴医"

杭州依托"健康杭州"建设，构建"全生命周期"服务体系，建设医养护一体化家庭医生签约服务的特色"杭州模式"，创新医养结合联合体机制，

成为全国"智慧健康养老示范基地"。上海大力推进医疗科技改革取得大量成就，获32项国家科学技术奖、82项中华医学科技奖、157项上海科学技术奖等，实施"腾飞计划"和第一轮临床研究三年行动计划。南京全面实施"科教兴医战略"，全市共建成国家级临床重点专科22个，智慧医疗水平明显提升，全市建成"互联网医院"18家。舟山实施"健康细胞"培育工程，创新成立网络医院，开设8个远程医疗服务中心。

3.8.2　推进完善公共卫生保障服务

杭州建立"学校症状监测系统"，形成"疾控机构、抗病毒治疗定点医院、社区卫生服务中心"三位一体的随访管理模式，完成第三轮国家级艾滋病综合防治示范区创建，启动第四轮全国艾滋病综合防治示范区创建，甲、乙类传染病发病率明显下降。南京建立健全监测预警和传染病网络直报系统，基本建成"横向到边、纵向到底"的卫生应急预案体系，重大传染病防治成效明显。舟山开展高水平区域医疗联合体建设，推进"线上医联体"、区域医疗共同体、专科联盟和城市"1+X"医联体建设，实施健康小屋、村卫生室规范化改造等民生实事项目，全市村卫生室规范化建设率达70.8%。

3.8.3　持续深化三医改革

南京在全省率先开展公立医院绩效考核工作，考核结果与院长年薪挂钩，全市设置家庭医生工作室237个，在全省率先出台《南京市改革完善医疗卫生行业综合监管制度实施方案》，全面构建药品集中采购新机制。武汉升级完善医疗救助"一站式、一票制"结算系统，全面实现精准扶贫对象在区域内住院"一个平台操作、一个窗口办理、费用实时结算"。丽水统一全市职工医保和居民医保基本政策，初步建立"政策统一、待遇统一、经办统一、信息统一、征缴统一、分担统一"市级统筹管理模式。

4 政策建议

4.1 加强政策引领，打造"绿色发展"社会良好氛围

一是区域协调发展，共享绿色发展成果。目前，绿色创新发展水平在各地区存在较明显差异，但各自都有其优势产业，各地区在制定相关政策时，应当因地制宜，走具有地区特色的绿色产业发展之路；各地区之间也应当加强区域合作，协调绿色产业发展区域差异。二是支持绿色金融发展，优化金融资源配置。应加快设立绿色金融大数据综合服务系统，整合分散在多个政府部门的数据，打破信息孤岛，建立绿色项目库，便于机构开展绿色金融业务，提高绿色金融的规模和效率；深化政府治理制度创新，聚焦公共服务，尝试构建跨区域、覆盖产业链各环节的绿色金融信息平台，为上中下游共建绿色产业链创造良好的信息环境，并为绿色信贷、绿色保险、绿色债券、绿色基金等多种金融形态相互协调、相互支持提供必要的技术支撑；增加融资总量，丰富融资渠道。三是推动绿色产业链高质量建设。打造新能源、新材料等新兴产业，来提升绿色设计、生产和管理能力，加快新兴产业绿色价值链升级，积极发挥政府引导市场的功能；推动制造业改变传统生产方式，以绿色发展为导向，实现可持续高质量发展；要深刻认识到绿色产业供应链的重要性，依托上下游企业间的供应关系，以核心企业为支点，开展绿色供应商管理、绿色采购等工作，可以持续推动链上企业提升环境绩效；在节能环保产业方面，在推动传统产业清洁化改造的同时，壮大节能环保产业，建立绿色低碳循环产业体系。四是要重视绿色创新制度的宣传与报道。在社会层面打造"绿色发展"的良好氛围，应大力宣传绿色发展理念，加大对绿色企

业发展的扶持力度，提升绿色产业竞争力。

4.2　加大研发投入，推进科技成果转移转化

一是财政支持高强度高质量研发投入。坚持科创资金、科研经费向主导优势产业倾斜，加大对企业开展技术创新、新产品研发、成果转化的支持力度，优先支持申报的各类科技项目；深化以政府为引导、企业为主体、社会资本为补充的全社会研发投入的模式，同时优化研发投入结构，确保研发投入的针对性、及时性、有效性。**二是全面提升科技创新能力，强化人才支撑。**完善奖补政策，建立高端人才创新创业的激励机制，引进高端经营人才和高层次创新创业团队，培育一批高层次领军人才和高技能人才，为创新发展提供坚强的人才支撑。**三是以创新为引领，实现科技成果产业化。**完善科技成果转化激励、扶持政策；建设技术和产品的交易市场，保护知识产权，规范交易行为，完善鼓励技术创新和科技成果产业化的市场环境，促进转化应用；鼓励研究开发机构和高等院校通过转让、许可或者作价投资等方式，向企业或者其他组织转移科技成果。**四是坚持市场导向与政府引导相结合。**发挥市场在配置科技创新资源中的决定性作用，强化企业转移转化科技成果的主体地位，发挥企业整合技术、资金、人才的关键作用，推进产学研协同创新，大力发展技术市场；加快政府职能转变，推进简政放权、放管结合、优化服务，强化政府在科技成果转移转化、政策制定、平台建设、人才培养、公共服务等方面职能，发挥财政资金引导作用，营造有利于科技成果转移转化的良好环境。

4.3　健全绿色基础设施，科技创新驱动绿色发展

一是夯实绿色发展的基础设施。聚焦重点领域，发挥本地优势特色，优化基础设施布局、结构、功能和发展模式；制定基础设施绿色化准入标准，依据资源环境空间分布特点，明确基础设施选址选线的准入、监管等绿色化

要求；布局生态环境信息网络基础工程、覆盖全国的生态环境 5G 监测网络、生态环境大数据平台等，构建完善的新型基础设施体系。**二是完善能源基础设施建设**。推进水利、交通、能源等基础设施建设，加快城市燃气管道等老化更新改造和排水防涝设施建设，加强新型基础设施建设；推进关键核心技术攻关，实施煤电节能、石化、钢铁等行业节能降碳改造，同时带动装备制造等行业投资；加快构建内外畅通的多渠道能源设施网络，优化电力生产和输送通道布局，提升新能源消纳和存储能力；构建经济效益、社会效益、生态效益、安全效益相统一的现代能源基础设施体系。**三是协同发展创新链和产业链**。围绕当地产业发展需求设立一系列技术产品研发项目，对产业链重要环节进行项目布局，推动产业链补链、延链、强链和产业基础能力提升，加强自主可控的核心技术在产业链上的应用，大力推进研发机构建设，为产业技术创新提供重要依托。

4.4　聚焦"双碳"目标，推进经济社会全面绿色转型

2020 年，我国提出要在 2030 年前实现碳达峰、2060 年前实现碳中和。因此，"十四五"时期作为实现碳达峰的关键期、推进碳中和的起步期。**一是应以能源结构转型为重点，加快新能源体制改革**。大力优化新能源政策，强化分布式能源系统建设，实施可再生能源替代行动，全面构建清洁低碳安全高效的能源体系；制定精细化管理策略，以量化指数规定绿色发展中的质量要求；通过实施产业碳转型、项目碳评估、区域碳考核、企业碳管理等手段，推进区域绿色低碳发展。**二是建设具有活力和持续发展能力的产业体系**。将生态环保产业作为主导发展方向，形成低投入、高产出、低消耗、少排放、能循环、可持续的低碳型经济结构，符合国家对生态城的建设要求，也符合生态城低碳经济的发展方向；大力发展金融、服务外包、教育培训、文化创意、生态旅游等现代服务业，实施绿色招商，建立环境准入制度；设定产业门槛，完善绿色产业认证服务体系，构建低碳节能型的产业结构。**三是加快传统产业绿色转型**。推进中国绿色制造体系建设关键环节离不开传统制造业

绿色转型，加强对传统行业绿色转型的政策支持和监督管控，推动早日实现"双碳"目标；鼓励企业转型依托技术创新，在原材料的选择、产品设计、产品生产等全部环节进行绿色设计，建立以资源节约、环境友好为导向的采购、生产、营销、回收及物流体系；以绿色供应链为抓手，聚合政府、公众的消费及采购力量，产生市场机制传导效应，使供应商、制造商、分销商等各个环节密切合作，共同推动供应链企业减少污染、提高能源利用效率，全面提升供应链体系环境治理效率，推动供应链上下游提高能效和环境绩效，促进整个产业链条的绿色升级，提升产业链的竞争力。

4.5 加强生态文明建设，共享健康生活

一是加强生态治理和保护。实施精准治污，强化大气治理，减少污染物排放，提升空气质量，推动污水治理提质增效，加强流域系统治理、上下游协同治理；牢牢把握"实现减污降碳协同效应"的总体要求，突出精准、科学、依法治污，深入打好污染防治攻坚战，积极出台相关政策，强化土壤污染源头防控和土壤修复，推进黑臭水体治理提升，开展农村环境综合整治，守牢生态环境安全底线，全面推进长江经济带早日实现碳达峰、碳中和。**二是推进绿色城镇化，重视生态基础设施建设。**在新型城镇化建设方面，按照"推进以人为核心的新型城镇化"总要求，从城市规划、能源、交通、建筑到各类产业发展，使用绿色技术、绿色材料、绿色设备、绿色方法；建设雨污分流、雨水利用系统，建成能自然积存、自然渗透和自然净化的"海绵城市"，按照目前国际上推行的"基于自然解决方案"的思路，鼓励各地开展生态景观、绿地系统、生态廊道等生态基础设施建设和生态修复，通过生态系统服务功能恢复提升，拓展公众休憩空间，提高生活品质。

附录1 绿色创新发展指数编制方法和指标体系

1 绿色创新发展指数的思想内涵

1.1 绿色创新的概念

绿色创新的概念最早于 1996 年出现在《驱动绿色创新》一书中，将绿色创新表述为"那些能在为消费者和企业提供价值的同时也降低对环境不良影响的新产品和新技术"。加州绿色创新指数（California Green Innovation Index）认为，绿色创新指的是"在减少温室气体排放、刺激技术和商业创新方面的努力，从而带动经济活动、增加就业，转变成为一个更具资源效率的经济体"。然而目前学术界并未形成一个被广泛认可的绿色创新定义，常常与生态创新、可持续创新和环境创新交替混用。大致而言，绿色创新除强调创新效益和经济效益之外，与一般创新的最大不同之处在于注重节约资源、保护环境和促进资源循坏利用。结合已有文献，从城市区域发展和"投入—产出"的逻辑出发，绿色创新发展指数所称的绿色创新是指以可持续发展为目标，以创新为驱动力，通过相对较少的人力、资本和资源能源等要素投入，在减少或避免生态环境破坏的基础上，获得优质的创新产出、经济效益和绿色增长空间，以期实现城市经济社会发展和生态文明建设互相协调。

1.2 绿色创新发展的理论基础

绿色创新发展是一个较为复杂的系统，包含创新发展、绿色发展以及两者的交互与融合，需要依据多个理论、从多个视角进行诠释，包括创新理论、创新系统理论、可持续发展理论以及生态文明理论。

创新理论最早由经济学家熊彼特提出，他从生产的角度论述创新，认为创新是将从未组合过的生产要素和生产条件整合为新的生产方式。新的生产方式推动了经济的可持续发展。企业家在创新理论中发挥重要作用，一个国家和地区的经济发展水平在很大程度上取决于企业家的数量，企业家出于追求利润的考虑，选择不同的要素组成新的组合引入生产体系，同时其他企业家竞相创新模仿，推动生产方式的进步。熊彼特将创新概括为五种基本形式，分别是产品创新、技术创新、市场创新、资源配置创新和制度创新（组织创新），其中制度创新无疑是创新的最高形式，指创建新的组织形式。

创新是一个复杂、动态的网络系统，由多个主体和要素交互作用而成，不同要素之间相互作用、相互依赖、相互制约。创新系统理论将创新理论和系统学理论相结合，从系统的角度出发研究分析创新行为，可分为国家创新系统理论和区域创新系统理论，由于本指数所评价的是城市的创新行为，更适用区域创新系统理论。区域创新系统是由相互作用、相互促进的政府、高校、科研院所、中介组织和企业构成的创新空间网络，其有助于企业交易成本降低、创新文化氛围建立、知识信息共享、专业人才培养和技术产品交叉繁殖，推动企业的技术创新发展，增强区域的创新能力。创新系统理论对绿色创新发展指数构建的启示在于绿色创新不仅与创新行为组织息息相关，还受到创新环境的影响，即政策制度、基础设施建设、创新资源和社会文化等。

可持续发展理论涵盖经济、环境和社会等多角度的内容，其内涵一是着重突出发展与可持续这两个方面，二是着重强调代际公平的问题，三是解释人类社会与自然环境和谐统一、协调发展的问题。可持续发展理论着重强调采取集约型生产的经济发展方式，提倡通过走清洁生产和文明消费之路实现资源节约、环境改善和产业绿色化，从而提高经济效益。

生态文明理论以尊重自然和爱护环境为前提，遵循人与自然和谐友好发展的原则，引导建立可持续发展的生产生活方式，促进人与自然和谐统一的发展局面。生态文明建设的重中之重是通过生产绿色化和生活方式绿色化实现绿色发展，其中生产绿色化可以通过大力发展循环经济与产业绿色化来实现，生活方式绿色化则可通过加强社会的生态文明建设来实现。

1.3　绿色创新发展指数的指导思想

自中华人民共和国成立以来，我国的创新组织形式经历了"政治创新""经济创新""技术创新"和当今的"绿色创新"四个阶段。其中，"技术创新"与"绿色创新"是"经济创新"的继承与发展，"技术创新"通过开拓新兴市场、淘汰落后产能、优化产品结构、创新管理技术，抢占产业制高点，大大提升了中国企业的核心竞争力，逐步实现从"中国制造"向"中国创造"的转变。然而"技术创新"带来经济飞速发展的同时，也导致了资源能源高消耗、环境污染和生态破坏的不良后果，习近平生态文明思想强调"绿色创新"[①]，使我国经济从"以速度增长"转变为"以质量增长"的"新常态"经济。目前已有研究实证证明，绿色创新对经济高质量发展有显著的正向影响（朱于珂、高红贵、肖甜，2021；何智励、汪发元、汪宗顺等，2021）。

绿色创新发展指数以习近平新时代中国特色社会主义思想为指导，特别是以习近平生态文明思想为指导。党的十八大以来，习近平总书记针对"什么是绿色发展""怎样实现绿色发展"等问题提出了一系列新思想、新观点、新论断，包括建设中国特色社会主义"五位一体"总体布局，明确了生态文明建设的国家战略地位；党的十八届五中全会提出了新发展理念，指出绿色是永续发展的必要条件；党的十九大提出新时代我国要建设人与自然和谐共生的现代化格局，满足人民群众日益增长的优美生态环境需要，建设美丽的现代化强国。这些新观点、新思想和新论断准确把握新时代我国绿色发展理念的核心内容，总结出我国推进绿色发展的实践创新路径，对新形势下贯彻新的发展理念、形成绿色发展方式和生活方式、建设美丽的社会主义现代化强国具有重要的理论和实践价值。

---

① 即坚持生态优先，依靠科技创新。

1.4 绿色创新发展指数的意义

我国目前正处于粗放型经济向可持续发展方式快速转型的关键时期，亟须大力推动绿色创新来改善各个城市的经济与社会形态。然而，目前国内对绿色创新的研究多集中于微观层面上，而对于不同省份或不同城市的区域绿色创新发展分析较少。绿色创新发展指数从宏观视角将经济、创新、生态环境要素综合起来，综合考虑绿色创新投入和绿色创新产出两个方向，对全国不同城市的绿色创新发展情况进行评价。通过横向和纵向的比较，一方面可以对不同城市的绿色创新现状有充分的认识，了解各个城市的绿色创新差异性和发展变化；另一方面有利于促进各个城市的经济及其创新的健康有序可持续发展，为政府制定绿色发展与创新驱动发展战略的相关政策提供依据。

2 绿色创新发展指数的框架

2.1 国内外相关指数分析

创新是经济发展的不竭动力，绿色发展则体现资源环境与经济发展的和谐统一，为架构从理论到实践的桥梁，国内外多位研究者纷纷探索创新与绿色发展的指标评价体系，通过排名评估某个国家或区域在一定时期内创新能力和绿色发展的相对水平。由于编制的目的和原理不同，不同指数在指标设计和所强调的主题上存在差异。为数众多的指数要么侧重创新能力，要么侧重绿色发展，鲜有指数评估创新驱动和绿色发展的协同效用。

侧重创新能力评价的知名指数有全球创新指数（Global Innovation Index，GII）、欧盟创新指数（European Innovation Scoreboard）、中国城市创新指数、中国企业创新发展指数和长江经济带科技创新驱动力指数。2007 年世界知识产权组织、康奈尔大学、欧洲工商管理学院共同创立全球创新指数，其包括 5个创新投入指标和 2 个创新产出指标共 84 个变量，对全球 120 多个经济体的创新现状进行衡量，其中创新投入指标体现各个经济体为创新提供的支持因素,如体制、人力资本和研究、基础设施、市场成熟度和商业成熟度;创新产出指标评估创新成果的实质证据,如知识与技术产出和创造性产出,从而衡量不同经济体从创新中获益的程度。欧盟创新指数几经演化,最终从创新投入与创新产出两个层次确定了5个维度:创新主体、知识生产、企业与创新、创新应用和知识产权,其中创新主体和知识生产属于创新投入范畴,创新应用和知识产权属于创新产出范畴,同时由于重视企业的创新主体作用而将企业与创新作为单独的维度。广东省社会科学院编制的中国城市创新指数结合产业链、创新链、资金链三链融合的理念,采用发展基础、科技研发和产业化三个维度构建指标评估体系,评测中国经济百强城市的创新能力,该指数侧重于创新基础、品牌创新以及高新技术产业化能力等方面的评价。中国科学技术信息研究所编制的中国企业创新发展指数从创新基础、创新能力、创新活动和创新绩效4个方面构建指标评价体系,以企业为研究对象,评估企业创新发展能力。上海社会科学院信息研究所的助理研究员杨凡等所构建的长江经济带科技创新驱动力指数从科技创新投入、科技创新载体、科技创新产出和科技创新绩效4个维度,全面系统地评价110个长江经济带城市的科技创新驱动力状况,该指数的特色在于新增了科技创新绩效指标评价创新效率。

侧重绿色发展评价的知名指标有加州绿色创新指数、中国绿色发展指数和长江经济带绿色发展指数。加州绿色创新指数是加州政府为监测当地绿色经济特别是低碳经济发展情况而编制的,该指标评价体系包括低碳经济、能源效率、绿色科技创新、可再生能源和交通运输5个维度共18个二级指标,以低碳经济为核心,同时注重科技创新在促进绿色发展中的作用。中国绿色发展指数由北京师范大学、西南财经大学和国家统计局中国经济景气监测中心联合发布,作为目前国内具有较大影响力的绿色发展评价指数,采用经济增长绿化度、资源环境承载潜力和政府政策支持度3个维度,下设9个二级指标,包括中国省际绿色发展指数和中国城市绿色发展指数两套体系,分别对中国30个省份和100个城市的绿色发展情况进行综合评价。中国绿色发展指数的特色在于注重绿色与发展的结合,特别突出了政府绿色管理的引导作用。上海社会科学院信息研究所的海骏娇助理研究员编制的长江经济带绿色发展指数采用绿色生态、绿色生产和绿色生活 3 个维度，下设 7 个二级指标和 21 个三级指标，对长江经济带 126 个城市的绿色发展水平进行了系统评价。另外，目前有研究表明，我国绿色创新发展水平存在显著的区域差异，而且绿色创新效率高水平地区和低水平地区之间的发展差距在不断扩大（黄杰、金华丽，2021；王婧、杜广杰，2021）。

2.2 绿色创新发展指数的特色

绿色创新发展指数采用"投入—产出"的分析框架，利用包含绿色创新投入指数（包含创新制度、研发投入、创新基础、创新转化 4 个二级指标）和绿色创新产出指数（包含创造产出、绿色经济、生态环境、健康生活 4 个二级指标）的指标评价体系，全面评价长江经济带城市的创新能力和绿色发展情况。同上述国内外相关指数对比，本指数具有以下的鲜明特色。

首先，上述指标的评价体系鲜少同时考虑创新能力和绿色发展，大多仅涉及一个方面，仅加州绿色创新指数同时包含绿色发展和科技创新，然而其更侧重于低碳经济、可再生能源和能源效率领域，并未将社会、经济结构和制度等因素纳入指标评价体系。本指数综合考虑创新能力和绿色发展，且并未将这两个方面割裂开，尽管绿色创新投入指数以反映科技创新指标为主，但其二级指标"创新制度"中仍包含与绿色发展相关的指标；尽管绿色创新产出指数以绿色发展成果为主，但其二级指标"创造产出"突出体现创新绩效。

其次，上述创新能力评价指标鲜少涉及创新转化指标。本指数整体沿用全球创新指数和欧洲创新指数所用的"投入—产出"分析框架，同时在绿色创新投入指数中设置二级指标"创新转化"用以衡量绿色创新的转化效率。并非所有的绿色创新投入都能转化成相应的绿色创新成果，而只有真正将绿色创新投入转化为现实生产力才能有效促进经济增长和可持续发展，因此创新转化是实现绿色创新发展的关键指标。

最后，本指数的绿色创新产出子指数所包含的 4 个二级指标采用层层递进的逻辑进行设置。绿色创新产出指数同时涵盖创新绩效和绿色绩效,其中绿色绩效部分与上海社会科学院信息研究所的海骏娇助理研究员编制的长江经济带绿色发展指数有相似之处,但其所采用的绿色生态、绿色生产和绿色生活3个维度呈并列逻辑,而本指数中绿色创新产出指数下设的4个二级指标呈现递进逻辑,即"创造产出"改善经济增长模式所形成的结果表现为"绿色经济","绿色经济"的持续发展改善人类赖以生存的"生态环境","生态环境"的持续改善才能带来人类所向往的"健康生活","健康生活"又是绿色创新发展在社会生活层面的终极目标。

另外,本指数多层次展现了各城市的绿色创新发展水平,方便其他城市进行学习。

2.3　指标评价体系的框架与原则

绿色创新发展指数的指标评价体系需要全面反映各个城市的创新成果及生态环境绩效,契合创新理论及可持续发展的理念,展现人与自然和谐共处的美好生活。该指标评价体系需要综合考虑不同城市中科技创新、生态环境和资源消耗等多方面因素,此外,由于地区发展水平、城市规划的差异,不同城市对绿色创新的重视程度及定位不尽相同,因此还需综合考虑地区差异。从上述角度出发,为提升绿色创新发展指数评价结果的客观性、准确性和可靠性,评价指标选取遵循以下三项原则。

一是科学性原则。在绿色创新相关理论的指导下,绿色创新发展指数的指标设计需符合地区绿色经济发展的规律,体现科技创新和生态环境相统一的要求。指标的设计、数据的获取都需建立在普遍的科学理论指导之下,并能通过有效的数理研究方法计量测度。

二是系统性原则。城市绿色创新是经济、创新和环境资源这三个子系统协同作用的结果。绿色创新发展指数指标的选取需在了解绿色创新发展内涵的基础上,结合各个城市绿色创新发展的总体情况,大致涵盖三个子系统的主要方面。这样不仅体现了绿色创新的特征,而且确保了信息的完整性。

三是可比性原则。构建绿色创新发展指数的目的是评价长江经济带各个城市绿色创新发展的水平，因此需保证可以进行横向和纵向的对比分析，即时间和空间上的对比。所以在建立指标评价体系时必须保证指标数据的可比性。

基于上述三项原则，绿色创新发展指数的创立可帮助长江经济带沿线各城市了解和发现自身在创新能力、绿色发展上的竞争力，进而实现高质量发展。伴随着人们对绿色创新发展理解的加深，绿色创新的边界在不断外延，它不仅体现在 R&D 投入的加大、发表学术论文的增多或森林覆盖率的上升，还体现在商业活动和技术活动的方方面面。不论绿色创新具体的体现形式如何变化，它都可以用"投入—产出"的框架进行分析和解释。因而，在具体指标评价体系的构建过程中，本报告将其分为绿色创新投入指数和绿色创新产出指数两部分进行度量。

2.4 绿色创新投入指数

实现高质量发展，将以往的以要素投入为主的模式转变为创新驱动、绿色发展的模式，必然需要在多方面进行变革和投入，与其相关的指标便在绿色创新投入指数中予以涵盖。绿色创新投入指数主要反映不同城市为了达成绿色创新的转型，实现经济高质量发展所必需的制度、资金、人力资本、基础设施、信息服务等方面基础支撑和必要投入情况。主要包含了创新制度、研发投入、创新基础、创新转化 4 个指标。

创新制度是绿色创新的根本保障，高效、合理的制度安排有利于促进绿色创新的开展。政府作为制度供给主体，在推动绿色创新中理应扮演重要角色。政府通过提供各种规则、法律程序和行为规范，促进绿色创新理念的培育与普及，激发创新动机，整合绿色创新资源，提高创新资源的配置效率，同时建立创新成果的使用、补偿与回报机制，为促进绿色创新发展提供强大助推力。制度环境是激励绿色创新开展的根本保障（杨朝均、王冬彧、毕克新，2021；刘明广，2021）。

研发投入是绿色创新的重要基础支撑。各个城市绿色创新能力的培育与提升需要以科技研发活动为基础，而在科技研发活动中，科技研发人员和科研经费投入至关重要，是开展绿色创新活动的重要保障。从研发投入的角度看，数量无疑是非常重要的，其为创新驱动、绿色发展的经济高质量转型提供充足的保障。较低水平的人力资本并不利于促使区域创新活力驱动绿色发展转型（侯建、白婉婷、陈建成，2021）。研发投入对绿色技术创新起到正向的影响作用（张永林，2021；王欣欣，2021）。

创新基础是保障经济体实现转型和发展的基础支撑。良好的通信、交通和能源等基础设施建设有助于商品的流通、思想的交流、服务的提升，可以有效提高创新效率、降低创新成本、为绿色创新体系注入活力。基础设施作为特殊的公共物品，前期投入大，利润难以预期，因而企业参与意愿不高，需要各级政府加大基础设施投入。

创新转化是实现绿色创新发展的关键。绿色创新成果只有真正转化为现实生产力才能有效促进经济增长和可持续发展。绿色创新成果并不都能转化为应用，必须发挥政府和市场的作用，建立有效的市场发现机制，促进成果的转化和利用，提高创新转化效率，让创新真正落实到创造新的增长点上。

2.5　绿色创新产出指数

实现高质量发展，将以往以要素投入为主的模式转变为创新驱动、绿色发展的模式，最为核心的就是要看经济发展、企业生产、人民生活的相关指标是否满足绿色创新的内涵，相关的指标就体现在绿色创新产出指数之中。绿色创新产出指数主要反映不同城市在经济社会发展过程中体现出来的可持续发展、绿色生产、低碳生活等方面的创新成果。主要包含了创造产出、绿色经济、生态环境、健康生活 4 个指标。

创造产出是最突出体现创新绩效的产出指标。创新是经济发展的不竭动力，经济高质量发展的核心也是通过创新驱动来实现的。在创造产出的概念中，不仅应包含科研学术上的高精尖成果，也应涵盖企业在实践中的新产品开发和旧产品改造，最终形成较大规模、有足够影响力的项目和产业。通过这些项目和产业，不断地变革经济社会发展的方式，最终实现高质量转型发展。

绿色经济是绿色创新发展在经济社会层面所形成的成果。绿色创新发展在于通过创新驱动的模式，将以往高耗能、高污染、高排放的产业在节能减排、污染治理、循环利用等方面进行改造，催生一批低碳环保、高效节能、绿色健康的产业动能，提升整体经济发展过程中的耗能和效率，对于提高经济的绿色发展水平具有现实意义（韩丽萌、郭君华，2021）。

生态环境集中体现绿色创新发展对人们赖以生存的环境的改变。人与自然是生命共同体，生态环境没有替代品。生态环境问题归根结底是发展方式和生活方式问题，在整个经济发展过程中生态环境的改变，是最能体现高质量发展转型成效的指标。只有实施绿色创新的发展理念，将经济活动、人类行为限制在自然资源和生态环境能够承受的限度内，生态环境才能持续改善，人类才能实现可持续发展。

健康生活是绿色创新发展在社会生活层面的最终体现。绿色创新的理念需要社会的共同参与，从我做起，从自身出发，在日常生活中践行低碳环保的生活方式。

3　指标数据来源及说明

鉴于目前还没有集中统一反映绿色创新发展的统计数据，各指标的数据来源非常分散，数据主要来源于中国城市统计年鉴、地方统计公报、党政机关报和政府门户网站、Wind 地区宏观数据库、中国科技统计年鉴、中国火炬统计年鉴、百度等。考虑到新冠疫情影响，2020 年的指标值存在异常，在指标选择以及权数确定过程中，报告使用 2017—2019 年的数据进行分析（详细指标与数据说明见附表1）。

4　指数编制方法

步骤 1：逆向指标变换。将两个逆向指标（能源强度和碳强度）取倒数。

步骤 2：数据预处理。因新冠疫情影响，2020 年的指标值存在异常，且其数据缺失情况较为严重,在权数确定过程中,使用 2017—2019 年的数据进行分析。由于部分指标均呈现明显的偏态分布,为了提高分析结果的稳健性,避免极端值的影响,本项目对这些指标进行了对数变换。

步骤 3:确定指标权重。根据指标体系的架构,建立二阶验证性因子分析模型,为了消除指标单位不可比的问题,采用标准化因子载荷反映指标与因子之间的关联性。将同一因子测量指标的标准化因子载荷进行归一化,得到维度内各指标的权重。记第 j 个维度下各指标为 $X_{ij}(i = 1,\cdots,n_j)$,各指标对应的标准化因子载荷为 λ_{ij},则 X_{ij} 的权重如下:

$$\omega_{ij} = \frac{\lambda_{ij}}{\sum\limits_{i=1}^{n_j} \lambda_{ij}}$$

指标权重见附表 2。

步骤 4:指标无量纲化处理。记第 c 个城市 t 年各指标数据为 $X_{ijct}(c = 1,\cdots,110;t = 2017,2018,2019)$,各指标在 2017 年的最小值为 $\min_{ij}$,最大值为 $\max_{ij}$,采用如下公式对指标数值进行变换:

$$x_{ijct} = \frac{X_{ijct} - \min_{ij}}{\max_{ij} - \min_{ij}} \times 100$$

这种无量纲化方法设定了基准水平,指数结果既可以进行横向比较,也可以进行纵向比较。

步骤 5:分维度计算指数。对于第 j 个维度,根据步骤 3 的指标权重,对各指标进行加权平均,得到第 c 个城市 t 年的分维度指数 F_{jct}:

$$F_{jct} = \sum_{i=1}^{n_j} \omega_{ij} x_{ijct}$$

步骤 6:计算总指数。计算 8 个指标的简单算术平均数得到第 c 个城市 t 年的总指数 F_{ct}:

$$F_{ct} = \frac{1}{8} \sum_{j=1}^{8} F_{jct}$$

2020 年绿色创新发展指数评价结果见附表 3。

附表 1　　　　　　　　　　指标与数据说明

一级指标	二级指标	三级指标	计算方式	单位	数据来源
绿色创新投入指数	创新制度	党政机关报和政府门户网站中相关关键词的出现频率		次	慧科搜索关键词：绿色+创新
		中国最具影响力的综合报纸对当地发展经验的报道频率		次	慧科搜索关键词：城市名+绿色+创新
		人均 GDP		万元/人	中国城市统计年鉴
	研发投入	全部 R&D 人员数量/总就业人员数量		人年/万人	Wind 地区宏观数据库、中国城市统计年鉴、地方统计年鉴、地方人民政府官网
		地方一般公共预算收支状况	科学技术支出/GDP	%	中国城市统计年鉴
		R&D 内部经费支出/工业增加值		%	Wind 地区宏观数据库、中国城市统计年鉴、地方统计年鉴、地方统计公报
	创新基础	普通高等院校个数		个	以地方统计年鉴为主，省级统计年鉴、中国城市统计年鉴、地方统计公报为辅
		普通高等院校在校生数		万人	以地方统计年鉴为主，省级统计年鉴、中国城市统计年鉴、地方统计公报为辅

续　表

一级指标	二级指标	三级指标	计算方式	单位	数据来源
绿色创新投入指数	创新基础	人均清洁能源使用量（家庭天然气）	家庭供气总量/常住人口	立方米/人	中国城市统计年鉴
		每万人拥有的公共汽车数	年末实有公共汽车营运车辆数/常住人口（万人）	辆	中国城市统计年鉴
	创新转化	科研机构数		家	中国科技统计年鉴、各省市统计年鉴
		省级以上孵化器数量		家	中国火炬统计年鉴、各省市统计年鉴、地方统计公报、政府工作报告、政府科技统计文件、百度
		高新技术企业数		家	各省市统计年鉴、地方统计公报、政府工作报告、政府科技统计文件、百度
绿色创新产出指数	创造产出	每万人发表国内外科技论文（SCI）	（国内科技论文+国外科技论文）/常住人口（万人）	篇	中国知网检索、Web of Science 检索
		每万人发明专利授权数	发明专利授权数/常住人口（万人）	件	中国城市统计年鉴、地方统计年鉴、城市统计公报、省（市）科学技术厅（局）

续　表

一级指标	二级指标	三级指标	计算方式	单位	数据来源
绿色创新产出指数	创造产出	技术合同成交额/GDP	技术合同成交额/GDP	%	中国城市统计年鉴、地方统计年鉴、城市统计公报、省（市）科学技术厅（局）
	绿色经济	能源强度	能源消耗量/GDP	吨标煤/万元，当年价	地方统计年鉴
		碳强度	二氧化碳排放量/GDP	吨二氧化碳/万元，当年价	中国碳核算数据库CEADs，县级清单
		工业固体废物综合利用率		%	地方统计年鉴
	生态环境	城市空气质量优良天数比例		%	地方统计公报、各地环境质量公报
		地表水达到Ⅲ类水或以上比例		%	各省市水资源公报、各省市环境质量公报
		森林覆盖率		%	各市林业局（林业和草原局）消息及城市公开发布的新闻信息
	健康生活	每千人口医生数	医生数/常住人口（千人）	个	中国城市统计年鉴
		生活污水集中处理率		%	中国城市统计年鉴
		人均预期寿命		岁	中国城市统计年鉴

附表 2 　　　　　　　　　　　各维度指标权重

二级指标	指标代码	三级指标	权重
创新制度	X11	党政机关报和政府门户网站中相关关键词的出现频率（次）	0.44
	X13	中国最具影响力的综合报纸对当地发展经验的报道频率（次）	0.28
	X16	人均 GDP（万元/人）	0.28
研发投入	X23	全部 R&D 人员数量/总就业人员数量（人年/万人）	0.42
	X24	地方一般公共预算收支状况（%）	0.23
	X25	R&D 内部经费支出/工业增加值（%）	0.35
创新基础	X31	普通高等院校个数（个）	0.35
	X32	普通高等院校在校学生数（万人）	0.24
	X33	人均清洁能源使用量（家庭天然气）（立方米/人）	0.17
	X34	每万人拥有的公共汽车数（辆）	0.24
创新转化	X41	科研机构数（家）	0.39
	X42	省级以上孵化器数量（家）	0.30
	X43	高新技术企业数（家）	0.31
创造产出	X51	每万人发表国内外科技论文（SCI）（篇）	0.43
	X52	每万人发明专利授权数（件）	0.33
	X54	技术合同成交额/GDP（%）	0.24
绿色经济	X61	能源强度（吨标煤/万元，当年价）	0.50
	X62	碳强度（吨二氧化碳/万元，当年价）	0.37
	X63	工业固体废物综合利用率（%）	0.13
生态环境	X71	城市空气质量优良天数比例（%）	0.44
	X72	地表水达到Ⅲ类水或以上比例（%）	0.19
	X73	森林覆盖率（%）	0.37
健康生活	X81	每千人口医生数（个）	0.61
	X83	生活污水集中处理率（%）	0.03
	X84	人均预期寿命（岁）	0.36

附表3　　2020年评价结果（第二梯队及以后按城市拼音排序）

总指数	
第一梯队	上海、武汉、南京、杭州、成都、苏州、合肥、长沙、重庆、湘潭
第二梯队	常州、贵阳、衡阳、湖州、嘉兴、昆明、马鞍山、绵阳、南昌、南通、宁波、绍兴、泰州、温州、无锡、芜湖、扬州、镇江、舟山、株洲
第三梯队	常德、抚州、怀化、黄山、金华、景德镇、丽水、萍乡、衢州、十堰、台州、铜陵、徐州、宣城、盐城、宜宾、宜昌、益阳、鹰潭、永州
第四梯队	蚌埠、滁州、赣州、淮安、黄石、吉安、九江、连云港、娄底、泸州、邵阳、随州、咸宁、襄阳、新余、雅安、宜春、岳阳、张家界、自贡
第五梯队	安庆、巴中、郴州、池州、德阳、鄂州、广元、黄冈、荆门、荆州、乐山、六安、眉山、南充、攀枝花、上饶、宿迁、遂宁、玉溪、遵义
第六梯队	安顺、保山、毕节、亳州、达州、阜阳、广安、淮北、淮南、丽江、临沧、六盘水、内江、普洱、曲靖、宿州、铜仁、孝感、昭通、资阳
创新制度	
第一梯队	上海、南京、武汉、杭州、重庆、苏州、无锡、宁波、成都、常州
第二梯队	贵阳、合肥、湖州、淮安、嘉兴、昆明、马鞍山、南昌、南通、绍兴、泰州、温州、芜湖、徐州、盐城、扬州、宜昌、长沙、镇江、舟山
第三梯队	常德、滁州、鄂州、黄山、金华、荆门、九江、丽水、连云港、攀枝花、衢州、台州、铜陵、湘潭、襄阳、新余、鹰潭、玉溪、岳阳、株洲
第四梯队	安庆、蚌埠、郴州、池州、德阳、赣州、淮北、黄石、景德镇、乐山、泸州、绵阳、十堰、宿迁、咸宁、宣城、宜宾、宜春、自贡、遵义
第五梯队	保山、抚州、广安、广元、衡阳、吉安、荆州、丽江、六盘水、眉山、南充、内江、萍乡、普洱、曲靖、随州、遂宁、孝感、雅安、益阳
第六梯队	安顺、巴中、毕节、亳州、达州、阜阳、怀化、淮南、黄冈、临沧、六安、娄底、上饶、邵阳、宿州、铜仁、永州、张家界、昭通、资阳
研发投入	
第一梯队	湘潭、合肥、上海、株洲、怀化、绵阳、苏州、衡阳、杭州、益阳
第二梯队	常德、成都、湖州、嘉兴、荆州、娄底、马鞍山、南京、宁波、萍乡、绍兴、铜陵、无锡、芜湖、武汉、鹰潭、永州、岳阳、张家界、长沙

第三梯队	蚌埠、常州、抚州、贵阳、金华、景德镇、昆明、丽水、南昌、南通、衢州、邵阳、台州、泰州、温州、宣城、盐城、宜昌、镇江、重庆
第四梯队	安庆、滁州、德阳、赣州、淮安、淮北、黄冈、黄山、黄石、吉安、荆门、九江、十堰、宿迁、随州、铜仁、襄阳、孝感、宜春、舟山
第五梯队	安顺、毕节、郴州、池州、鄂州、阜阳、淮南、连云港、六安、六盘水、眉山、上饶、咸宁、新余、徐州、雅安、扬州、宜宾、玉溪、自贡
第六梯队	巴中、保山、亳州、达州、广安、广元、乐山、丽江、临沧、泸州、南充、内江、攀枝花、普洱、曲靖、宿州、遂宁、昭通、资阳、遵义

创新基础

第一梯队	武汉、成都、南京、长沙、重庆、上海、合肥、南昌、昆明、杭州
第二梯队	蚌埠、常州、贵阳、淮安、泸州、绵阳、宁波、攀枝花、绍兴、苏州、铜陵、无锡、芜湖、湘潭、徐州、扬州、宜宾、镇江、舟山、株洲
第三梯队	郴州、德阳、鄂州、衡阳、湖州、淮南、黄石、乐山、连云港、马鞍山、眉山、南通、萍乡、十堰、泰州、襄阳、新余、盐城、岳阳、自贡
第四梯队	常德、滁州、赣州、广元、淮北、嘉兴、荆门、荆州、景德镇、九江、六安、南充、内江、遂宁、温州、雅安、宜昌、宜春、益阳、遵义
第五梯队	安庆、安顺、巴中、池州、达州、广安、黄冈、金华、丽水、六盘水、娄底、宿迁、宿州、随州、台州、咸宁、鹰潭、永州、张家界、资阳
第六梯队	保山、毕节、亳州、抚州、阜阳、怀化、黄山、吉安、丽江、临沧、普洱、曲靖、衢州、上饶、邵阳、铜仁、孝感、宣城、玉溪、昭通

创新转化

第一梯队	上海、苏州、武汉、成都、南京、杭州、重庆、南昌、常州、长沙
第二梯队	抚州、赣州、贵阳、合肥、吉安、嘉兴、九江、昆明、连云港、南通、宁波、绍兴、泰州、温州、无锡、芜湖、徐州、盐城、扬州、镇江
第三梯队	常德、阜阳、湖州、淮安、黄冈、金华、马鞍山、绵阳、上饶、邵阳、台州、湘潭、襄阳、宜宾、宜昌、宜春、永州、岳阳、株洲、遵义
第四梯队	郴州、滁州、德阳、衡阳、怀化、淮北、黄山、黄石、荆州、景德镇、丽水、泸州、南充、萍乡、衢州、十堰、宿迁、咸宁、孝感、益阳

第五梯队	安庆、安顺、巴中、蚌埠、达州、荆门、乐山、临沧、六安、娄底、内江、攀枝花、宿州、遂宁、铜陵、新余、宣城、鹰潭、舟山、自贡
第六梯队	保山、毕节、亳州、池州、鄂州、广安、广元、淮南、丽江、六盘水、眉山、普洱、曲靖、随州、铜仁、雅安、玉溪、张家界、昭通、资阳

创造产出	
第一梯队	武汉、南京、上海、杭州、马鞍山、成都、长沙、合肥、芜湖、滁州
第二梯队	常州、贵阳、湖州、嘉兴、金华、南昌、宁波、衢州、绍兴、十堰、苏州、台州、温州、无锡、湘潭、宣城、宜昌、镇江、舟山、株洲
第三梯队	蚌埠、淮北、黄山、黄石、荆州、昆明、连云港、绵阳、南通、萍乡、泰州、铜陵、咸宁、襄阳、孝感、徐州、盐城、扬州、重庆、遵义
第四梯队	安庆、安顺、常德、鄂州、抚州、阜阳、衡阳、淮安、淮南、黄冈、荆门、景德镇、丽水、六安、六盘水、攀枝花、宿州、铜仁、新余、鹰潭
第五梯队	毕节、亳州、郴州、池州、德阳、赣州、怀化、吉安、九江、乐山、泸州、上饶、随州、遂宁、雅安、宜春、益阳、岳阳、张家界、自贡
第六梯队	资阳、昭通、玉溪、永州、宜宾、宿迁、邵阳、曲靖、普洱、内江、南充、眉山、娄底、临沧、丽江、广元、广安、达州、保山、巴中

绿色经济	
第一梯队	扬州、镇江、泰州、合肥、宜宾、湘潭、株洲、南京、舟山、衡阳
第二梯队	常州、成都、杭州、吉安、泸州、马鞍山、南通、宁波、上海、绍兴、苏州、铜陵、温州、无锡、芜湖、徐州、益阳、长沙、重庆、自贡
第三梯队	安庆、巴中、常德、鄂州、淮安、黄山、嘉兴、荆门、乐山、丽水、绵阳、南充、内江、随州、台州、武汉、襄阳、盐城、鹰潭、昭通
第四梯队	蚌埠、达州、阜阳、广安、湖州、怀化、黄冈、金华、九江、眉山、南昌、普洱、衢州、宿州、遂宁、宣城、雅安、永州、岳阳、资阳
第五梯队	池州、滁州、德阳、抚州、广元、景德镇、昆明、连云港、临沧、六安、萍乡、曲靖、邵阳、十堰、宿迁、咸宁、宜昌、宜春、玉溪、张家界

第六梯队	安顺、保山、毕节、亳州、郴州、赣州、贵阳、淮北、淮南、黄石、荆州、丽江、六盘水、娄底、攀枝花、上饶、铜仁、孝感、新余、遵义

生态环境

第一梯队	黄山、丽水、普洱、赣州、丽江、怀化、衢州、景德镇、临沧、保山
第二梯队	安顺、巴中、毕节、郴州、抚州、广元、杭州、吉安、昆明、六盘水、攀枝花、上饶、邵阳、十堰、铜仁、温州、雅安、永州、张家界、遵义
第三梯队	池州、贵阳、衡阳、金华、乐山、娄底、绵阳、萍乡、曲靖、台州、咸宁、新余、宣城、宜昌、宜春、鹰潭、玉溪、昭通、重庆、株洲
第四梯队	常德、广安、湖州、黄冈、黄石、九江、泸州、眉山、南充、宁波、绍兴、随州、遂宁、铜陵、湘潭、宜宾、益阳、岳阳、长沙、舟山
第五梯队	安庆、成都、达州、德阳、鄂州、合肥、荆州、六安、马鞍山、南昌、南京、南通、内江、泰州、芜湖、襄阳、孝感、盐城、镇江、资阳
第六梯队	蚌埠、亳州、常州、滁州、阜阳、淮安、淮北、淮南、嘉兴、荆门、连云港、上海、苏州、宿迁、宿州、无锡、武汉、徐州、扬州、自贡

健康生活

第一梯队	杭州、上海、南京、武汉、舟山、丽水、宁波、绍兴、衢州、温州
第二梯队	蚌埠、常德、成都、广元、合肥、湖州、淮安、嘉兴、金华、昆明、十堰、宿迁、台州、泰州、铜陵、无锡、徐州、雅安、盐城、长沙
第三梯队	常州、贵阳、淮北、黄山、荆门、连云港、绵阳、南昌、南通、萍乡、苏州、遂宁、芜湖、湘潭、扬州、宜昌、益阳、镇江、重庆、自贡
第四梯队	安庆、郴州、池州、德阳、抚州、衡阳、怀化、黄石、乐山、娄底、泸州、马鞍山、随州、咸宁、襄阳、宣城、永州、玉溪、岳阳、株洲
第五梯队	巴中、滁州、阜阳、淮南、黄冈、荆州、景德镇、九江、六安、眉山、南充、邵阳、宿州、孝感、新余、宜宾、宜春、鹰潭、张家界、资阳
第六梯队	安顺、保山、毕节、亳州、达州、鄂州、赣州、广安、吉安、丽江、临沧、六盘水、内江、攀枝花、普洱、曲靖、上饶、铜仁、昭通、遵义

附录2 长江经济带城市先进经验汇编^①

1 创新制度发展经验

根据 2020 年创新制度指标的评价结果，上海、南京、武汉、杭州、重庆、苏州、无锡、宁波、成都、常州位列前十。

1.1 上海：绿色创新制度宣传优秀，绿色创新政策系统完善

重视绿色创新制度的宣传和报道。 上海本地较为重视对于绿色创新制度的宣传和报道，在"党政机关报和政府门户网站中相关关键词的出现频率"这一三级指标上表现亮眼，有近两万次，大幅超过其他城市。同时，由于上海本地的宣传，"中国最具影响力的综合报纸对当地发展经验的报道频率"指标也具有较大优势，位居城市前茅。这两者相互促进，使上海的绿色创新经验被全国了解。

绿色创新政策系统完善。 2020 年 12 月 9 日，上海市发展和改革委员会印发《上海市绿色发展行动指南（2020 版）》的公告，主要用于帮助企业在来沪投资前了解上海的产业发展方向。2020 年 10 月 19 日，上海市生态环境局等印发《长三角生态绿色一体化发展示范区生态环境管理"三统一"制度建设行动方案》，致力于推动区域生态环境持续改善，促进一体化示范区经济社会生态绿色高质量发展。2020 年 6 月 30 日，在疫情防控进入常态化防控阶段后，上海还印发了《关于在常态化疫情防控中进一步创新生态环保举措更大

---

① 报告中文件时间选取其成文时间。

力度支持经济高质量发展的若干措施》，指出需大力发展环保产业，同时加大政策支持力度，加强科技创新支撑，加强对环保企业申请战略性新兴产业发展专项资金等的支持和服务，该举措可以帮助企业更好地进行绿色创新工作。

上海经济发达，居民消费水平较高。上海本地的"人均 GDP"三级指标位列第四，和其他城市或地区相比也有较大优势。而上海人口较多，使用人均指标仍然能够保持较大优势，说明上海居民消费水平较高，需求旺盛，创造了较好的营商环境，有助于制度的创新和社会的发展。

1.2　南京：绿色创新制度宣传到位，绿色创新政策丰富有效

南京政府注重推出绿色创新相关制度，并且制度宣传工作较为到位。2020 年 2 月，《南京江北新区关于进一步深化绿色金融　创新促进绿色产业高质量发展的实施意见（试行）》正式出台，新区计划在 3—5 年内，通过每年配置一定额度的财政专项资金，推动绿色信贷增量占各项贷款增量的比重逐年提高；绿色产业的经济效益、社会效益、生态效益显著增强，建设成为具有国际影响力的自主创新先导区、现代产业示范区。2020 年 4 月 2 日，南京市人民政府办公厅颁布《南京市城市绿色货运配送示范工程实施方案》，推动形成集约高效的城市货运配送组织链条，初步建成"集约、高效、绿色、智能"的城市货运配送服务体系，基本形成货运配送绿色发展动力机制。

南京具有区位优势，居民消费意愿高。南京的"人均 GDP"三级指标位列全部城市第二，仅落后于同省的无锡，这与江苏的经济发展较为平衡是离不开的。同时，南京居民的消费量非常高，这是因为南京拥有独特的区位优势，除了能够吸引苏中、苏北的一些城市，还能够吸引安徽滁州、马鞍山、蚌埠等城市，这不仅为南京经济的发展提供了更加宽广的经济腹地，也为南京创造了较好的营商环境。

1.3　武汉：绿色创新制度宣传强劲，绿色创新政策开始发力

在绿色创新制度方面具有较多经验。相比于 2019 年，武汉 2020 年在绿色创新制度方面取得了长足的进步，由过去的第五名上升至第三名，其中，

其宣传方面的指标仅次于上海。武汉作为长江经济带上的重要城市，在绿色创新制度方面具有较多经验。2020 年 11 月 6 日的《武汉市落实全省疫后重振补短板强功能"十大工程"三年行动方案（2020—2022 年）任务清单》提出交通补短板工程的三年目标为加快构建安全、便捷、高效、绿色、经济的现代综合交通运输体系。2020 年 10 月 2 日，武汉市人民政府办公厅印发《武汉市推进美丽乡村建设三年行动计划（2021—2023 年）》。坚持质量兴农、绿色兴农、品牌强农，做到品种特色化、基地规模化、园区生态化，推行标准化生产和"二品一标"认证，做大做响绿色生态农产品品牌。以主导产业为重点，着力打造生产、加工、仓储、物流、销售和服务于一体的农业全产业链。拓展示范点生产、生活、生态功能，推进农业与旅游、教育、文化、健康等产业深度融合，进一步催生农业产业新形态和消费新业态，促进精致农业示范点产业融合集聚发展。

武汉是湖北的核心。武汉在"人均 GDP"指标中有较好的表现，在全部城市中位列第七，在内陆城市中表现优异，这在一定程度上与省会城市及和周边地区的紧密度相关。武汉的营商环境在全国范围内排名较高，适合创新制度的提出和落实。

1.4 杭州：绿色创新制度的宣传较好，绿色创新政策执行到位

杭州市人民政府不断推出系列措施，完善美丽杭州建设。2018 年 12 月 14 日，《中共杭州市委 杭州市人民政府关于实施创新驱动战略 加快新旧动能转换 推动制造业高质量发展的若干意见》指出，要积极培育发展未来产业，以科技创新为驱动力，积极抢占新经济制高点，加快科技创新及成果转化。2020 年 6 月 2 日，《中共杭州市委 杭州市人民政府关于印发〈新时代美丽杭州建设实施纲要（2020—2035 年）〉的通知》指出，杭州在完成建设目标过程中必须做到改革创新，不断完善和创新美丽杭州建设体制机制。2020 年 7 月 17 日，杭州市城乡建设委员会发布《杭州市绿色建筑与建筑节能专家库管理办法》，为全市建设主管部门〔区、县（市）住建局〕开展的民用建筑节能审查、绿色建筑标识评价、绿色建筑和建筑节能示范项目评选等

工作提供了专家的技术支持。

经济发达，具有较为强势的营商环境。杭州作为浙江的省会城市，资源和经济都有较强的优势，人口的流入也使杭州的科技创新和电商发展居于全国前列。近几年，杭州将经济重心逐渐转移至新金融和互联网等新经济，信息软件、电子商务、物联网安全居全国领先地位，在一定程度上，杭州可以称为"数字经济第一城"。2020 年数字经济核心产业实现增加值 4290 亿元，人工智能产业营收达 1557.6 亿元，第一个国家新型互联网交换中心和联合国大数据全球平台中国区域中心都落户杭州。杭州利用阿里带动的互联网风潮，综合运用各种政策资源，推动杭州成为数字经济的龙头，建设数字经济的竞争优势。

1.5 重庆：绿色创新宣传力度大，积极尝试改革绿色创新制度

绿色创新意愿强，大力进行对外宣传，持续推出制度创新。重庆在"党政机关报和政府门户网站中相关关键词的出现频率"和"中国最具影响力的综合报纸对当地发展经验的报道频率"这两个指标中表现亮眼，分别位列第二和第四，彰显重庆对外宣传优势。重庆对绿色制度创新进行积极尝试与改革，试图找出具有重庆特色的绿色创新制度。2020 年 2 月 24 日，重庆市发展和改革委员会与重庆市科学技术局联合印发《重庆市构建市场导向的绿色技术创新体系的实施方案》，提出通过激发高校、科研院所绿色技术创新活力，推进"产学研金介"深度融合，加强绿色技术创新基地平台建设等措施来实现绿色技术创新体系形成系统布局、创新基础能力显著增强的目标。

不断调整产业结构，大力布局高新技术产业。2020 年，重庆规模以上工业战略性新兴制造业与高技术制造业增加值占规模以上工业增加值的比重分别为 28.0% 和 19.1%。2020 年，重庆出台多项政策，通过实施对技术先进型服务企业给予税收减免、加大制造业中长期融资支持力度、引导投资基金支持科技企业、放松高新技术企业发行境外债要求等措施，提振高新技术产业发展，提升区域创新能力。

1.6 苏州：产业结构特别，在建立绿色城市和创新制度方面做出切实努力

产业结构特别，经济发展名列前茅。苏州的"人均GDP"指标位居报告中所有城市第三位，仅落后于无锡与南京，成绩斐然，优势显著。苏州产业结构特别，第二、第三产业尤其是高技术相关制造业与服务业发展较快，产值较高。"十三五"期间制造业新兴产业产值占规模以上工业总产值比重达55.7%。

在建立绿色城市和创新制度方面做出了切实努力。苏州在"党政机关报和政府门户网站中相关关键词的出现频率"和"中国最具影响力的综合报纸对当地发展经验的报道频率"指标排名中分别位列第七和第六，在报告调查城市中排名居于前列。苏州市人民政府在建立绿色城市和创新制度方面做出了切实的努力，2019年10月26日，国家发展改革委印发的《长三角生态绿色一体化发展示范区总体方案》提出，对包括上海青浦区、苏州吴江区、嘉兴嘉善县等在内的"两区一县"推进一体化示范建设；2020年8月27日，《中共苏州市委 苏州市人民政府关于推进美丽苏州建设的实施意见》提出，推进长三角生态绿色一体化发展示范区建设，重点探索流域生态环境共保共治、水资源统筹配置和有偿使用等相关机制，着力打造"世界级滨水人居文明典范"。

1.7 无锡：经济运行平稳向好，优质的营商环境促进绿色制度的创新和发展

经济运行平稳，营商环境优质。无锡的"人均GDP"指标位列调查城市的首位，力压上海等城市。"人均GDP"作为发展经济学中衡量经济发展状况的指标，较为客观地反映了经济社会的发展水平和发展程度，是人们了解和把握国家和地区宏观经济运行状况的有效工具。无锡在长时间的探索后，摸索出通过发展乡镇企业、支持民营经济实现城市化发展的方式，创造了闻名全国的"苏南模式"。此外，无锡的常住人口增速较缓，常住人口占全省比重

较为平衡。无锡重视科技发展，获得中国软件特色名城、国家综合型信息消费示范城市、国家区块链创新应用综合性试点城市、国家 IPv6 技术创新和融合应用综合试点城市等众多称号。2020 年，无锡高新技术产业产值占规模以上工业总产值比重达 48.33%，高新技术产业产值同比增长 10.18%。

以无锡高新区建设为重要抓手，加快绿色创新制度的落地落实。为贯彻落实《国务院关于促进国家高新技术产业开发区高质量发展的若干意见》，无锡以零碳科技产业园建设为重要抓手，出台相关配套鼓励和扶持政策，充分发挥无锡高新区企业示范作用，推动更多的低碳科技成果落地生根，并与更多的国内外绿色创新龙头企业、产业基金加强合作，进一步探索和形成科技创新引领绿色崛起的高质量发展路径。

1.8　宁波：制度创新宣传力度较大，践行先行示范区建设等发展理念

政府各项制度创新力度较大。宁波在"党政机关报和政府门户网站中相关关键词的出现频率"和"中国最具影响力的综合报纸对当地发展经验的报道频率"这两个指标中均位列第八，作为非省会城市，宁波之所以能够有较好的表现，主要归功于政府各项制度创新的力度较大。

开展先行示范区建设、坚持"绿色产业化、产业绿色化"的绿色发展理念。2015 年 12 月，国家发展改革委等批复同意宁波开展生态文明先行示范区建设，宁波计划在五年内积极探索东部沿海港口和重化工业城市绿色发展的新模式、新路径和新机制，为全国生态文明建设提供示范。2018 年 5 月 30 日，《宁波市人民政府办公厅关于加快推进绿色都市农业示范区建设的实施意见》要求，加强关键技术攻关，大力发展现代种业，引进、集成、运用和示范推广一批优质安全、绿色生态、节本增效的新品种、新技术。2019 年 11 月，生态环境部公布了第三批 23 个"绿水青山就是金山银山"实践创新基地，宁波的宁海榜上有名。2020 年 12 月 18 日，《宁波市人民政府办公厅关于加快推进制造业高质量发展的实施意见》提出，对绿色工厂、绿色设计产品给予财政奖励，推进小微企业园建设、绿色化改造、自愿清洁生产、节水型企业创建等工作。

制定相关金融政策，坚持绿色金融赋能实体产业的发展模式。2020 年 3 月 27 日，《宁波市人民政府办公厅关于进一步强化金融服务保障支持稳企业稳经济稳发展的通知》提出，引导企业结合自身情况，充分运用可交换债券、绿色债、双创债、项目债、纾困专项债、抗疫专项债、资产支持计划等各类债券融资工具开展融资，缓解企业短期资金周转压力。

1.9 成都：政策方针引领绿色创新，"产业+金融+制度"多轨推动绿色创新

贯彻落实十九届五中全会精神，加快落实成都绿色低碳转型。一是系统推进"三治一增"，统筹推进山水林田湖草系统治理，发展低碳经济，促进人与城市、人与自然和谐共生，不断巩固成都生活舒适、生态宜居的优势。二是将公园形态与城市空间有机融合，打造出生产生活生态空间相宜、自然经济社会人文相融的复合系统，创新实现共建、共治、共享的"人民城市"幸福样本。三是顶层产业升级设计，系统构建"产业体系—产业生态圈—产业功能区"三级协同支撑体系，将要素供给、市场需求、空间优化与产业发展有机结合在一起，为超大城市空间治理提供一份成都方案。

加快产业结构绿色转型。"十三五"期间，成都单位 GDP 二氧化碳排放和能耗分别降低 21.0%、14.2%。这得益于城市逐步构建的以先进制造业和现代服务业为支撑、以新经济为引领的高质量现代化开放型产业体系。成都生态环境产业产值已破千亿元，并在逐步完善清洁能源供给基础设施建设、建立健全氢能产业生态圈。

绿色金融助力绿色创新。2018 年，四川省人民政府办公厅印发的《四川省绿色金融发展规划》明确提出，要积极构建四川绿色金融体系，将成都定位为全省绿色金融核心区，打造"一核一带多点"的四川绿色金融空间格局。成都的新都区被纳入 5 个绿色金融创新试点地区之一。

夯实绿色制度文化，强化生态文明法治建设。成都率先制定了全国首部公园城市建设条例，出台《成都市生活垃圾管理条例》《成都市龙泉山城市森林公园保护条例》《成都市三岔湖水环境保护条例》等地方性法规。上线

"碳惠天府"绿色公益平台,其采用的机制系国内首创的"公众碳减排积分奖励、项目碳减排量开发运营"双路径碳普惠机制。

1.10 常州:发挥长江中枢关键区位优势,国际合作构筑全国绿色建筑桥头堡

区位关键,发挥中枢效应与辐射效应。常州是长三角区域生态保护与共建的关键城市:一方面,常州与长江生态廊道交汇,是连接江北"七湖"水网地区的北部生态、太湖及以西丘陵地区的南部生态的关键枢纽;另一方面,常州还是长江水系与太湖水系交汇地、京杭运河与太湖水系交汇地。因此,常州推动绿色生态发展,促进产业生态化、生活低碳化、能源绿色化将对整个长三角流域起到辐射作用。常州坚持绿水青山就是金山银山的理念,以绿色生态为底色,持续放大"一江一河四湖五山"自然资源禀赋优势。"十三五"期间,常州累计完成生态绿城项目 760 多个,实现增核 3.3 万亩①、扩绿近 4 万亩、联网 700 千米。"十四五"规划中,常州将继续发挥好生态中枢的角色,将"生态绿城"刻入城市名片。

把生态文明制度建设和创新作为推进市域治理现代化的重点领域。常州从三方面出发,全方位提升绿色崛起治理效能:一是推进责任落实链条化,将生态环境指标纳入高质量考核,并建立、健全督查考核推进机制,失责问责、终身追责制度;二是推进环境治理市场化,按照"谁保护、谁受益;谁污染、谁付费"的原则,形成环境有价、损害担责的社会氛围;三是推进生态保护社会化,率先出台"民间河长实施意见",动员企业家担任"河长""企业河长""党员河长",实现全社会生态环境共建共治共享。

国际合作,构筑全国绿色建筑桥头堡。2020 年,中欧(常州)绿色创新园正式揭牌。按照发展规划,中欧(常州)绿色创新园将被打造成世界一流、全国领先的绿色建筑产业集聚区、建筑科技集成创新区、绿色生活推广示范区、低碳技术国际合作区。园区不仅是住房和城乡建设部设立的全国首家

---

① 一亩 ≈ 666.67 平方米。

"绿色建筑产业集聚示范区"，还是江苏省人民政府全力打造的"长三角建筑科技创新中心"，更集聚了来自国内以及芬兰、英国、德国、美国等国家上百家科研机构和绿色建筑建材企业。中欧（常州）绿色创新园成为我国与欧盟在绿色建筑上的沟通桥梁，带动我国绿色建筑发展。

2 研发投入发展经验

根据 2020 年研发投入指标的评价结果，湘潭、合肥、上海、株洲、怀化、绵阳、苏州、衡阳、杭州、益阳位列前十。

2.1 湘潭：科学技术支出稳健增长，推进国家创新城市建设

科学技术支出占比提高，充分激发科技创新潜力。2020 年，湘潭研究与试验发展经费投入继续保持较快增长，投入强度持续提升。全市研发经费 59.17 亿元，研发经费比上年增加 8.32 亿元，增长 16.4%，较全国平均增速快 6.2 个百分点，比全省平均增速快 2.2 个百分点。研发经费投入强度达到 2.53%，比上年提高 0.28 个百分点，高于全国 0.13 个百分点，高于全省 0.38 个百分点。湘潭是国家"一五""二五"时期布局的重点工业城市，工业基础雄厚。随着传统发展动力减弱，湘潭面临越来越大的生态环境压力和外界竞争压力，发展模式由要素驱动转向创新驱动势在必行。湘潭坚持科创资金、科研经费向主导优势产业倾斜，每年有 10 个以上科技项目入选省科技重点项目。同时，通过"智造莲城"创新成果转化项目路演等机制搭建产学研合作平台，培育了 3D 打印、特种机器人等一批战略性新兴产业，在以科技之手推动产业转型升级之际，也在悄然间实现了"借梯登高"。

高水平建设国家创新型城市。2022 年以来，湘潭先后出台《湘潭市全力推进国家创新型城市建设三年行动方案（2022—2024 年）》《湘潭市推进〈湖南省科技型企业知识价值信用贷款风险补偿改革实施办法〉工作方案》等政策文件，并在全省率先启动科技型企业知识价值信用贷款风险补偿改革，为深入推进国家创新型城市建设，营造良好的创新生态环境。为高水平建设

国家创新型城市，围绕市委、市政府加快建设"四区一地一圈一强"总体安排部署，湘潭国家创新型城市建设将重点实施创新载体建设工程、创新人才集聚工程、创新主体培育工程、创新支撑产业发展工程、创新成果高效转化工程、创新区域合作工程、创新生态优化工程、创新赋能惠民工程等"八项工程"。

不断推进科技创新人才培育。湘潭出台了《千百扶培·科技创新驱动高质量发展行动方案》《莲城人才行动计划》《湘潭市科技人才成果转化资助和奖励实施细则（试行）》《湘潭市产业科技领军人才团队引进认定和奖励实施细则（试行）》《湘潭市国际化人才和智力引进经费补助实施办法（试行）》等一系列科技创新人才培育政策，市直部门配套出台了相关政策文件近 20 个，形成了覆盖企业创新、人才聚集、成果转化等创新全链条的政策体系。《关于认定湘潭市 2022 年（总第五批）高层次人才的通报》显示湘潭2022 年新引进高层次人才 27 人，2022 年年底，存量高层次人才 368 人。湘潭建立了科技创新人才智库，入库专家 338 名，涵盖人工智能及新一代信息技术、军民融合及高端装备制造、新材料及 3D 打印、汽车及零部件专家、生物医药及医疗、现代农业及食品、节能环保及工程建筑、产业发展及其他领域。

2.2 合肥：充分利用资金和人才优势，不断增强创新驱动力

财政实力奠定雄厚科技基础。从一般公共预算收入来看，合肥在安徽遥遥领先，2020 年合肥一般公共预算收入为 762.9 亿元，具体到区县来看，包河区的一般公共预算收入较高，政府性基金收入方面，合肥政府性基金预算收入规模为 682.9 亿元。合肥财政自给率为 65.5%，分区县来看，各区县财政自给率差异较大，其中包河区、新站区超过 80%，蜀山区、瑶海区和经开区超过 60%。合肥整体经济与财政实力为充分发挥财政资金稳企增效、助企纾困作用打下良好基础。

人才资源转化为创新优势。2020 年 8 月，习近平总书记亲临合肥，在主持召开扎实推进长三角一体化发展座谈会时强调，"要在一体化发展战略实施的过程中发现人才、培育人才、使用人才"，为合肥人才工作的长远发展指明

了前进方向、提供了根本遵循。近年来，合肥陆续推出引进急需紧缺人才、实施基层成长计划、拓宽人才能力提升渠道、加强创业资金扶持、加大安居保障力度等一系列人才新政，不断营造更加优良的就业环境、创业环境、科研环境，进一步吸引支持各类人才来肥创新创业。还有中国科学技术大学先进技术研究院、合肥工业大学智能制造技术研究院等一批新型研发机构先后在合肥投入运营。它们瞄准合肥综合性国家科学中心重点建设领域以及战略性新兴产业、重点产业的发展方向，搭建共享公共平台，转化源头创新成果，培育人才双创团队，为各路人才提供舞台。

全力支持创新驱动发展，为科技创新赋能。近年来，合肥在全力战"疫"的同时，紧抓创新发展不放松。为化解疫情影响，该市大力支持创新主体加速研发，截至 2022 年 5 月，给予全市 1348 家科技型中小企业和 43 家高成长企业研发费用补助达 3.3 亿元，引导企业累计投入研发费用近 23 亿元。投入9600 余万元，支持 60 余家单位牵头承接国家和省重大科技项目，争取国拨和省级科研经费 3.1 亿元；围绕量子信息、集成电路等领域，投入 5000 万元，支持首批 12 家企业开展"卡脖子"技术攻关，预计撬动企业研发投入超过 4亿元；投入 1200 万元，支持新认定 6 家市级技术创新中心。在推动科技成果转化和应用方面，该市支持 22 家企业投资建设优质示范应用场景项目，投入3600 余万元，带动企业投资超过 1.3 亿元；投入 3079.4 万元，引导完成技术合同交易登记 867 亿元，同比增长 51.5%。

2.3　上海：研发投入处于前列，资金等指标具有优势

地方一般公共预算收支状况良好、对科技发展的支持力度加大。根据《中国城市统计年鉴 2020》，2019 年上海地方一般公共预算收入为 7165.1 亿元，地方一般公共预算支出为 8179.28 亿元，其中科学技术支出为 389.54 亿元。随着"六稳""六保"任务的落实，2020 年一般公共预算收支略有下降，但科学技术支出/GDP 指标仍位居全国前列。2020 年上海科学技术支出调整预算数为 203.4 亿元，决算数为 214.9 亿元，超额完成 5.7%。随着科学技术加速发展，科技与绿色经济的融合将更加突出。作为中国的中心城市、超大

城市，上海致力于引领未来绿色创新发展，并出台《上海市绿色发展行动指南（2020 版）》，包括绿色产业导入、绿色规划设计、绿色建设施工、绿色运营管理和绿色发展相关支持政策等五部分内容。2020 年 1 月 20 日，上海市十五届人大三次会议表决通过了《上海市推进科技创新中心建设条例》，于 2020 年 5 月 1 日起正式施行，该条例将"最宽松的创新环境、最普惠公平的扶持政策、最有力的保障措施"的理念体现在制度设计之中，加大了对各类创新主体的赋权激励，保护各类创新主体平等参与科技创新活动，最大限度激发创新活力与动力。

"全部 R&D 人员数量/总就业人员数量"是绿色创新投入指数的重要衡量指标。上海市研发公共服务平台管理中心报告显示，2020 年，通过一系列政策扶持，上海实现了外国人才来华工作许可和外国人才引进双丰收，在沪外国人才数量、质量均居全国第一，包括但不限于拓展人才引进落户通道至 18 个；在沪"世界一流大学建设高校"本科应届毕业生可落户；樱花卡会员享受相应的人才公寓、就医等服务；支持事业单位科研人员和企业人员双向兼职；为留学人员来沪创业提供从资金支持、社保补贴、知识产权保护，到落户"绿色通道"、专业服务等在内的立体支持；创业孵化期可申请外国人工作许可证；人才新政"上门办"，政策宣讲进企业等。2021 年，上海形成科创中心基本框架，大力推动研发攻关，走在政策先行先试的最前沿。另外，上海期智研究院、上海应用数学中心、上海处理器技术创新中心等新型研发机构也在上海成立。

R&D 内部经费支出处于较高水平，高度重视生态文明建设，坚定不移走生态优先、绿色发展之路。2020 年，国家绿色发展基金在上海设立，为支持生态文明建设注入新动力。此外，为了探索全国区域协调发展可复制可推广模式，上海致力于打造长三角生态绿色一体化发展示范区，其中，阿里巴巴集团、华为技术有限公司、中国城市规划设计研究院、普华永道、复旦大学、上海交通大学医学院等 12 家创始成员单位负责人共同启动长三角生态绿色一体化发展示范区开发者联盟。2020 年，上海市科学技术委员会发布本年度"科技创新行动计划"高新技术领域项目指南，并在之后对"面向工业环境下

5G 安全问题关键技术研究与攻防应用示范"等 57 个项目予以立项，市科委资助 18592 万元，其中 2020 年拨款 14873.7 万元。

2.4 株洲：持续高强度高质量研发投入，助力培育科技名城

全市科研人才优势明显。 株洲搭建交流平台、创造更好的创新生态，全面做好科技人才服务。广大科技人才在株洲树立标杆和"灯塔"，引导更多人才集聚。近年来，株洲市委、市政府把人才优先发展作为推动经济社会高质量发展的关键之举抓紧抓实，以"人才新政 30 条"为抓手，大力实施"领军人才"计划、"青年人才托举工程"等项目，紧扣全市"3+5+2"重点产业和 17 条工业新兴优势产业链发展。2020 年，株洲科技人才"火车头"精神更加凸显，更多的科研成果"走"出了实验室，"走"向了生产线，"株洲"字号人才在学科领域及行业的影响越来越大。

坚持以政府为引导、企业为主体、社会资本为补充的全社会研发投入模式。 首先，把创新的台子搭起来。2017—2021 年株洲累计帮助企业争取到省研发奖补资金 3.2 亿元，所获支持金额全省第二。为了突出研发管理推动作用，市科技部门择优挑选 20 家基础较好、研发投入增长较快的企业，试点打造标杆示范企业，累计发放专项经费 2000 多万元。市级财政投入研发奖补经费 2422 万元，撬动全社会新增研发投入 23 亿元以上。其次，让企业的胆子大起来。株洲组织科研院所等联合成立政府科技专项支持的科研项目组，开展新产品应用推广，并给予应用企业奖励。株洲还推动为创新产品购买商业保险、政府给予保费补贴，以及将成果转化后首批新品纳入政府采购等模式，让政府与企业共担风险。最后，让创新的氛围浓起来。株洲多次举办创新创业大赛，吸引了近千个创新项目报名，并邀请省内外创投机构和投资人参与评审，帮助参赛企业获得投资近 10 亿元。2022 年，株洲继续深化以政府为引导、企业为主体、社会资本为补充的全社会研发投入的模式，同时优化研发投入结构，确保研发投入的针对性、及时性、有效性，充分发挥科技创新对经济转型升级的支撑和引领作用。

注重高质量研发投入，着力打造具有核心竞争力的科技创新高地。 株洲

坚持高质量的研发投入，催生大批新技术、新产品，创造出了新的经济增长点。例如，株洲湘火炬火花塞有限责任公司持续 3 年投入资金开发新型氮氧传感器，已获得国家级外国专家项目立项，研发成功后，5 年内有望增加年销售收入 4.5 亿元。通过高强度研发投入，株洲还突破了一批关键共性技术、前沿引领技术、现代工程技术、颠覆性技术。例如，2021 年，株洲南方阀门股份有限公司作为湖南省 11 家入围全国颠覆性技术创新大赛领域赛的企业之一，其"基于数字孪生的供水工程水锤防护与智能调控系统"以多项行业颠覆性技术晋级决赛。

2.5 怀化：政府政策精准扶持，研发投入高居榜首

政府政策推动人才引进，支持创新发展。怀化"全部 R&D 人员数量/总就业人员数量"指标表现优异，得益于怀化市政府于 2017 年印发的《关于深化人才发展体制机制改革大力推动人才引领创新发展的实施方案》和 2018 年印发的《怀化市五溪人才行动计划》。在这两个文件支持下，怀化围绕重点产业、新兴产业，着力提升各类人才平台和产业平台对人才的吸引力和承载力，在 3 年内，新增 10 家市级以上创新平台，新建 10 家院士专家工作站，新增 10 家市级以上孵化平台。同时扶持了一批创新创业团队，立足科技创新和产品创新，引进了高层次院士专家团队，并培育一批本土中小微企业团队，将积极培育科技型中小企业作为产业升级的重要抓手，扶持更多的本土中小微企业成长为高新技术企业，给予每个团队 20 万元资金支持。开展"五溪智汇"柔性人才引进专项行动，采用兼职、挂任、聘用等柔性引进方式，引进一批高尖端行业领军人才。并在怀化籍企业家较多的城市举办怀化籍企业家代表见面会，一起共叙乡情，支持回乡创业。

奖补安排成效显著，支持企业开展科技研发活动。怀化 2018 年度市级工程技术研究中心奖补，共安排项目资金 2950 万元，奖补市级工程技术研究中心 295 家，政策引导企业提升科技自主创新能力作用凸显，企业整体创新能力提升明显，295 家企业中，科技型中小企业 97 家，占比 32.9%；高新技术企业 114 家，占比 38.6%。2019 年怀化展开《怀化市加大全社会研发经费投

入行动计划（2018—2022 年）》第一、第二批奖补，通过启动实施"育苗行动""固本行动""金穗行动"等，共兑现奖补资金 4950.42 万元，奖补单位476 家，总体成效显著，主要科技创新指标再次实现大幅增长，增速均居全省前列。第三批奖补通过启动实施"育苗行动""固本行动""提质行动""金穗行动""强基行动"，共兑现奖补资金 577.97 万元，奖补单位 256 家 576.96万元，奖补个人 5 人 1.01 万元。

科技计划专项资金支持，积极影响科研水平与成果转化效率。2020 年，怀化全社会研发经费投入强度达到 1.8%，居全省二类地区前列；全市高新技术企业从 2019 年的 252 家增加到 2020 年的 350 家；全市科技型中小企业由 2019年的 261 家发展到 2020 年的 410 家，同比增长 57.1%；2020 年高新技术企业新增到 350 家，总量位居同类市州第一、全省第六；高新技术产业发展稳中有进，高新技术产业增加值占 GDP 比重达 18%；全年技术市场合同成交总金额超过10.03 亿元。2020 年应用基础研究计划共实施 24 个项目，安排项目资金 72 万元。怀化重点支持在怀高等院校、市本级科研院所和医疗机构，围绕怀化主导产业、特色产业和战略性新兴产业创新发展，组织开展相关前沿技术及共性关键技术攻关，为增强自主创新能力提供技术和人才储备；成功举办全国科技活动周"科技列车怀化行"，科普惠民成效显著；成功创建刘良院士专家工作站，构建多学科结合的高水平"产学研医"人才队伍；持续推进科技特派员专项，共选派 30 名科技特派员深入全市 13 个县市区的特色农业企业、专业合作社等经济主体，通过宣传培训、技术指导、示范带动等形式，开展科技服务活动。

2.6 绵阳：具有研发投入、R&D 内部经费支出优势，一般公共预算收支具有增长潜力

将人才作为科技创新根本，构建了人才引进培育使用全链条制度体系。绵阳出台《关于加快建设西部人才强市的意见》《关于实施"科技城人才计划"的若干措施》《"绵州育才计划"实施办法（试行）》等文件，引进高层次人才。近年来，绵阳不断创新人才开放模式，相继出台"1+12"人才新政，实施"科技城人才计划"引人才、"绵州育才计划"育人才、"国家科研人员

激励计划"用人才，实施军民融合创业团队"聚变计划"、科技领军创业团队"涌泉计划"、产业尖端创新团队"卓越计划"。每年拿出 6000 万元人才发展专项资金，对来绵创新创业团队累计资助金额最高 2000 万元，设立国际人才分市场，实施人才激励计划等。配置绵阳人才公寓，发放"绵州英才卡"，逐步形成具有含金量和吸引力的人才政策体系。

公共预算支出主要用于人才引进和研发支出。每年支出 5000 多万元保障人才引进计划，用于资助研发团队和海内外创新创业人才。除此之外，还重点支持先进制造产业功能区和校（院、企）地创新联合体，拨款促进科研院所"可转移转化成果清单"项目就地转化。绵阳设立全国唯一、规模为 20 亿元的军民融合成果转化基金和 5 亿元规模的军民融合产业发展基金，促进了科技型企业融资。2020 年，绵阳着手打造科技城，以服务国防建设为基础，以推进军民深度融合为重点，努力打造成渝地区双城经济圈的创新高地，探索建设科技创新先行示范区的可行路径。

"R&D 内部经费支出/工业增加值"逐年稳步上升。首先，绵阳市通过科技计划管理改革，改进科技项目及资金管理，下放部分经费调剂权限，简化预算编制科目的方式，赋予科研主体更大的人财物自主支配权，从而调动企业的研发热情。其次，积极开展培训工作，举办 R&D 投入政策及统计业务培训会，深入重点企事业单位进行专题调研指导，宣讲加强研发的重要性以及研发活动可享受的扶持政策。同时，将研发投入情况作为科技项目资金支持的重要依据，对重视研发投入的企事业单位在科技项目中优先支持，鼓励企业加大研发费用投入。绵阳市企业 R&D 经费逐年增长，企业自主创新能力不断增强，带动工业增加值上升，制造业绿色发展。2020 年，绵阳市推行科技创新券发放政策，以政府购买服务的方式支持科技型中小企业开展技术创新和成果转化过程，企业申领创新券可抵扣一定比例的服务费用。

2.7 苏州：高度重视科技创新战略部署，完善创新人才引育机制

营造优良科技创新氛围，推动形成创新孵化新格局。系统谋划和布局科技基础设施，加快提升源头创新能力。2020 年 1 月苏州公布《中共苏州市委

苏州市人民政府关于开放再出发的若干政策意见》，建立诺贝尔奖实验室"一事一议"专项引进机制，支持诺贝尔奖科学家来苏组建实验室。鼓励全球知名高校、科研院所在苏合作建设科研创新平台、科技成果转化中心和国际研发机构，3年内新建科技创新载体100家。对重大研发机构、多学科交叉创新平台建设按"一事一议"方式给予支持。此外，苏州通过创新型企业培育体系，促进企业加大研发投入和科技创新力度。2020年2月苏州印发《2019年度苏州市高成长创新型培育企业名单》，确定46家企业为高成长创新型培育企业，以此加大国家高新技术企业培育力度，深入实施创新驱动发展战略，推动打造产业科技创新高地和高水平创新型城市。

不断完善国际国内创新人才引育机制，集聚高端科技创新资源。2018年，苏州出台《关于构建一流创新生态建设创新创业名城的若干政策措施》，支持引进国际创新创业人才，培育更多更强创新型企业。围绕重大产业发展的核心技术需求引进重大创新团队，给予1000万~5000万元项目资助，并给予引才单位100万元奖励；持续引进培育创新创业领军人才，符合条件的可给予100万~400万元项目资助，并给予相关引才单位最高50万元奖励。此外，加快科技研发和成果转化，建立标准化与科技研发的交互衔接平台，健全科技成果转化为标准的快速工作机制，促进科技研发与标准研制的同步协调发展。2019年苏州印发《关于支持外籍人才参与科技创新的若干举措》，鼓励外籍人才参与科技计划实施，加强外籍人才科技创新平台的载体建设，吸引外籍人才参与科技创新，营造利于外籍人才发挥作用的良好环境，以此促进科技资源双向流动，合作共赢，提升苏州科技创新国际化水平，全面厚植创新人才优势。正因这些政策措施，截至2020年苏州市全部R&D人员数量达到近24万人，在全国范围位居前列。

2.8　衡阳：以科技创新为重点，充分利用自身优势吸引人才

增加创新投入和人才引进力度，力促科技成果有效转化。衡阳2022年目标为圆满顺利通过国家创新型城市验收，建设更高水平的国家创新型城市；力争研发投入总量达到90亿元，强度达到2.2%；地方财政科技支出占公共

财政支出的比例达到 2.2%；高新技术企业净增 180 家，总数突破 600 家；科技型中小企业突破 700 家；高新技术产业增加值达到 650 亿元，增幅达到 22%；新增省级新型研发机构 10 家；新增省级以上创新创业平台 15 家，其中国家级平台 3 家；新增省级以上研发机构 15 家，市级工程技术研究中心 200 家；技术合同成交额达到 35 亿元。衡阳着力建立高新技术企业后备库，加强创新主体筛选培育，实现高新技术企业数量和质量双提升，力争大力孵化培育科技型中小企业，逐步形成"科企—高企—'小巨人'—上市领军型"企业梯度培育体系。并在核医交叉、5G、新材料等领域，推动南华大学、衡阳师范学院、湖南工学院等高校与企业共建新型研发机构。此外，衡阳大力集聚高端创新人才，落实"人才雁阵"计划、"万雁入衡"行动，联合建设院士专家工作站，打造一批技术攻关和科技成果产业化标志性工程。争取国家级大型科研装置和重点实验室布局衡阳。支持建设光纤陀螺、医核交叉、输变电、无缝钢管、涡轮增压等国家级工程（技术）研究中心。加快推进南华大学、衡阳师范学院、湖南工学院、市农科院、市蔬菜所等高校和科研院所技术成果运用、转化和产业化。推进驻衡高校与"大院大所""名校名所"开展政产学研合作。大力支持和服务上海交大 5G 新材料研究中心、湖南农大乡村数字研究院、上海应用大学萱草研究院等研发机构建设。支持中国五矿、特变电工、华菱衡钢、建滔化工、建衡实业、机油泵、启迪古汉、大三湘等企业牵头组建创新联合体。

做优做强民生科技，针对技术"卡脖子"重点突破。衡阳着手编制"卡脖子"技术清单，部署实施光刻胶用感光单体国产化研究，惯导系统系列芯片研发及产业化建设项目，基于 T40 芯片深度 AI 智能摄像机模组的研发，大尺寸、高质量碲锌镉单晶材料的研制，核级海绵锆（铪）分离纯化技术，高强高热导氮化硅复合材料，高产、多抗、高蛋白质大豆新品种选育与应用、环保型海上风电用变压器系列装备关键技术研究及产品研制等重大科技专项。围绕"两黄两茶一花一果"、疫情防控、污染防治、河湖治理等领域加强技术攻关和成果示范。依托科技专家服务团，从市农技中心、市农科院、市蔬菜所、市林科所等选派一批懂技术、会管理的科技专家服务乡村振兴。

2.9 杭州：加大全社会研发投入，打造创新活力之城

推动相关政策，吸引科研人员。为加快推进创新活力之城建设，近年来，杭州深入实施创新驱动发展战略，不断深化科技体制改革，优化完善科技创新政策体系，努力为科技型企业、科研人员、创新创业者提供更多更优质的公共服务。并发布《杭州市科技创新政策简明手册》《杭州市科技创新政策选编（2022）》。《杭州市科技创新政策简明手册》对杭州现有科技创新政策文件进行梳理汇总，从财政资金引导类、创新主体认定类、科技金融服务类三方面政策内容进行整理汇编，并附上部分科技创新类税收优惠政策，便于企业和创业者直观、快速了解杭州科技创新政策与措施。相关政策有助于杭州吸引更多优质的科研人员，有助于提升科研人员占总就业人员比例。

R&D 内部经费支出呈上升态势。近年来，随着国家对于科学技术越来越重视，杭州 R&D 内部经费支出也处于上升趋势。作为全国首个生态省，2021年 5 月 21 日，浙江专门召开"全省碳达峰碳中和工作推进会"，要求加快全面绿色低碳转型。杭州临平区在成立之初就启动了碳达峰碳中和的路径研究，高度重视金融推动绿色发展的作用。2021 年 5 月 26 日，全省首个"政银保企产研用"一体协同的"绿色低碳"金融创新实验室正式宣布在临平区成立。首批参与实验室的共有 9 家省级银行保险机构和区内 3 家重点企业园区。该实验室旨在加强跨界合作，为银行保险机构在产品研发前期排摸需求、在研发中期提供场景、在研发后期对接首试提供有效支撑，以推动探索更多的可复制可推广绿色低碳金融产品，推动创新更多的绿色低碳技术与绿色金融资源对接模式。同时，还将努力打造为政府+监管+银行+保险+研究机构+学者专家联合开展绿色低碳金融学术研究交流的合作平台，有效发挥前沿实践探索作用，更好助推绿色成为高质量发展的底色。2022 年，《2022 年杭州经济运行情况》显示杭州高新技术产业投资增长 30.7%。工业投资增长 21.1%，连续两年保持两位数增长。制造业投资增长 26.4%，其中计算机通信和其他电子设备制造业、医药制造业、汽车制造业投资分别增长 22.3%、58.2%和72.4%；1—11 月，科学研究和技术服务业营业收入 1083 亿元，增长 9.3%。

2.10　益阳：大力支持高新技术企业发展，科技成果转化提速

政府重视高新技术企业发展。政府推动《益阳市加大全社会研发经费投入行动计划实施方案》出台，着力提升企业研发经费投入和创新供给能力。2021 年科技专项资金预算安排 2090 万元，其中兑现各类后补助资金 915 万元，安排市级科技计划项目 502 万元、省市自然科学联合基金 40 万元、其他重点工作 133 万元。剩余未安排资金 500 万元，根据预算安排预留作科技成果转化基金。各类后补助资金具体如下：新认定高企 95 家补助 475 万元，研发投入占比前 5 位企业补助 26 万元，创新创业大赛晋级企业 56 家补助 168 万元，省级科技创新平台及要素市场补助 245 万元，科技成果转化服务机构补助 11 万元。2020 年，益阳高新区承办了湖南省创新创业大赛新材料产业半决赛，园区企业铠欣新材料科技有限公司获得初创企业组第三名。同时，益台青年创新创业基地揭牌，营造了浓厚的创新创业氛围。

项目和平台支撑能力进一步增强。2020 年，益阳共立项 62 个，下达资金 502 万元。其中"揭榜挂帅"项目 2 项，资金 70 万元，重点研发计划立项 37 项，资金 310 万元；科技成果转化及产业化计划立项 10 个，资金 90 万元；应用基础研究与软科学研究计划立项 11 个，资金 25 万元；创新环境建设计划立项 2 个，资金 7 万元。2021 年，全年高新技术企业新认定 133 家，总数达到 424 家，其中上市企业 7 家、居全省第四位；完成科技型中小企业入库 590 家、同比增长 83.2%，新增注册企业 329 家、同比增长 76.2%，两项增速均排名全省第一位；2020 年全社会研发投入强度达 1.89%、居全省第四位；截至 2021 年 11 月底，益阳每万人有效发明专利拥有量为 4.19 件，排名全省第五位；完成技术合同成交额 32.98 亿元，预计居全省同类地区首位，同比增长 189%。5 个项目入围省创新创业大赛总决赛，11 个项目入围全国赛，均列全省第二位，参赛企业在省总决赛中获二等奖、三等奖各 1 项，再创历年最好成绩。

科技成果转移转化进一步加快。推进湖南院士专家产业园建设，金博碳素、久泰冶金、轻武器研究所、福德电气、银鱼农业等 5 家单位分别与黄伯

云等 5 位院士达成合作协议。2021 年，完成科技成果登记 306 项，完成技术合同成交额 32.98 亿元，同比增长 189%。2020 年益阳高新区积极组织味芝元、浩森胶业和仪纬科技申报省级企业技术中心和省级工程试验室，获得湖南省科技进步奖提名 6 项。

重大科技创新项目建设有力推进。2018 年益阳计划研发经费投入 1.69 亿元，实际完成投入 2.04 亿元，完成率为 120.7%。2020 年，益阳高新区新签约项目达 37 个，合同引资近 200 亿元，其中总投资亿元以上的项目为 14 个。

3　创新基础发展经验

根据 2020 年创新基础指标的评价结果，武汉、成都、南京、长沙、重庆、上海、合肥、南昌、昆明、杭州位列前十。

3.1　武汉：建设一批打基础、强功能、利长远的重大项目，构建现代化基础设施体系

建设中部走向世界、世界走进中部的国际交通门户。航空方面，优化提升机场服务能级，机场智慧化建设被列入民航局"四型机场"示范项目，协调推进双枢纽设施功能建设，加快形成轴辐射式航空网络体系，构建国际航空大通道；规划建设航空港、航空城和国家级临空经济示范区，助力武汉成为未来中部地区航空客货运"双枢纽"，发展临空经济。铁路方面，多条城际铁路在武汉交会，以武汉为中心形成省内快速客运交通圈，推进铁路西北货运环线建设，形成"一环八向"铁路货运网。公路方面，建设全国公路网重要枢纽，城市圈环线高速正式贯通全面激活"1+8"城市圈交通枢纽，进一步优化武汉内部高快速路骨架路网系统。

加速推动能源绿色升级。其一，因地制宜布局新能源项目，推广太阳能光伏发电应用，有序推进集中式风电项目建设，推进生物质能规模化利用。其二，大力发展新能源汽车及配套基础设施，推进配套设施建设先行，优化加油（气）站网络布局，构建武汉新能源汽车公共充电服务体系。推进智慧

停车场和新能源汽车充电桩建设，推动实现新能源汽车充电桩与 5G 基站、大数据中心、人工智能等新基建项目的资源整合，依托"互联网+"智慧能源，提升充电基础设施智能化水平，逐步形成以自用和专用充电基础设施为主体，以公用充电基础设施为辅助，以充电智能服务平台为支撑的充电基础设施体系。其三，打造沿三环线、四环线加氢走廊，加速建设中国氢能枢纽城市。

夯实新型基础设施，构建完善的新型基础设施体系。深化移动网、固网"双千兆"城市建设，完善千兆光网规模布局，提升千兆光网覆盖能力，继续打造高质量 5G 网络，加强 5G 网络深度覆盖流量密集区域。其一，保障数字基础设施建设空间，推动实现共建共享通信基础设施，统筹利用和开放公共资源，全方位支持 5G 基站建设。其二，降低数字基础设施运营成本，推动绿色高质量发展数据中心、5G 网络等新型基础设施。其三，打造工业互联网生态，借助原产业领域优势，鼓励领军企业新建工业互联网标识解析二级节点，支持形成多层级的工业互联网平台体系。

3.2　成都：加快推进高水平新型基础设施布局，建设践行新发展理念公园城市示范区

科学构建超大城市立体交通体系，打造全国"交通极"。全力推进交通基础设施建设，提升成都门户枢纽、国际性综合交通枢纽地位。抓住常住人口超两千万的超大城市发展趋势和特点，一方面，加快实施城市通勤效率提升工程，以轨道交通助推"轨道+公交+慢行"三网融合交通体系建设，构建布局合理、绿色高效的城市交通体系；另一方面，加密轨道交通网络，实施市域铁路公交化改造，完善公交智能调度系统，大力推进轨道交通向郊区新城和功能区延伸，持续推进城乡公交融合，并提高换乘便捷性。加快推进"双机场"场外综合交通网络建设，畅通对外通道。建设铁路货运"最后一公里"，优化货物运输结构。

实施清洁能源替代攻坚，调整能源消费结构。严控石化能源发展，推动低碳化能源供给，以电能为主强化清洁能源供应。一方面，减去化石能源。推动燃煤设备节能改造，多维度降碳，加快推进清洁高效利用煤炭能源。另

一方面，加可再生能源。着力推动氢能、光伏等新能源开发利用，深化能源要素价格改革，打造清洁低碳高效的能源体系。大力发展培育绿色低碳产业，深入推进传统产业低碳转型，加快淘汰落后产能，主动融入低碳产业链高附加值环节，建设绿色技术创新中心、绿色工程研究中心，打造国家绿色产业示范基地。

抢抓新型基础设施建设。以"四网融合"为重点实施新基建行动，抓住国家"东数西算"工程发展机遇，依托国家超算成都中心、全国一体化算力网络国家枢纽节点，培育数据、算力、算法、应用资源协同的产业生态，使新型基础设施体系成为建设公园城市示范区的重要支撑。围绕信息基础设施、融合基础设施、创新基础设施三大领域系统谋划建设路径：布局算力基础设施，升级 5G 等通信网络基础设施，提升人工智能基础设施服务能力；加快建设新一代信息技术赋能，完善智慧化治理设施；以建设具有全国影响力的科技创新中心为目标，推动建成重大科技基础设施集群，实施产业建圈强链行动，协同发展创新链和产业链。

3.3 南京：聚焦重点领域，优化基础设施布局、结构、功能和发展模式，基础设施建设为稳增长加码

打造国际性综合交通枢纽城市，建设交通运输现代化先行示范区。以连接国内国际运输通道的核心节点为目标，积极探索建设交通运输现代化先行示范区的"南京路径"。其一，科学进行建设规划工作，加快建设南京都市圈环线高速公路，健全以南京为区域核心的城市外部交通网络，支撑引导拓展城市空间并支撑长三角城市群建设。其二，服务经济社会发展方面，南京"米"字形高铁网络加速成型，完善连接日、韩、东盟地区的近洋航线，增强国家物流枢纽功能；综合交通服务方面，南京高速公路面积密度位居全国前列，主城"井字加外环"的快速路网实现闭合，城乡一体化、立体化道路网络不断完善。

着力建设智慧平安绿色交通。一方面，南京探索车路协同、无人驾驶、响应式公交等应用，建设江心洲新型公交都市先导区；另一方面，努力提高

绿色交通发展水平，推动新能源和清洁能源车辆在公路、城市配送等领域的应用，从而满足市民清洁化、智慧化、便捷化的出行需要。持续加快充电设施建设和配套电网建设改造，对用户居住地和单位内部、城市公共充电设施进行全方位建设，形成公共服务领域充电设施网络，构建重点公路城际快充网，加快实现高速公路充电设施全覆盖。推进充电基础设备"互联网+"，建设充电智能服务平台。

加快融合基础设施应用布局，打造城市能源互联网先行实践样板。提升南京国家级互联网骨干直联点辐射力和影响力，打造以南京和苏州为核心的"一带两核"人工智能产业发展格局。全面发展融合基础设施，科学布局创新基础设施。一方面，南京出台相关政策，加快 5G 网络建设，实现城区室外全覆盖、重点区域深度覆盖，实现 5G 与各类垂直行业融合和商务应用；另一方面，加快布局新一代数字基础设施，建设华东区域数据中心和超级中试中心，打造全球信息服务的重要节点。此外，南京利用 5G 等新一代信息技术，增强传统基础设施创新发展动能，推动能源、水利、市政等传统基础设施数字化升级，为经济发展提供新的动能与活力。

3.4　长沙：强化以电力、算力、动力为代表的三大支撑，以全面加强基础设施建设为前提提升城市能级、拉动经济增长

着力推进交通基础设施建设，提升长沙综合交通体系的辐射能级。长沙以打造国家综合交通枢纽城市为目标，为建设现代化新湖南示范区贡献力量。一是完善规划体系，完成"十四五"综合交通规划、公路和水路专项规划、行业规划的"1+2+6"交通规划体系编制，实现"多规合一"。二是打通对外通道，加快长沙机场改扩建工作，合力打造黄花机场"七位一体"综合交通枢纽，对接高铁枢纽建设，有效衔接综合立体交通体系。三是完善公路网络，抓好对应高速公路项目建设，加快农村公路升级改造。四是加快水运发展，推动码头建设，推进水运协同发展并提升航运能力。

实施能源保障专项行动，把好能源关，构建现代能源体系。一方面，建设现代化新长沙智慧电网，保障地区电网供电能力；推进"气化长沙"工程，

建立城乡天然气输配管网，实现天然气深度覆盖供应；构建清洁能源供应体系，推进分布式光伏发电、风电项目建设。另一方面，加强区域输油、输气管道建设，同时推进能源革命，完善能源产供储销体系，加强国内油气勘探开发，加快油气储备设施建设，加快全国干线油气管道建设，建设智慧能源系统，优化电力生产和输送通道布局，提升新能源消纳和存储能力，提升向边远地区输配电能力。

基本建成高速、移动、泛在、安全的新一代信息通信网络基础设施，打造智能网联示范区。一是建设通信网络基础设施，推进 5G 网络规模化建设，合理布局通信机房、基站、铁塔、管道线路等通信基础设施，在现有各类型基站基础上，设施共享建设 5G 基站及其配套设施。二是建设信息技术基础设施，完善大数据中心建设整体布局、创新人工智能、集成应用区块链技术。三是建设一体化融合基础设施，开展城市道路智能化改造，利用技术赋能智慧交通，并同步推进智慧教育、医疗、电网建设。

3.5 重庆：统筹推进传统基础设施和新型基础设施建设，提升基础设施建设质量，吹响加快构建现代化基础设施体系的号角

补齐交通基础设施建设短板，加快推进面向开放战略的通道型交通基础设施建设。一方面，聚焦农村小康路、高速铁路、高速公路和普通干线公路，提速度，补短板，硬化、通畅农村道路；加快建设高速铁路，提升运行速度；完善高速公路网络；加大普通干线公路升级改造力度。另一方面，持续实施"850+"城市轨道交通成网计划，推进第二、第三、第四期轨道交通项目建设，推动东中西槽谷内部轨道交通加速成网，构建"环射+纵横"融合的多层次城市轨道网络，高质量开展轨道站点 TOD 开发。

能源基础设施保障能力稳步提升。一方面，重庆建成投运多个输电通道，完善"两横三纵"电力主网架，形成"网格""环形"分层分区供电格局；全市配电网、输气干线管道、成品油管道快速发展，采用"产能置换+保障供给+常态储煤+物流投资"战略合作，有效提升外煤入渝总量，保障全市煤炭供给。另一方面，同步推进城市配电网和农村电网改造升级；大力新建新能

源汽车充电站、公共充电桩,电动汽车充电基础设施建设覆盖全部区县,形成"一环十射"的高速公路快充网络,处于西部领先水平。

以大数据智能化创新应用为驱动,以信息化、数字化、智能化的新型城市基础设施建设为抓手,引领城市建设智慧化升级。其一,建设改造智能化市政基础设施,在先行示范区开展智慧路网试点,推动智慧路网建设产业化;建设智慧停车场,智慧供排水及管网,创新融合应用大数据技术。其二,发展智慧网联汽车,推进建设智慧汽车感知设施、车路协同一体化运行平台,开展不同类型车辆应用示范。其三,推动智能建造和建筑工业化协同发展,协同新一代信息技术和建筑工业化技术,实现跨部门跨阶段的信息共享,将 BIM 技术应用至工业建筑全过程并培育建筑业互联网平台和现代建筑产业。

3.6 上海:全面推进新一代新型基础设施建设,打造经济高质量发展新引擎

完善交通行业中新基建建设,提升交通资源的可用性、交通系统的高效性及交通治理的全面性。上海交通网络已基本建成四网交汇、衔接紧密、节点枢纽功能强大、便捷通达的立体化综合交通网络体系,这得益于市委、市政府有效的政策引导。比如 2020 年 12 月的《上海市交通行业推进新型基础设施建设三年行动方案(2020—2022 年)》要求通过建设智能交通终端设施、助力完善综合交通体系,建设绿色交通终端设施、助力绿色交通体系,建设智能物流终端设施、助力优化现代流通体系,建设协同交通应用终端、助力完善信息设施体系来建设新型交通终端设施;通过打造智慧道路系统、提升道路交通服务水平,打造智慧机场系统、提升航空枢纽服务能级,打造智慧航运系统、提升国际航运中心服务能级等来助推打造智慧交通应用系统。

新型基础设施建设水平一直在国内保持领先,发展势头强劲。具体表现在三个方面:一是网络基础设施建设水平"国内领先"。已实现全市 16 个区 5G 网络连续覆盖。建设了 15 个具有全国影响力的工业互联网行业平台,带动 6 万多家中小企业上云上平台。二是数据中心和计算平台规模"国内领先"。截至 2020 年 5 月,互联网数据中心已建机架数超过 12 万个,利用率、

服务规模处于国内第一梯队。市大数据平台累计已汇集全市 200 多个单位 340 亿条数据，数据规模总体在国内领先。三是重大科技基础设施能级"国内领先"。上海已建和在建的国家重大科技基础设施共有 14 个，大设施的数量、投资金额和建设进度均领先全国。

系统推进新基建建设，进一步明晰新基建的行动目标与主要任务。上海为适应高质量发展和智慧化管理的要求，超前布局适应新生产生活方式的基础设施。聚焦新时代上海城市功能和核心竞争力水平提升以及新经济发展的要求，上海明确作为经济高质量发展与城市高效治理的新基建建设的四大行动目标：打造全球新一代信息基础设施杠杆城市，形成全球规模最大、种类最全、综合服务功能最强的大科学设施群雏形，建成具有国际影响力的超大规模城市公共数字底座，构建全球一流的城市智能化终端设施网络。同时，其对应的主要任务是实施新一代网络基础设施建设行动，实施创新基础设施建设行动，实施一体化融合基础设施建设行动，实施智能化终端基础设施建设行动。

3.7 合肥：持续推动交通体系与新基建建设，为经济社会发展创造新活力

多点开花，打造"四网融合"交通体系。全面实施新一轮城市大建设，加快城市快速路、轨道交通、主次干道、支路等建设。加快城市交通基础设施建设，推进轨道交通网城区加密、县域延伸，密织"时钟型"高铁辐射网络，加速推进机场港口建设，依托"引江济淮"工程推动沿线港口建设，重点推动江淮运河港区中派河作业区、小庙作业区等码头建设，服务沿线工业园区和城市建设。规划建设现代有轨电车，建设长三角轨道交通示范市。优化提升路网结构，加快形成"五横七纵、多向加密"快速路网，加快弥补城区路网密度短板，畅通城市组团联系，打通断头路和交通堵点。

建设综合性研究平台与国家实验室。一是加快人工智能、能源、大健康、环境科学等重大综合研究平台以及未来技术创新研究院建设，打造大型综合研究基地。二是不断推进国家实验室建设，充分做好国家实验室服务保障工

作，量子信息与量子科技创新研究院建设完成。三是加快建设天地一体化信息网络合肥中心，建成合肥地面信息港，形成天地一体化信息服务能力，打造国家级信息服务产业基地。

加快建设信息基础设施网络。第一，科学布局支撑数字化发展的基础网络体系，通过通信网络基础设施、构建物联网网络体系、加快量子通信网络建设、推动卫星信息网络基础设施建设加快构建通信网络基础设施，加快实现 5G、物联感知网络体系全覆盖。实施"千兆入户、万兆入楼"的光纤覆盖计划，全面提升网络带宽。第二，深化新技术基础设施建设，通过加快人工智能基础设施建设，超前布局区块链基础设施、推进云计算基础设施建设等全面优化新技术基础设施建设效能。第三，全面建立融合基础设施体系，对新型市政基础设施、城市管理基础设施、工业互联网平台基础设施、农业物联网基础设施、新型交通基础设施、智慧物流基础设施、新型能源基础设施，以及新型公共服务基础设施等优先培育并大力推进。第四，加快布局创新基础设施建设，通过打造一批引领性综合研究平台、建设一批高水平重大科技基础设施、布局一批战略性科教基础设施、构建一批高质量协同创新平台，以及建立一批多类型产业服务平台等谋划建设综合性创新基础设施。

3.8 南昌：基础设施建设日益完备，创新驱动迸发新活力

推动综合交通跨越式发展。一是强化外联综合运输通道。加快推进以南昌为中心的"米"字形高速铁路网和"五射"城际铁路网建设；推进赣新大道、昌高大道、昌抚大道等重要交通项目；推进赣江高等级航道网建设，优化航道港口联动体系；推进昌北国际机场三期扩建工程，引入昌九客专共建空铁综合枢纽；加快建设南昌港亿吨大港，打造国家内河主枢纽港；建设南昌东综合客运枢纽。二是优化内畅交通网络布局。构建高效城市道路网络，完善跨江通道体系，在推动建成"十纵十横"城市干线道路的基础上，加强纵横路网的联系通道建设。大力实施公交优先战略，构建定位清晰、功能互补的多层次公共交通网。打造城市绿色慢行空间和高品质绿道系统，促进自行车、步行交通和公共交通无缝衔接。建设无缝换乘、多式联运的综合客货

运枢纽，构建"快进快出"的集疏运体系。

培育区域创新发展新平台。赣江两岸科创大走廊全面推进。南昌航空科创城、中国（南昌）中医药科创城、南昌 VR 科创城持续推进。中科院江西产业技术创新与育成中心、北京大学南昌创新研究院、浙江大学南昌研究院等成功落地。国家级重点实验室、国家级工程技术研究中心和省级重点实验室分别占全省的 80%、50% 和 77%。江西省高层次人才产业园正式开园。推动创新孵化载体协同发展，打造区域科技创新孵化载体高地。

加快建设现代能源与水利设施。一是大力发展绿色能源。鼓励新建住宅、医院、学校、商场、办公楼和会展中心等建设屋顶光伏发电项目。鼓励发展生物质综合利用，探索生物质燃煤耦合热电联产，提高可再生能源比重，加快扩建泉岭和麦园垃圾焚烧发电项目。创新探索氢能应用，加速推进氢能基础设施建设。加强新能源微电网、能源物联网、"互联网+智慧"能源等综合能源示范项目建设。二是健全城市水利设施，构筑供水保障体系。加快实施赣江抚河下游尾闾综合整治工程，实施扬子洲等重点地段防洪提标工程、鄱阳湖蓄滞洪区和重点圩堤升级提质工程，城市防洪等级提高到百年一遇标准。开展一批数字水库、数字堤塘、数字闸站建设试点，基本建成"5+N"的智慧水利综合服务体系。推进主城区重点水源工程与备用水源工程建设，实施应急备用水源保护工程，实施农村供水保障工程，推进城镇水厂扩容、管网延伸和配套改造。实施灌区现代化改造和建设工程，新建抗旱应急水源工程。

3.9 昆明：加快推进建设安全高效、绿色智能的现代化基础设施，夯实数字经济发展基础，培育经济发展新动能

稳步推进现代化综合交通网络转型升级。统筹铁路、公路、水运、民航、轨道、邮政等基础设施建设，深入推进铁路"补网提速"、航空"强基拓线"、水运"提级延伸"、公路"能通全通"，加快构建对外高效联通、内部便捷畅通的立体综合交通网络，着力打造区域性国际综合交通枢纽。强化城际高速铁路和城市轨道交通基础设施建设、航空基础设施建设以及物流基础设施建设。

优化现代绿色能源产业发展。2020 年，昆明明确提出要将绿色能源产业作为重点培育的八大"千亿级优势产业"之首，具体将以建设清洁低碳、安全高效的现代能源体系为核心，着力调整能源生产消费结构，做强做优绿色能源产业，持续完善能源基础设施。此外，推广建设充电基础设施，鼓励龙头企业带头示范建设充电网络，在现有各类建筑物的配建停车场、公交场站等场所建设公共集中式充电站、分散式充电桩等充电基础设施。

推进新一代信息技术与传统基础设施广泛深度融合，构建数字昆明。2020 年 5 月，昆明市政府出台了《昆明市新型基础设施建设投资计划实施方案》，要求积极推动智慧能源基础设施、智慧给排水基础设施、智慧园区基础设施、智慧公共服务设施、智慧电网基础设施，以及智慧城市管理基础设施建设，加快泛在感知、高速连接、协同计算、智能决策、绿色安全的新型基础设施体系的建设，全面覆盖 5G 等信息网络，推动 AR/VR、大数据、人工智能、工业互联网、物联网等新一代信息技术与传统基础设施深入融合，政务和城市数据实现统一汇聚和互联互通，全面普及传统基础设施数字化、网络化、智能化改造。

3.10 杭州：推动建设以数字基建为核心的"新基建"布局，持续领跑新一波数字化浪潮

建设国际性综合交通枢纽城市。一是加快立体交通建设，打造国际交通枢纽，包括加快打造辐射全球的航空网、加快建设融合互补的轨道网、加快构建广域辐射的道路网、加快建设通江达海的水运网，以及加快建设支撑有力的管道网等；二是加快产业交通建设，打造交通智造强市；三是加快绿色交通建设，打造高效运输格局，包括部门协同推进公交服务网建设、政企联动推进物流服务网建设；四是加快信用交通建设，打造现代治理体系；五是打造以人为本出行模式，实现美丽交通走在前列；六是打造智能迭代应用平台，实现数字交通走在前列；七是提升交通发展软实力，实现文明交通走在前列；八是打造主动安全预警体系，实现平安交通走在前列。

创建综合性国家科学中心承载平台。一方面，支持国家实验室、国家工

程研究中心等科研"国家队"落地杭州，全力支持之江实验室、西湖实验室打造国家实验室，加快建设湖畔、良渚等省实验室，推动在杭国家重点实验室数量和质量双提升，创建一批联合实验室和实验室联盟，打造全球新基建技术策源地。另一方面，建成超重力离心模拟与实验装置，加快推进新一代工业互联网系统信息安全大型实验装置、超高灵敏量子极弱磁场和惯性测量装置、多维超级感知重大科技基础设施等项目谋划论证，争取国家重大科技基础设施和大科学装置布局。

强化数字经济与数字治理基础设施建设。一是加快建设5G+超级无线网络的泛在、安全、高效通信网络，推动5G网络高质量、广覆盖。二是建设国家（杭州）新型互联网交换中心，扩容升级杭州国家互联网骨干直联点，推进下一代互联网规模部署和应用，推动卫星互联网、物联网、区块链等基础设施。三是加快5G+车路协同、空地协同等新型基础设施建设，推进传统基础设施数字化改造。四是建设"云计算之城"。打造杭州云计算协同创新样板，推动杭州安全可控云基础设施建设，打造高性能"飞天"云计算产业集群，加快推进在金融、能源、交通、健康和社会治理领域应用。

4　创新转化发展经验

根据2020年创新转化指标的评价结果，上海、苏州、武汉、成都、南京、杭州、重庆、南昌、常州、长沙位列前十。

4.1　上海：创新转化能力高居榜首，通过体系机制优化与改革，加快建设有全球影响力的科技创新中心

持续推进建设和优化科技成果转移转化的服务体系。上海大力发展技术转移服务机构，建设一批创新资源配置优、产业辐射带动作用强的专业化众创空间，为初创期企业和项目提供服务。截至2020年年底，上海基本完成了科技成果转化制度政策供给，围绕促进科技成果转移转化薄弱环节进一步丰富成果转化主体，强调国企体制机制改革。

推动高校院所成果转化体制机制改革，突出转化运用导向。在高校创新转化体系建设上，复旦大学、上海交通大学、同济大学、华东理工大学、上海大学、上海理工大学被教育部认定为高等学校科技成果转化和技术转移基地。要求高校在转化方面加强专业化机构和人员队伍建设，探索机构化、市场化、职业化、国际化有效机制，提升创新转化能力。在科研院所创新转化体系建设上，部分在沪科研院所形成了"研究所原始创新（创新源头）—公司化二次开发平台（成果转化）—市场化技术转移转化（产业化）"的转化机制。此外，上海持续支持技术转移机构专业化建设，如市属高校技术转移中心专业化建设、开展科研机构专业化技术转移机构示范等，2020 年累计修订或新增各类成果转化制度性文本 70 余项。

新增对医疗卫生机构的成果转化要求。上海将医学科技创新作为科技成果转化的重要组成部分，2020 年 1 月，《上海市推进科技创新中心建设条例》强调了医疗卫生机构是科技创新的主体。医学科技成果多以医务人员为创新主体，从临床实践中得到创新成果，创新成果进一步转化为创新产品，并通过医务人员应用于临床患者，因此医学成果转化对创新主体（医务人员）的依附性高，转化活动具有鲜明的特殊性。

4.2 苏州：支持政策多管齐下发力创新转化多环节，辅以体系建设打造全球产业科技创新高地

以科研院所为主力完善技术转移体系建设。苏州在全省率先开展对技术转移各方主体如求买双方、技术经纪人和机构的补助和引导。充分激发输出方和吸纳方两大主体的活力，鼓励高校院所与企业开展合作。苏州本地高校的技术转移工作深入推进，已逐步见效。2020 年苏州高校院所共登记技术合同 28 亿元，其中有 15 亿元成果在苏州转化。在全省输出技术前十名的科研机构当中，苏州有 4 家入榜。

大力发展科技服务业。加强创新链、产业链和服务链深度融合，全面提升研发设计、创业孵化、技术转移、科技金融、知识产权等科技服务业态发展水平。在孵化载体方面，加快孵化器、众创空间建设步伐。突出产业导向，

立足苏州制造业基础和优势，顺应互联网跨界融合创新创业新趋势，鼓励社会力量投资建设或管理运行新型孵化载体，鼓励引进国际国内知名众创孵化培育管理模式。鼓励各类科技企业孵化器特别是有条件的国有孵化器加快机制创新，利用资源优势和孵化经验建设一批众创空间，吸引民营孵化器、企业、风险资本等积极参股和管理，共同推进众创空间建设发展。加强创业孵化服务衔接配合，支持建立"创业苗圃—孵化器—加速器"的科技创业孵化服务链条。

完善创新型企业培育机制，促进中小科技企业做强做大。每年统筹安排 2 亿元资金，根据科技型中小企业不同需求，采取创业引导、项目资助、科技金融服务等形式给予扶持。建立国家高新技术企业培育库，对入库企业给予最高 30 万元的研发费后补助，对纳入国家"世界一流"创新型企业培育对象的给予最高 500 万元研发费用支持。建立企业研发准备金制度，引导企业有计划、持续地增加研发投入，获得与其研发费用成比例的支持。此外，经企业自主申报、市生产力促进中心形式审查、专家咨询等程序筛选和补助科技成果转化备案项目，助力企业创新转化。

4.3 武汉：以创新驱动发展战略优化创新环境，科教大市逐步催生更多新动能

重视人才计划，发力人才生力军的培养与引进。高新技术企业培育或引进"产业教授"的现象逐步增多。以东湖新技术开发区为例，截至 2020 年年底，仅通过光谷持续十余年的人才计划，区内已集聚诺贝尔奖得主 4 名、中外院士 66 名、"3551 光谷人才计划"专家 2271 名，成为光谷 10 万家企业的创新生力军。

重视应用场景，使其成为科技成果转化"加速器"。2012—2021 年，武汉已注册成立 10 多家工研院，这些集技术研发、产业孵化、企业服务等功能于一体的机构，积极探索着缩短"科研—转化—产业"时间周期的实践路径。光电工研院是武汉第一批成立的此类新型研发机构，目的是从成果转化源头介入，通过搭建应用场景等方式，围绕产业链部署创新链。通过应用场景为

新技术、新成果提供市场化应用的初步尝试。

做好疫情期间高新技术产业发展与企业培育的保障工作。2020 年全年净增高新技术企业 1842 户，达到 6259 户，增长 41.7%，抓住疫情催生的新业态新模式机遇，大力发展了数字经济、线上经济。2020 年新冠疫情防控期间，武汉多管齐下，保证高新技术企业培育工作：一是市、区、街道、园区、孵化器和专业机构联动，全力服务企业；二是发挥政策激励效应，特事特办、急事急办，督促各区迅速兑现高企奖励政策；三是广泛开展线上辅导培训，累计培训超过 1.2 万人次；四是全力争取上级支持，摸清疫情期间有关高企认定申报的便利措施；五是及时调度申报工作，确保到期重新认定的企业应报尽报，摸清源头企业，尽力挖潜。

4.4 成都：制度探索、青年人才政策多点开花，迈向具有全国影响力的科技创新中心

深入推进相关制度创新，探索职务科技成果混合所有制改革。近年来，成都坚持科技创新与制度创新"双轮驱动"。一方面，成都出台科技成果转化系列实施细则，同时建设新型产业技术研究院、创新驱动发展试点示范区、技术市场等，促进高校院所科技成果在蓉转移转化和产业化。另一方面，2020 年，成都在全国率先探索开展职务科技成果权属混合所有制改革，完善产权制度和收益分配机制等，促进大批"沉睡"的科技成果在蓉转化、走向市场。

建设创新人才集聚高地，引育创新领军人才和专业经理人。成都深入实施"蓉漂计划""产业生态圈人才计划"以及"成都城市猎头计划"等多项人才计划。2017—2020 年，"蓉漂计划"累计吸引新落户全日制本科及以上学历青年人才近 42 万人，蝉联"中国最佳引才城市"奖。2020 年，"蓉漂计划"资助的企业有 2 家在科创板上市、5 家已过会待发。"蓉漂计划"青年人才驿站工程为来蓉应聘的本科及以上学历应届毕业生提供 7 日以内免费住宿，并为来蓉、在蓉高校毕业生提供公益性、综合性服务。

完善科技创新服务体系，促进科技服务业发展。2019 年，成都制定了

《成都市科技创新券实施管理办法》，推动科技服务需求方和供给方有效对接。企业通过科技创新券抵扣一定比例需支付的服务费用，科技中介服务机构则通过科技创新券向政府兑现并获得一定的服务补贴。同时，成都将完善"无偿资助+无息借款+天使投资+信用贷款"创业全生命周期金融服务体系，提供优秀青年大学生在蓉创业分层补贴政策支持，设立"人才贷""成果贷"等科技金融创新产品，计划到2025年培育高能级重大创新平台160个和各类创新平台2000个，建成孵化器、众创空间等"双创"载体1000万平方米。

4.5 南京：着重推进信息共享与科技服务体系建设，全面建设新时代创新名城

组织高校院所与地方精准对接，深度合作。组织各区（园区）与高校院所开展精准对接，推动高校院所与地方开展深度合作。建立校（院）地合作联席会议机制，加强对高校院所与地方科技合作的统筹协调。目前，南京围绕南京大学、东南大学、南京航空航天大学等7所高校优势学科，在集成电路、智能制造、网络与通信、生物医药、新材料等专利密集型产业领域推进知识产权运营交易工作。

加强信息开放体系建设，降低信息获取成本。一方面，建设线上线下相结合的科技成果交易市场。定期开展科技成果展览发布、交易洽谈、拍卖路演、咨询培训等线下活动，同时加强技术转移资源优化配置、技术交易服务链等线上服务体系建设，加强科技成果信息开放。另一方面，开发南京市科技成果网络信息服务系统，加强科技成果信息、需求信息、知识产权信息等资源的收集整理，对成果信息进行分类和挖掘，形成一批科技成果包和需求包。进行成果筛选、市场化评估、融资服务和成果推介等增值服务，探索新的科技成果转化与产业化路径。支持军民融合科技成果推广应用，引导军民两用科技成果在宁转化和产业化。

推动科技服务体系发展，完善孵化链条与服务网络。依托龙头骨干企业、高校院所等具有强大产业链和创新链资源整合能力的主体，建设科技成果转移转化服务能力强的专业化众创空间，完善"创业苗圃—孵化器—加速器"

科技创业孵化链条建设。引导科技创业大街、众创空间、科技企业孵化器、科技创业特别社区等完善服务网络。支持建设一批农村科技创新创业"星创天地"，加快农业科技成果转化与产业化。重点建设 10 个大学科技园，建设 100 家省级以上支撑产业发展的专业化众创载体，建设 20 个新型研发机构。设立技术转移奖补资金，引导激励技术转移机构、吸纳方和经纪人等开展技术转移活动，2020 年共下达市技术转移奖补资金 1256.18 万元。

4.6　杭州：拓展未来产业，重视小微企业创新发展，加快建设具有国际影响力的科技创新策源地

突出创新主体地位，拓展未来产业新蓝海。 加强源头培育，实施国家高新技术企业和"雏鹰企业"双倍增计划，加快构建"众创空间+孵化器+孵化园"的全域孵化体系，对政府引导创业投资机构设立的孵化基金予以支持。加快推动以新一代信息通信技术、物联网、工业互联网、人工智能、大数据中心、智能计算中心为代表的新型基础设施建设。积极培育新一代人工智能、虚拟现实、区块链、量子技术、增材制造、生物技术和生命科学等未来产业。对无人驾驶等智能应用场景项目提供必要的公共资源配套保障。

助力扶植小微企业发展，打造科技企业梯队。 针对小微企业创业创新发展，杭州打造了以一系列众创空间、孵化器、小型微型企业创业创新示范基地、特色小镇为代表的创新载体，助力小微企业。基于"互联网+"打造小微企业公共服务体系，持续优化"创新券、活动券、服务券"制度，完善科技资源向社会开放的运行机制，逐步扩大在科技服务业中的应用，降低科技型企业创新活动成本。截至 2020 年 7 月，已累计发放活动券 273347 张，支持活动 4763 场，惠及创业者超过 18.6 万人。杭州充分发挥海外协同创新中心等平台作用，鼓励有条件的区县到国外创新集聚区设立孵化器，大力支持海外优秀科技人才携带项目落地创办企业。目前，杭州已形成龙头企业引领、大中小企业协同发展的创新企业梯队。

推动知名高校院所不断建设，探索其成果转化的高效机制。 西湖大学、中法航空大学、国科大杭州高等研究院等 35 个"名校名院名所"工程正在有

序推进中。市科技局与企业、高校院所探索推出了"创新协作员"机制，即高校院所专家协同企业创新，并将科技成果产业化，以此有效促进高校院所创新转化，助力企业转型升级。2020 年 2 月，浙江大学专家团队与杭州市龙头骨干企业开始协作，着手解决"卡脖子"难题，成为这一机制的首次实践。此后，浙大城市学院、浙江工业大学、杭州师范大学等高校院所也逐步被纳入创新协作员聘任单位。杭州还面向杭企公开征集创新协作员需求，实现供需精准匹配。

4.7 重庆：重视产权，着力共享开放通融的科技合作，奋力建设具有全国影响力的科技创新中心

狠抓知识产权领域改革。"十三五"期间，重庆在智能制造、新材料、医药大健康等领域建成产业专利导航中心（信息服务工作站）32 个，以"产学研"服务协作形式推进建设高价值专利培育示范项目 38 个，江北区入选国家知识产权运营服务体系建设重点城市。知识产权质押融资登记金额累计突破 60 亿元，全市知识产权人才总量超过 1.3 万人。

发力科技资源共享，通过海外拓展科技开放合作的广度和深度。2016 年，重庆颁布《重庆市科技资源开放共享管理办法》，提高科技资源的使用效率。2020 年，重庆科技资源共享平台新增入网大型科研仪器设备 1586 台（套），累计入网量达到 10818 台（套），累计总价值约 71.85 亿元。加强川渝科技资源共享，上线川渝科技资源共享服务平台。同时，重庆以开放的视野谋划创新，积极融入全球创新网络，面向全球加快引进科技创新资源，同时以"高精尖缺"导向大力引进海内外优秀人才。与"一带一路"共建国家加强科技交流和合作，支持科研机构和企业以多种方式在市外设立研发中心，深度参与全球创新合作，就近利用国内外创新资源。

培育引进集聚创新主体，丰富创新转化资源。重庆高质量建设国家自主创新示范区，着力集聚高新技术企业、高端研发机构、高层次人才等创新资源。综合运用科技创新券、研发费用加计扣除、研发投入增量补助等普惠性财税政策，强化科技金融、科技孵化等创新综合服务，加快培育引进高技术

企业和高成长性企业。同时，采取平台专项支持、融资对接服务等措施，与国内外知名企业、高校、科研院所合作，引进培育新型研发机构。此外，研究制定技术转移体系建设方案，在高校院所布局建设专业化技术转移机构，并引进国内外知名机构来重庆设立分支。

4.8 南昌：多措并举构建协同高效区域协同创新体系，打造区域性创新高地

培育壮大产业集群，促进区域协同创新。南昌围绕"一廊、一区、一岛、一谷、三城、多点"的重大创新布局，整合全市产业资源打造具有核心竞争力的产业集群，促进主导企业集聚，加深区域内生产的分工和协作，吸引相关研发机构和专业人才，凸显创新的集聚效应。支持设立大南昌都市圈产业发展基金，聚焦支持航空制造、生物医药、电子信息、新能源汽车、新材料等优势产业与新兴产业集群，凝聚产业高质量发展原动力，打造若干具有国际竞争力的先进制造业集群，释放创新动能。构建起产业园、产业基金、交易平台良性互动格局，推动产业链、创新链、资金链、人才链"四链合一"。

培育创新型领军企业，提升科技创新主体力量。南昌加快培育创新型领军企业，在建立研发创新平台、促进科技成果转化、实现产品创新等方面给予企业支持，培育扶持一大批技术水平高、发展潜力大、市场前景好的科技型中小企业成长为具有国内外行业竞争优势的科技"小巨人"企业。每家经认定的"小巨人"企业可获得支持资金，总额累计不超过 300 万元，每年考核动态管理。同时，完善区域创新体系，加快建设赣江两岸科创大走廊，积极创建江西鄱阳湖国家自主创新示范区。加强创新开放合作，强化国家科技战略力量，着力提升创新发展能级。

打造市科技成果转移转化中心，推动科技成果转化和共享。南昌市科学技术局引进"江西心客预见科技协同创新有限公司"服务机构，为科技成果转化方面的政策宣传、人才培养和技术转移转化提供专业化服务。及时为校企合作牵线搭桥，深度挖掘潜在创新资源，打通科技成果转移转化路径，用技术为企业发展赋能加力。相关企业科技成果转移转化效果明显。2020 年，

南昌技术合同成交额为 72.92 亿元，较上年增长 28.36%，创历史新高，认定登记技术合同 1892 项，较上年增长 74.38%，实现技术交易量质双提升。

4.9 常州：依托常州科教城不断探索独特的产学研合作之路

强化高新技术企业培育力度，夯实高新技术企业发展基础。 各级财政加大科技投入，充分发挥政策的激励引导作用，加强高新技术企业梯队建设。重点关注"龙城英才"计划引进设立的初创型企业、省外高新技术企业在常州设立具备独立法人资格的科技型企业，形成"挖掘一批、培育一批、推荐一批、认定一批"工作态势。对纳入省高新技术企业培育库的企业，当年一次性给予 10 万元的奖励，并通过高水平的科技服务机构"一对一"指导其尽快补齐高企认定短板，建立定期通报制度，突出激励导向。

通过两大创新转化中心，提供转化全链条服务。 常州依托"创新之核"——常州科教城激发各类科技服务主体活力，培育和壮大全市科技服务机构，为现有产业转型升级和未来产业发展提供支撑。2020 年 12 月，常州科教城科技成果转移转化中心暨智慧园区一体化平台正式发布，综合运用 5G、大数据等新兴技术，构建数据资产中心、智能管理平台和公共服务平台，提升园区"互联网+政务服务"，促进科技成果供需精准对接。同时，建设武进区科技成果转移中心将其作为产学研合作的载体和快捷、精确、优化、互动的技术转移和技术服务平台，提供知识产权、科技信息、技术经济、科技咨询等综合服务，缩短了技术从实验室到工厂的时间和距离，拓宽了科技合作的视野和渠道，有效提升了产学研对接的精准度。截至 2021 年 7 月，中心围绕产业链与创新链"双向融合"组织各类产学研对接活动 349 场，邀请专家1000 余人次，服务企业 1035 家，达成各类产学研合作项目 239 项，合同金额达 9211 万元。

建设"十大产业链"，注重产业集聚增强辐射带动力。 注重顶层设计和发展路径，促进常州"十大产业链"高质量发展，加快产业集聚。依托"十大产业链"建设，打造和完善特色产业园区，推动上下游企业相互配套、功能互补、利益共享，针对每个产业链发展规律，一链一策、因链施策。针对产业链薄弱环节精准发力，引入相关企业和项目，鼓励引导优势企业兼并重组，增强产业集群综合竞争力与辐射带动力。具体产业链而言，对于新光源等"龙头带动型产业链"，重点扶持骨干企业，辐射拉动产业链上下游发展；对于汽车、轨道交通、工程机械等"整车整机牵引型产业链"，引进和开发终端产品，推动产业链资源整合；对于生物医药、通用航空等"园区集聚型产业链"，提升和完善园区配套设施，促进产业集群发展；对于碳材料、机器人等"科研引领型产业链"，加强产学研对接，鼓励科技成果转化，加速产业化进程。

4.10　长沙：以建设人才高地与多方位支持科技企业提升创新水平，建设具有重要影响力的国家区域科技创新中心

建设创新创业人才高地，全面激发社会创造活力。 围绕优势主导产业和战略性新兴产业，引进培育高精尖人才，采取"一事一议"方式，最高可给予 1 亿元项目资助。计划吸引储备 100 万名青年人才、15 万名技能人才在长就业创业。通过强化人才创业贷款支持、实行人才动态支持政策、拓展人才交流互动平台等，多方位多举措切实加大人才创新创业支持力度，扎实推进人才体制机制创新，全面升级人才服务保障体系。

构建科技企业发展梯队，加大相关支持力度。 长沙支持企业建立研发机构，鼓励企业开展科技交流。支持以企业为主体，组织实施一批技术引进消化吸收再创新项目。支持企业以人才引进、技术引进、合作研发、研发外包等方式开展国际科技合作与交流。继续加大对工业企业的技术改造引导力度，开展传统企业智能化改造试点示范，补贴启动智能化改造的企业。建立长沙市科技型中小微企业备案制度，做好基础数据收集、分析、筛选和备案工作，建立科技型中小微企业基础数据库。将备案的科技型中小微企业优先纳入长沙科技主管部门服务和支持的范畴。从已备案的科技型中小微企业中认定科技创新"小巨人"企业，每年对当年认定的企业予以研发经费补贴，并且优先推荐申报国家、省级科技计划项目。

拓宽科技企业融资渠道，落实科技企业税收优惠政策。 一方面，长沙充分引导市科技创新基金对科技型企业提供投融资支持，支持符合条件的科技

型企业通过国际融资方式募集资金。全面落实关于企业上市和挂牌新三板、区域性股权市场的各项扶持政策。研究设立企业债券风险缓释基金，为中小微科技型企业公开发行债务融资工具提供信用增进服务。另一方面，长沙贯彻落实高新技术企业税收优惠政策，研发投入加计扣除政策，落实国家对符合条件的孵化器的房产税、城镇土地使用税以及增值税优惠政策，进一步降低创新成本。开展科技保险工作，实施科技创新券制度，降低制度性交易成本和信息使用成本。

5 创造产出发展经验

根据 2020 年创造产出指标的评价结果，武汉、南京、上海、杭州、马鞍山、成都、长沙、合肥、芜湖、滁州位列前十。

5.1 武汉：科技创新领域先进、积极推动研究院建设、抢抓新一轮科技革命和产业变革机遇，突破性发展数字经济

科教资源丰富、创新禀赋优越。截至 2021 年 5 月，武汉有 92 所高校、73 名院士、29 个国家重点实验室，依托丰富的科教资源平台的同时，武汉着力推进创新驱动、人才支撑，建设一批国家制造业创新基地、大科学装置。支持武大、华科大等高校"双一流"建设。大力推动招才引智，2017—2020 年，武汉新增留汉大学毕业生 139 万人。此外，武汉在全国率先建立科技成果转化局，成立院士专家顾问团，着力提高在汉高校院所科技成果就地转化率。

积极推进产业创新发展研究院建设。引导社会力量建设多元主体新型研发机构向湖北东湖科学城集聚，构建科技成果转化支撑平台，促进"政产学研金服用"一体化高效协同。建设科技成果转化公共服务平台，鼓励高校院所、新型研发机构、企业打造科技成果概念验证中心、中试熟化基地，完善科技成果转化社会服务体系。2020 年 12 月召开的中国共产党武汉市第十三届委员会第十次全体会议审议通过了《中共武汉市委关于制定全市国民经济和社会发展第十四个五年规划和二〇三五年远景目标的建议》，提出紧紧咬住建

设国家科技创新中心的目标，明确打造"一中心、三高地"：建设东湖综合性国家科学中心、产业创新高地、创新人才集聚高地、科技成果转化高地。

抢抓新一轮科技革命和产业变革机遇，突破性发展数字经济。2020 年，武汉印发《武汉市突破性发展数字经济实施方案》，强调突破性发展数字产业化、产业数字化，促进人工智能、区块链等数字经济新兴技术与实体经济、城市治理、社会民生深度融合。

5.2 南京：用产业的思维抓创新，秉持"共创、共享、共赢"的理念，助力科技自立自强和产业质效提升

用产业的思维抓创新，创新链深度融合产业链，把科技成果转化为具体的增长点，建设创新名城。在探索过程中，南京新研机构探索出新的发展模式，人才团队持大股，职业经理人负责打理，实现从"0"到"1"再到"N"的产业化裂变，一头连着科研院所的顶级研发成果、创新资源，另一头连着市场、资本，凭借独特的体制机制优势，在疫情期间成为独树一帜的高科技抗疫"小分队"。用产业的思维抓创新，南京还重点做好"三棵树"文章，将传统的招商引资体系、思路和办法，有机嫁接运用到创新项目和企业的引进培育上，打造枝繁叶茂的"科创森林"。

秉持"共创、共享、共赢"的理念，助力科技自立自强和产业质效提升。南京自 2019 年起已连续三年开展创新周系列活动，促进科技创新的成果转化。南京以习近平总书记视察江苏重要指示为遵循，服务助力构建新发展格局，打造创新驱动发展增长极，链接全球创新的力量，构筑有温度的创新沃土，增强全民创新的获得感。2021 年南京市委一号文件提出实施"科技创新+场景应用"行动，全年打造 1000 个应用场景。创新周期间，各板块开展了形式多样的应用场景发布活动。

加速重构经济发展与治理模式的新型经济形态，抢抓数字经济发展机遇。2020 年，南京印发《南京市数字经济发展三年行动计划（2020—2022 年）》，以"数字产业化、产业数字化、数字化治理"为主线，推动数字经济与实体经济深度融合发展，打造数字政府和数字孪生城市。重点发展集成电路、新

型显示、未来信息通信、卫星应用等新兴产业，聚焦云计算和大数据、信息技术应用创新、高端工业软件和工业 App、信息安全等关键软件和短板，培育产业健康持续发展新动能。

5.3 上海：推动"五个中心"建设，激励人才的创新活力，完善相关法律法规，打造在线新经济发展高地

上海是中国重要的经济中心城市。 上海综合实力较强，产业结构合理，具有基础设施一流、科教文卫发达、开放程度较高、国资实力雄厚等特点。2020 年上海大力推进国际经济、金融、贸易、航运和科技创新等"五个中心"建设。

注重激励人才的创新活力。 2020 年 1 月，上海发布《上海市推进科技创新中心建设条例》，建立健全与科技创新中心建设相匹配的人才发展环境。如鼓励用人单位完善收入分配机制，体现创新贡献的价值导向，科研人员的收入应当与岗位职责、工作业绩、实际贡献紧密联系；对于人才的收入分配，率先在立法中明确将竞争性财政项目的劳务费和绩效支出，经过技术合同认定登记的技术开发、技术咨询、技术服务等活动的支出，以及职务科技成果转化奖酬支出不纳入科研事业单位的绩效工资总量。

前瞻立法是制度创新的重要支点。 2020 年 5 月，上海正式实施《上海市推进科技创新中心建设条例》，作为科创中心建设的"基本法、保障法、促进法"，该条例着力将"最宽松的创新环境、最普惠公平的扶持政策、最有力的保障措施"的理念体现在制度设计中，加大了对各类创新主体的赋权激励，保护各类创新主体平等参与科技创新活动，最大限度激发创新活力与动力。该条例与上海科创"22 条"、科改"25 条"以及其他配套政策，构建起了门类齐全、工具多样的科技创新政策法规体系。

打造在线新经济发展高地。 2020 年，上海发布《上海市促进在线新经济发展行动方案（2020—2022 年）》，明确将通过更包容的监管、更开放的场景、更优质的服务和更创新的生态，打造在线新经济发展高地。上海集聚"100+"创新型企业，推出"100+"应用场景，打造"100+"品牌产品，突

破"100+"关键技术，包括无人工厂、工业互联网、远程办公、在线金融、在线展览展示、生鲜电商零售、"无接触"配送、在线医疗等12个领域被明确为发展重点。

5.4　杭州：以创新为核心进行发展，积极发挥科技支撑引领作用，完善创新创业服务体系，提升创新环境

杭州坚持把创新作为引领发展的第一动力。杭州以建设具有全球影响力的"互联网+"创新创业中心为目标，以培育发展"国高企"为核心，提升高新技术产业投资强度，推进产业向高新化发展，实施产业链、创新链、资金链、人才链的深度融合，努力构建全域创新格局，不断厚植创新活力之城特色优势。杭州按照"国高企"的认定标准，遴选一批自主创新能力强、市场前景好的高成长性科技企业纳入"国高企"培育库。建立杭州"国高企"培育认定统计监测制度，根据知识产权、研发费用占销售收入比重等指标发掘基本符合申报条件的企业，并结合企业所得税纳税情况筛选具有申报意愿的市级高新技术企业和科技型中小企业，纳入"国高企"培育库，进行跟踪对接、主动服务。同时鼓励科技中介机构开展服务，提高科技中介机构的服务能力，定期对其服务质量进行评选，对工作成效特别突出的机构予以表彰。

杭州积极发挥科技支撑引领作用。一是发挥龙头企业引领带动作用，通过引进阿里巴巴、字节跳动、旷视科技等龙头企业，整合产业链上下游资源，提升产业集聚度，带动整个区域发展。二是促进科技创新与创业深度融合，加大引入科技型项目的力度，每年定期举办项目评审，引导优质项目落地。三是健全科技成果转化体制机制。建立涵盖企业、高校、科研院所、管理机构以及服务机构等各方参与的1+X创新型技术转移转化服务中心。

杭州加快完善创新创业服务体系。完善创业投资引导基金管理办法，发挥财政资金的引导和杠杆作用，加大对重点产业领域的支持力度，促进优质资本、项目、技术和人才集聚。扩大对科技型企业担保的范围、规模和补偿力度，完善科技型企业融资周转基金政策。引导和鼓励民间资本投资支持科技型企业的创新发展。

5.5 马鞍山：构建纵横交错的立体交通网，打通与长三角城市的连接，同时积极推进知识产权创造

马鞍山推动区块连接，畅通长三角。作为安徽连接长三角的东大门，马鞍山围绕南京、合肥主导产业，加强产业分工协作，形成慈湖高新区通信通讯、郑蒲港新区半导体、马鞍山经开区绿色食品等产业集群，打通城与城、区与区的堵点，推动各区县与沪苏浙结对合作。于 2020 年实现长三角地区政务服务"一网通办"，做优做精 100 个企业"一件事"，按照法人"全生命周期"构建办理主题和服务场景，实现一表制填报、一站式管理、一体化服务，并开展"区块链+电子证照"创新试点。大力实施"以港兴市"战略，马鞍山郑蒲港三大国家级开放平台成功搭建，该市成为安徽唯一一个一江两岸同时对外开放港口。推动与上海、宁波舟山、连云港、合肥等大型港口合作，积极参与全省港口资源整合。

马鞍山积极推进知识产权创造四项工程。一是推进稳定创造工程，以推进"国家知识产权示范城市"建设为抓手，坚持每月统计监测知识产权创造数据，抓创造、控流失、保持有；二是推进重点培养工程，凭借博望区邻近南京的地理优势和产业集中优势，引进优质服务机构，挖掘规上工业企业的创造能力；三是推进机构服务工程，对所有知识产权代理机构设置监管工作，充分发挥知识产权代理机构作用；四是推进政策激励工程，根据形势变化修订市级奖补政策。

5.6 成都："一核四区"创新布局和主体功能初步形成，进入加快成形成势发展新阶段，构建"科创空间+专业化运营队伍+创新创业载体+创新服务平台+科创基金"的创新综合服务体系

高标准建设中国西部科学城。成都按照"一核四区"空间布局，加快引聚高端资源要素，布局建设重大创新平台，探索完善运行管理机制，西部（成都）科学城建设取得初步进展。以"揭榜挂帅"形式启动建设"岷山行动"计划首批 6 个新型研发机构。成都以硬核科技带动产业发展，构建开放

型产业生态圈创新生态链，梳理分析集成电路、智能制造、航空航天、生物医药等重点领域的产业链、技术链、创新链"薄弱缺"环节，实施补链强链专项行动计划。同时，支持建设集成研发设计、金融服务、供应链保障等功能性综合服务平台，按照平台项目实际投入的 30%，给予最高 300 万元一次性补助。鼓励龙头企业整合集成产业链上下游企业、高校院所和技术创新联盟等实施产业集群协同创新，给予最高不超过 1000 万元补助。

为创新企业配置最有效的资源要素。成都构建"科创空间+专业化运营队伍+创新创业载体+创新服务平台+科创基金"的创新综合服务体系。2020 年 6 月，成都发布《全面加强科技创新能力建设的若干政策措施》，从载体建设、主体培育、人才激励、环境营造等方面推出 18 条创新举措，综合运用搭平台、给机会、给资助、建机制等措施，全力激发和释放高校、院所、企业、人才等各类创新主体的积极性、创造性，加速产业转型升级和新旧动能转换，助推建设全面体现新发展理念的城市。为激励人才创新，成都赋予科研人员更大自主权，建立重大科技项目、重大关键核心技术攻关"揭榜挂帅"制度、科研项目经费"包干制+负面清单"制度。在研究方向不变、不降低考核指标的前提下，允许科研人员自主调整研究方案和技术路线，自主组织科研团队，由项目牵头单位报项目管理专业机构备案。

5.7　长沙：率先发布智能制造相关行动计划，全面升级人才服务保障体系，优质的政策服务营造创新创业良好生态

抢抓重大机遇，助推经济高质量发展。在新一轮科技革命和产业变革中，长沙抢抓"中国制造 2025"和"互联网+"行动计划的重大机遇，在全国率先发布智能制造相关行动计划，大力推进产业数字化、网络化、智能化，稳步开展智能制造试点示范项目建设，助推经济高质量发展。智能制造试点示范企业实现园区全覆盖，形成了一批各具特色的产业示范园区，推动产业聚集式发展。其中，长沙高新区形成了以先进装备制造和移动互联网产业为主的创新示范，长沙经开区形成了以工程机械和汽车为主的创新示范，望城经开区形成了以新材料和电子信息产业为主的创新示范，宁乡经开区形成了以

安全食品和智能家电为主的创新示范，浏阳经开区形成了以电子信息和生物医药产业为主的创新示范。

统筹推进各类人才队伍建设，聚力打造创新创业人才高地，全面激发社会创造活力。长沙于 2020 年 10 月发布《长沙市青年人才筑梦工程实施细则》，涉及租购房、培训、创业、就业等 9 类奖补。从 2019 年起，长沙市每年对高层次人才分类认定目录进行更新完善，修订形成"年度长沙市高层次人才分类认定目录"。2020 年对高层次人才的认定做出调整，"三增"主要注重德才兼备，增加德行评价前提；注重产业导向，增加市场评价要素；注重与时俱进，增加权威奖项指标。"三减"主要体现在删减了唯论文认定条件、废止奖项指标以及过时限制条件。

长沙政府在规划布局、政策引导方面发挥了积极作用。一是政府顶层设计高位推进。长沙市委、市政府与中国电子共同成立了智能制造的顶层设计机构——长沙智能制造研究总院，通过"一企一策""一链一策"，给予智力支持和决策支撑。二是多项智能制造组合拳打响。近年来，长沙出台了"国家智能制造中心三年行动计划""工业新兴及优势产业链发展意见""科技创新 1+4""开放型经济 2+4""长沙工业 30 条""知识产权保护 12 条"等系列支持制造业发展的政策文件。"两化融合"等部门性管理政策中突出对智能制造的有效支撑，聚焦培育和聚集一批高水平智能制造服务提供商，推进全市企业智能化技术改造系统解决方案设计和推进智能制造生态体系建设。三是良好营商环境助力企业发展。长沙迅速落实细化实施细则，创新行业管理和审批办法，切实转变管理职能，进一步提升政府部门服务水平，优质的政策服务在引进来、走出去，营造创新创业良好生态上再创优势。

5.8 合肥：高校和科研院所为原始创新提供不竭动力，开展应用基础研究、推动科技成果转化、培育壮大科技企业，发展"以投带引"的招商模式

合肥是个年轻的省会城市。中国科学技术大学，中科院物质科学研究院，原电子工业部 16 所、38 所、43 所等高等院校和科研院所（以下简称高校院

所）的相继迁入，为合肥的创新"蝶变"打下了坚实基础。紧跟时代发展，借助"城校共生"的"姻缘"与"省院合作"的契机，这些实力雄厚的高校院所，不断为合肥的创新之路注入新的活力。

集中力量推动"科技项目攻关、科技成果转化、科技企业培育"，加快建立以企业为主体、市场为导向、产学研深度融合的技术创新体系。集中攻关：围绕重点产业开展任务导向型应用基础研究，实施首批市自然科学基金项目50项、支持资金500万元，着力提高关键领域自主创新能力。面向关键共性技术研发，获批立项省重点研究与开发计划项目13项。集中转化：实施推动科技成果转化三年攻坚行动，出台专项扶持政策，举办"政产学研用金"专项对接会，搭建供需对接平台，征集企业技术需求177项，发布高校院所最新应用型成果300项。成功承办首届中国（安徽）科交会，集中展示487项最新重大科创成果、组织88项成果挂牌交易。集中培育：培育壮大科技企业，提升企业创新能力和意愿，制定企业研发费用补助政策，引导企业加大研发投入。持续优化企业服务保障，开展"四送一服"专项行动。

"以投带引"的合肥模式。"以投带引"的招商引资新模式是合肥的特色之一。该模式的核心在于两点：一是政府首先寻找对的伙伴及领域，一直渗透到这个产业的头部，头部企业意味着产业链的掌控权，产业链带来产业集群，产业集群才能让合肥成为新的产业基地；二是对已选中的目标通过地方融资平台、产业引导基金等方式入股企业，达到"以基金撬动资本，以资本引入产业"的目的。

5.9　芜湖：针对三大产业采取相应科技转型策略，完善科技金融服务系统

实施产业升级工程，增强产业竞争能力。针对三大产业采取相应的科技化转型策略。对于制造业，着重提升制造业创新能力。围绕首位产业和战略性新兴产业，在原材料、关键零部件、控制系统等领域，搭建公共技术研发平台，组织技术攻关，提供技术支撑。对于服务业，综合运用数字技术、网络技术、信息技术，优化发展环境，推动现代物流、金融、文化创意、服务

外包、旅游等现代服务业发展。大力发展研发设计、成果转化、科技金融和科技咨询等科技服务业，积极发展电子商务、网络经济等新兴服务业，促进创新要素、资源向科技服务业集聚。在农业方面，加快智能农业装备研发制造和运用，提高农业生产全程机械化水平。促进农艺农机与物联网技术的深度融合，打造精准农业物联网应用示范基地。

实施科技金融结合工程，增强金融支撑能力。完善科技金融服务体系。探索建立科技银行，开发科技金融产品，拓宽科技型企业融资渠道。发展科技融资担保、科技保险等金融服务，探索建立科技贷款风险补偿和奖励制度、科技担保风险补偿和再担保制度。健全金融中介服务体系，为企业提供科技投融资、信息交流、咨询服务、资本市场服务等一站式服务，实现创业创新活动与市场的无缝对接。鼓励保险机构建立自主研发国产首台（套）装备保险机制，开展科技保险试点。设立天使基金，通过跟进投资等方式，吸引更多的民间资本，加大对创新型初创期企业的支持力度。积极发展风险投资、金融租赁等融资渠道。深化科技企业与金融机构的合作，开展多元化融资培训，组织银企对接活动，引导金融机构加大对科技型中小企业的信贷支持。鼓励金融机构开展企业产权、股权、存货、应收货款、知识产权等质押贷款，开展高新技术企业信用贷款试点。

5.10 滁州：连接长三角，深化区域协同创新，强化人才集聚，"揭榜挂帅"攻关关键核心技术

深化区域协同创新。滁州作为安徽东大门，连接合肥与南京，是南京都市圈和合肥经济圈中心城市，也是长三角一体化发展核心区城市之一。深度融入长三角科技创新共同体，与上海杨浦区签订协同创新战略合作框架协议，建立"上海杨浦—安徽滁州"协同创新新机制，共建"科创+产业"伙伴园区、打造"研发制造飞地"、共组科创产业基金、探索协同科技攻关、强化人才交流互动等。积极参与南京都市圈科技合作，共建都市圈创新生态图谱，建立完善科技统计数据共享体系。加强与上海技术转移东部中心、江苏省科技资源统筹服务中心建立紧密合作关系，发挥政府引导作用，推动创新资源

导入，赋能科技型中小企业。

强化科技人才集聚。2020 年，滁州编制了《滁州市 2020 年度重点产业急需紧缺人才需求目录》和《滁州市 2020 年度高层次人才创业项目需求目录》，主要包括先进装备、智能家电、新能源、硅基材料等滁州主导产业，以及绿色低碳、生物健康等战略性新兴产业。根据上述目录引进的各类人才可享受购房津贴等方面的优惠政策。

"揭榜挂帅"攻关关键核心技术。滁州聚焦滁州产业重大科研攻关和科技成果转化需求，围绕解决困扰企业的技术难题，开展关键核心技术攻关"揭榜挂帅"，助推重点产业转型升级。2020"智汇滁州·揭榜挂帅"暨滁州市重点产业关键核心技术需求发布系列活动在上海举行，发布了当地企业的十大关键核心技术需求榜单，"榜金"总额近 1.5 亿元，邀上海科技专家"揭榜"攻关，助力滁州重点产业高质量发展。

6　绿色经济发展经验

根据 2020 年绿色经济指标的评价结果，扬州、镇江、泰州、合肥、宜宾、湘潭、株洲、南京、舟山、衡阳位列前十。

6.1　扬州：打造生态宜居城市，整合旅游资源，促进产业集群发展

主动融入长三角，保护与发展并重，加快推进新型城镇化。扬州地处长三角区域，现有传统产业存在高耗能、高污染等与绿色经济发展不匹配的部分。为更好融入长三角地区，扬州主动对标先进发达地区，重点发展汽车、机械、旅游、建筑、软件和互联网、食品工业等与城市生态宜居特质相契合的基本产业，不断做大做强数控成型机床、智能输变电设备、绿色光电、汽车及零部件等高新技术支柱产业集群，加快培育发展了航空、生物医药、微机电、人工智能等高新技术新兴产业集群，有效提升了江苏信息服务产业基地、扬州智谷、仪征大数据产业园、江都数字经济产业园等平台能级，更是推动了人工智能、大数据等数字技术赋能传统产业转型升级。通过产业结构

调高、调优、调轻、调绿，促进经济发展转型。

结合优势旅游资源，重点培育现代服务业，促进产业集群化发展。扬州通过构建旅游产业、餐饮产业、沐浴产业相结合的发展模式，实现产业结构的升级换代，如以每年的"烟花三月"国际经贸旅游节为对外展示扬州的契机，强化旅游、沐浴行业协会功能，充分挖掘保护传统服务的技艺等。通过启动现代服务业百强企业培育计划、星级集聚区提升计划，扬州致力于培育现代服务业高质量发展领军企业，并为此投入了资金人力。

依托运河基础条件，提升改造河道周边环境，积极打造生态宜居城市特色。扬州作为中国古运河的原点城市，作为南水北调东线工程源头城市，承担着重要的生态保护责任。"十三五"期间，扬州把大运河文化遗产保护同生态文明建设融合起来，通过实施"两减六治三提升"专项行动，全市化工生产企业总数由616家减至104家，扬州化工园区规划面积由22平方千米压减至9平方千米，解决了河道污染问题，提升了人民幸福感。

6.2 镇江：首创"四碳"，制定明确的管理策略，构建生态循环农业模式

在全国首创以碳平台为基础，以碳峰值、碳考核、碳评估和碳资产管理为核心的碳管理体系。依托低碳城市建设管理云平台，镇江在全国率先创立城市"四碳"创新机制，通过实施产业碳转型、项目碳评估、区域碳考核、企业碳管理的手段，强力推进低碳发展，取得了显著的成效。

针对区域内重工业密集、能源消耗过高的现状，制定精细化管理策略。镇江是火电大市，火力发电耗煤每年1673万吨。该市强力推进能源供给侧结构性改革，深入开展煤电超低排放改造，积极发展清洁可再生能源，加快推进储能设施建设，建成全省单机规模最大的燃气发电机组，建成世界规模最大、功能最全的电网侧储能电站项目，能源结构向绿色、低碳稳步推进。截至2020年年底，全市储能装机总量10.1万千瓦，光伏发电装机总量90.3万千瓦，可再生能源装机总量18.5万千瓦；煤电供电煤耗低于全国平均26克/千瓦时。从区域上，主要以推动西部片区为主，内容上引导传统化工向新材

料、精细化、清洁化方向发展，引导建材产业发展节能环保和新型产品，引导冶金产业兼并重组，优化产业结构，以推动这些传统产业向高附加值产业转型。

明确国土空间管制目标，构建生态安全格局。自获批为国家低碳试点城市以来，镇江在全省率先编制了《镇江市主体功能区规划》，构建农业生态安全格局及生态循环农业模式。镇江的产业结构以重工业为主，农业一直以现代化和集约化为发展方向，共创立了 30 个现代农业产业园区，为保持水土、生物栖息、生态物种稳定提供了重要的支持。

汇集各方力量，引导社会参与，广泛凝聚"双碳"行动共识。镇江高度重视交流学习：2016 年成功举办首届国际低碳大会，吸引全球众多相关机构和企业参加；2017 年，该大会引入联合国开发计划署（UNDP），并与后者签订战略合作协议；2018 年该大会推出《低碳城市评价指标体系》，这是国内首个评价设区市低碳城市建设的标准。镇江注重以群众性创建活动、试点示范引导社会参与，探索制定了学校、景区低碳建设标准，茅山等 6 个旅游景区创成低碳景区、成为现实样本。

6.3 泰州：推进大健康产业集聚，突出打造健康名城和制造强市

突出健康产业发展，重点打造"健康名城、幸福泰州"城市名片。泰州地处长江三角洲中部，具有优越的沿江投资开放环境，是经典新兴工业城市，以"中国医药城"为核心。在已有中国医药城及健康产业基础上，泰州重点建设精准医疗、健康疗养、健康食品、健康旅游等四条大健康融合发展产业链，突出打造医药地标产业。2020 年，泰州摘得国家生态环境领域最高荣誉——国家生态文明建设示范市，同时获评"中国最具幸福感城市"，其中生态环境幸福度指标位列全国第四。

聚力创新发展，主动服务产业节能减排工作，加速推进制造业智能化、绿色化转型。泰州通过制定三大先进制造业集群实施方案，规划"两区一带多点"布局，围绕产业基础高级化、产业链现代化，建设长三角特色产业创新中心和先进制造业基地。"十三五"以来，全市每年开展节能技术推介活动

4 期以上，实施节能技改项目超 100 个，建成后年可实现节能量超 10 万吨标准煤。到 2019 年年底，全市已有 110 家重点用能单位建成能源管理体系。截至 2020 年 6 月，全市入选工业和信息化部绿色制造名单 12 个。其中，绿色工厂 10 家，数量列全省第 5 位、苏中苏北第 1 位。2019 年，组织机构为 33 家企业提供免费诊断服务，提出节能、绿色化改造建议 117 项，其中，企业已实施改造项目 39 个，预计建成后年节能量可达 2.1 万吨。

结合"生态+产业"模式，大力发展生态旅游业和生态农业。截至 2020 年 6 月，全市建成有机食品、绿色食品和绿色优质农产品基地 216.85 万亩，绿色优质农产品种植比重达到 73.7%，居全省第一。优质稻米、特色畜禽、生态河蟹等成为农业支柱产业，香葱、香沙芋、芦笋、食用菌、花卉等特色种植业规模不断扩大，并培育了兴化大米、溱湖簖蟹、骥洋肉品、顶能脱水蔬菜等一批绿色农产品品牌。

6.4 合肥：依托区域科技创新资源以及促进低碳发展政策，低碳化发展趋势明显

在能源资源相对匮乏的背景下积极推动能源结构优化，不断扩大可再生能源规模，逐步优化能源结构。合肥有序推进煤改气、油改气，同时在天然气发电、天然气化工、天然气工业燃料利用效率方面取得了积极进展。合肥域内无油无气、缺电少煤，可利用的可再生能源仅有太阳能、生物质能、地热能等几类，属于资源输入城市。长期以来，尽管煤炭能源作为合肥主要能源的地位并未改变，但是可再生能源比重不断增长。截至 2019 年年底，合肥可再生能源发电装机容量占发电装机总容量的 32.8%，可再生能源发电量占总发电量的 12.1%。

科教资源丰富，研发实力雄厚。科技孵化基地众多，以新能源汽车为代表的低碳产业已成功将科技优势转化为产业优势，创新科技引领高质量发展趋势更加明显。截至 2013 年，合肥已成为国家级两化融合试验区和电子信息国家高技术产业基地，其先进的产业技术和雄厚的科研基础，为推进低碳城市建设提供了重要的技术支撑。

创新落实多种节能举措，大力推进节能减排工作。 合肥每年制定年度节能目标任务，定期发布季度"能耗晴雨表"，发起用能权（节能量）交易、搭建能耗在线监测系统、及时预警调控，加快能源产业转型升级。作为科创名城，合肥以科技赋能，动员全民参与，全力推进绿色低碳高质量发展，节能成效显著。2021 年，合肥以 5.7% 的能源消费增速，支撑了 9.2% 的 GDP 增速，以占全省 17% 的能耗，贡献了全省 26.6% 的 GDP，能效水平处于全省最优、全国前列，为探索绿色、智慧、节能、低碳的新发展模式提供"合肥方案"。

6.5 宜宾："长江第一城"，在长江上游生态屏障建设和长江经济带建设中发挥着重要作用

大力发展动力电池产业，加快壮大新能源汽车等高端成长型产业。 宜宾地处金沙江、岷江、长江交汇处，被誉为"万里长江第一城"，肩负着筑牢长江上游生态屏障的重要使命，三江交汇带来的生态、交通、开放等优势，也为其创造了较为明显的发展优势。宜宾严格按照工业绿色发展规划要求，采取"产业发展双轮驱动"战略，在传统产业加快转型的同时，推动智能终端、动力电池等新兴产业快速发展，借此助推经济高质量增长。截至 2022 年 5 月，宜宾已建成动力电池年产能 60GWh，计划年底动力电池年产能达 90GWh、全年生产动力电池 80GWh 以上、实现全产业链产值 700 亿元以上。在汇聚四川时代、凯翼汽车等一批新兴产业群的基础上，宜宾计划打造以三江新区为核心，从上游基础原材料到六大组件再到新能源汽车整车、电池回收循环利用的"1+6"动力电池绿色闭环全产业链生态圈，为构建绿色制造体系，推动全市工业经济绿色转型奠定基础。

加快白酒、化工等占有率高的重要产业进行绿色化改造。 宜宾的传统产业包括食品饮料产业、能源化工产业、纺织和建材产业等，需要进行绿色化改造和技术提升。"十三五"以来，宜宾通过广泛运用固体废弃物处理及资源化利用等技术，加快白酒、化工等具有较高市场占有率的重要产业进行绿色化改造和提质增效，促进资源高效利用和产业结构优化升级。

积极培育绿色示范单位，发挥引领作用。 宜宾带动上下游企业健康发展，实现全产业链和价值链的绿色化发展。截至 2021 年 8 月，宜宾共建成了五粮液集团、天原集团、丝丽雅集团等国家级绿色工厂 7 个、国家级绿色设计产品 23 种、省级绿色工厂 15 个，在全市工业体系内有效发挥了示范作用。

6.6 湘潭：以产业绿色转型助推老工业城市更新升级，加快高新技术产业发展

作为南方重要工业基地，以传统优势工业转型升级为重点，不断优化产业结构，为老工业城市转型提供了优秀样本。 作为湖南副核心城市，湘潭一方面大力助推黑色冶金、精细化工、机电、纺织等传统工业的优化升级，另一方面努力培育风力发电机制造业、生物制药等高新技术产业和旅游等第三产业，建成新型的制造工业中心。《湘潭市低碳发展规划（2018—2030 年）》指出要围绕打造"智造谷"和汽车城、军工城、文创城"一谷三城"，推行市级领导担任"链长"、核心企业担任"盟长"、银行"行长"联系产业链和产业联盟的联动工作机制，推进产业结构优化与技术提升。

率先将质量发展与生态文明建设有机融合，用具体的量化指标规定了绿色发展过程中的质量要求。 2020 年 5 月，湘潭发布《湘潭市绿色发展质量规范》，在全国率先将质量发展与生态文明建设有机融合，用具体的量化指标规定了推进绿色发展过程中应重点关注的质量控制因素和应达到的效果，通过对以质量基础、质量监管、质量提升为重点的质量要素和质量要求进行标准化规范，在绿色发展中强化质量支撑，为建设资源节约型社会、环境友好型社会提供了理论支撑。

重视创新，积极培育新产业新业态新模式。 湘潭建成华菱线缆国家企业技术中心、湘潭市风电产业研发试验与公共服务平台、湖南华研实验室、湘潭市新能源汽车研发试验与公共服务平台等重大平台。湖南数学界首个国家级平台——湖南国家应用数学中心落户湘潭大学。"5G+智慧钢铁（华菱湘钢）解决方案"遴选入"2020 年 ICT 行业优秀解决方案"，全市规模工业企业在设计研发、生产制造、经营管理等全流程数字化建设覆盖率达到 85% 以

上。2020 年全市获批国家级智能制造项目 1 个，省级智能制造示范企业 6 家、省级智能制造示范车间 10 个，市级智能制造示范企业 4 个、示范车间 17 个、示范制造单元 19 个、"推广应用机器人"项目 14 个。

6.7　株洲：大力实施"创新驱动、转型升级"战略，推动新旧动能转换

先行先试，以建"两型"社会为依托，率先开展政策探索。立足"资源节约型、环境友好型"建设目标，株洲率先进行多项政策尝试。在全省率先开展排污权交易改革，范围涵盖全市所有工业企业，交易因子和交易总量居全省首位；出台绿色信贷促进节能减排的指导意见和绿色信贷管理办法，成为湖南首个将绿色信贷工作制度化的市；在湖南率先编制了两型示范创建、两型社会监测评价、两型技术产品标准，涉及企业、学校、社区、城镇、医院、村庄、园区、家庭等 14 个类别。株洲的顶层设计对其改革创新发展产生了深刻变化和深远影响。

大幅退出旧动能、加快培育新动能。作为国家老工业基地进行两型社会建设，株洲积极探索，在改造清水塘老工业区的过程中探索出一条"土地收储+搬迁奖补+转型支持+就业帮扶"的新路。截至 2018 年年底，区域内 261 家企业全部关停到位，帮助有意愿且符合条件的 61 家企业实现了转移转型，完成了"两个百亿投资、两个三万安置"的艰巨任务，创造了全国老工业区搬迁改造的"株洲模式"。"中国动力谷"加速崛起，推动新旧动能转换，扶植了一大批新兴产业。株洲以招商引资、政策扶持为手段，培育新能源、新材料、电子信息、生物医药、节能环保五大绿色新兴产业。立方新能源、长城计算机、中晟全肽等一大批企业拔节成长，通过创造性地推行链长制、产业协会、企业联合党委"三方发力、同频共振"的工作机制，17 个产业链加速壮大。2020 年，株洲新能源（风电）、电子信息、新材料产业分别增长 618%、22.7%、28%。

突出交通先行，积极构建"两型交通"体系，低碳建设领跑全省。通过推广低碳交通科技，株洲不断提高科技能力与水平，建立各种交通运输方式

的智能化管理系统，积极推进新技术在交通运输装备、交通运输设施方面的应用。凭借推行清洁能源汽车和公共自行车租赁系统，大力发展轨道交通车辆、新能源汽车，以及未来的航空航天器三大动力产业，株洲着手降低交通部门的碳排放水平，取得了显著成果。

6.8 南京：推动经济体系、产业体系、能源体系全面绿色低碳转型，打造低碳先锋城市

培养高质量项目，培育低碳先锋城市引擎。南京是江苏省会，华东地区重要的综合性工业生产基地，面临产业转型压力。围绕高端化、智能化、绿色化、集群化，南京着力打造"4+4+1"现代产业体系，实施固链强链补链专项行动，培育软件和信息服务、新医药与生命健康、人工智能等八大产业链，推动互联网、大数据、人工智能等融合应用，形成了 1 个 5000 亿级、4 个千亿级战略性新兴产业集群。

提升能源利用效率，构建新型电力系统。在保障能源安全稳定供应基础上，南京通过严控煤炭品质、关停燃煤机组、压减企业用煤、实施超低排放改造等手段，有效控制煤炭消耗总量。依据《关于推动高质量发展做好碳达峰碳中和工作的实施意见》，南京提出到 2025 年，全市新能源装机占比将提升至 25%，2022 年已在溧水、鼓楼等 4 个区推进分布式光伏试点工作。2021 年，南京供电公司累计投入 260 亿元，形成 500 千伏"O"型双环、220 千伏"三片五环"的坚强网架结构，支撑城市绿色低碳发展能力不断增强。

重视全面绿色转型，加强绿色城镇建设。2017—2020 年，南京城镇新建建筑全部执行绿色标准，累计新增绿色建筑面积超 7000 万平方米，其中二星级以上绿色建筑面积超 2700 万平方米；完成既有建筑节能改造面积超 600 万平方米；新增可再生能源应用建筑面积超 2500 万平方米，成功创建"国家首批可再生能源应用示范城市"。在绿色交通方面，南京制定实施《关于加快绿色循环低碳交通运输发展的实施意见》，成功创建国家"公交都市"示范城市，全市轨道交通运营里程达 394 千米，位居全国第七，成为全国首个区县全部开通地铁的城市；主城区公交车辆除过江隧道车辆外已全部使用新能源或清洁能源车辆。

6.9 舟山：依托海洋特色，技术赋能海岛乡村建设

发掘地区特色资源，推动海洋新能源开发利用。舟山位于浙北东北部，地处我国东南沿海，拥有丰富的风能和潮汐能资源，为发展新能源奠定了基础。为推进海洋新能源开发利用，舟山大力推进海水制氢、远海风电、漂浮式海上光伏发电，潮流能科研成果推广示范，加快海上风电开发建设。2022 年 2 月，世界最大单机 LHD1.6 兆瓦潮流能发电机组"奋进号"在舟山岱山秀山岛海域启动下海，这一技术突破大力降低了潮流能发电成本，为打开全新的万亿级海洋高端装备产业和发电市场奠定了良好基础。2021 年，舟山组织实施的 15 项国家和省自然科学基金项目，已在滨海蓝碳研究方面取得新成果，相关学术论文在海洋化学和环境领域重要学术期刊发表；21 项市级以上科技项目突破了近海渔业资源养护技术模式，推动设立了浙江沿海 10 个产卵场保护区，获省科学技术进步奖二等奖，碳达峰碳中和科技创新工作取得了良好的成效。

探索绿色低碳技术，推进传统产业转型和生态修复。舟山成功引入清华大学科研团队共建绿色石化技术创新中心，绿色石化技术创新中心按照"将研发作为产业、将技术作为产品"的发展思路，紧扣浙石化炼化一体化、新材料关键技术领域的应用需求，开展技术创新，突破关键工艺流程，实现绿色石化绿色制造，带动上下产业转型升级，以自主创新研究成果补齐产业技术短板，为传统石油行业转型提供技术支撑。在海洋生态修复方面，舟山大力探索碳汇海藻贝类高效养护技术、综合养殖碳汇扩增技术和人工鱼礁构建技术应用研究，提升单位海域固碳能力。

6.10 衡阳：建设现代产业强市，加速绿色经济发展步伐

注重产业平台建设，发展差异化产业。衡阳是全国 26 个老工业基地之一，产业基础雄厚。作为湘南地区中心城市，衡阳已有白沙工业园区、松木经开区、衡阳高新技术开发区以及衡山科学城等园区。根据自身产业结构和发展方向，园区分别有自身的产业平台，在先进制造、化工新材料、高新技术、新一代信息技术等领域发力，形成体系化、差异化、特色化发展。

　　牢固树立新发展理念，坚持生态惠民发展思路，加快调整产业结构。衡阳通过打造绿色供应链，推动钢铁、水泥等重点行业超低排放，实施节能监察执法和节能诊断服务"双轮驱动"，促进产业结构、能源结构、消费结构进一步低碳化。结合林业资源基础，衡阳通过建设高效林业基地、升级林产加工业、发展林业服务业的方式，着力推动油茶、竹木、森林旅游康养、林下经济、花卉苗木等五大重点产业发展。全市油茶种植面积稳定在 500 万亩以上。大力发展林下种植、林下养殖、林下产品采集加工和森林景观利用等四大类林下经济，建立一批规模大、效益好、带动能力强的林下经济示范基地。

　　加强林业改革创新，筑牢生态屏障。衡阳大力实施以生态建设为主的林业发展战略，为衡阳加快建设国家区域重点城市、省域副中心城市和现代化新衡阳奠定生态环境基础。"十三五"期间，衡阳通过实施长江防护林、国家储备林、生态廊道等林业重点工程建设，共完成人工造林 164.58 万亩，封山育林 160.23 万亩；在全省第一个颁布森林防灭火地方性法规；完成油茶新造91.27 万亩，油茶低产林改造 121.04 万亩，油茶面积、产量、产值稳居全国地级市之首。发展了 20 个以种植油茶为主的省级林业产业龙头企业，建成了14 个高标准油茶特色产业示范园。

7　生态环境发展经验

　　根据 2020 年生态环境指标的评价结果，黄山、丽水、普洱、赣州、丽江、怀化、衢州、景德镇、临沧、保山位列前十。

7.1　黄山："八山一水一分田"，各项生态指标稳居全国前列，"新安江模式"值得复制推广

　　致力于建设高水平新安江—千岛湖生态补偿试验区。通过实施生态补偿工程，黄山水环境治理效果显著，高质量完成考核要求。新安江流域生态补偿机制是全国首个跨省生态补偿机制试点，也是安徽建设生态强省的"一号工程"，黄山是新安江源头和试点工作主要实践地。2012 年以来黄山积极实施

新安江流域生态补偿机制"十大工程"（排污权管理工程、公众参与工程、开发区发展工程情况、城市污水治理工程、化肥农药替代工程、绿色特色农业发展工程、农村环境整治工程、畜禽规模养殖提升工程、船舶生活污水上岸工程和河长制林长制提升工程），各项工程均已取得阶段性成效。2020 年，全市共获得省级地表水补偿资金 1500 万元，在参与考核断面数量较少的情况下，所获补偿资金额度在全省排名第五。生态环境部发布的国家地表水考核断面水环境质量排名显示，2020 年黄山城市水质指数在全国 337 个城市中排第二十八名，位居长三角区域第一名。

积极开展区域合作，与杭州正式签署《共建杭黄世界级自然生态和文化旅游廊道战略合作框架协议》。 黄山已于 2018 年正式加入杭州都市圈，杭黄世界级自然生态和文化旅游廊道更是对两地文旅资源的进一步整合和优化，更是贯彻落实长三角一体化国家战略的重要举措，是区域合作（皖浙两省合作）的一个重要载体，可以有效增强欠发达地区发展动能。两地已有"千岛湖—新安江（黄山）大画廊"文化旅游综合开发项目，杭黄高铁开通后，杭州到黄山成为长三角地区首选的休闲度假旅游线，进一步释放了黄山地区旅游业的内在动能。紧扣"一体化"和"高质量"两个关键，黄山不断深化与沪苏浙重点城市高对接、重点对接、精准对接，在重大规划政策协调接轨、重大项目共谋争取、重点产业联动发展、重要公共服务领域共建共享等方面务实合作，努力将生态、旅游、文化等叠加优势加速向产业优势转换。

7.2　丽水："九山半水半分田"，以生态旅游业作为战略性支柱产业，加强"红绿融合"

以建设"诗画浙江"大花园最美核心区为载体，全力打造生态文明建设新典范。 通过提升治理能力和治理水平，加快实现从天生丽质向治理提质转变、从生态颜值向经济价值转变、从产品直供向模式提供转变。在已有较高环境质量的基础上，丽水进一步把生物多样性作为生态治理成果的检验标准，打造生物多样性保护国际标杆。2021 年，丽水在全省范围内率先编制了《丽水市生物多样性保护与可持续利用发展规划（2020—2035 年）》，划定了丽水市 17 个生物多样性保护优先区域，制定了 10 大优先领域 33 个优先行动，设置了 30 多个重点项目，提出了近、中、远三期目标。

以旅游业为工作核心，发挥绿色生态屏障作用，着力运用"微改造、精提升"。 市、县联动，聚焦重点，全力推动生态旅游业高质量发展。在《丽水市旅游业"微改造、精提升"五年行动方案（2021—2025 年）》的指引下，丽水着重运用艺术引领、传统复兴、红色赋能三种手段，聚力打造共同富裕山区模式。丽水市、县两级已全部完成行动方案的制定和发布，截至 2021 年 8 月，全市已开工"微改造"项目数 421 个，完成投资 4.79 亿元，完成示范点位数 126 个，完成率均已超过 60%。2020 年年末，全市共有 4A 级及以上旅游景区 24 家，其中 5A 级旅游景区 1 家。

围绕生态环境保护设计评估体系，加强制度创新力度。 丽水围绕着"绿水青山就是金山银山"转化的核心命题，在全国地级市中率先把 GEP（生态产品总值）和 GDP（地区生产总值）作为融合发展共同体，一并确立为全市发展的核心指标，率先探索建立 GEP 核算评估体系，严格实行"双核算""双考核"，加快实现 GEP 和 GDP 协同较快增长。

7.3 普洱：明确"生态立市、绿色发展"战略，力求绿色生态福祉最大化

确立"生态立市、绿色发展"战略，产业培育取得重大成果。 普洱国土面积 4.5 万平方千米，东南与越南、老挝接壤，西南与缅甸毗邻，保存着全国近 1/3 的物种，生态环境优越，自然资源丰富。截至 2021 年 6 月已建成全国最大的云茯苓、白及、林下有机三七种植基地，现代茶园面积和茶产业综合产值全省第一，咖啡种植面积和产量全国第一，获有机认证企业和证书数全省第一，有机茶认证面积数、企业数、证书数全国第一。

重视生态文明建设，大力发展特色绿色经济产业。 生态旅游方面，普洱建成了普洱国家公园、景迈芒景景区等一批旅游景点，建成 A 级景区 11 个，创建特色旅游小镇 4 个、省级特色旅游村 12 个、民族特色旅游村 7 个。2013 年，普洱获批建设全国唯一的国家绿色经济试验示范区，有力推动了普洱和

云南乃至全国西部地区的生态文明建设、精准脱贫、绿色崛起的步伐。

完善管理体系，落实生物多样性保护。普洱在全省率先编制实施《云南省生物多样性保护战略行动计划普洱实施方案（2013—2020 年）》，颁布实施《普洱市古茶树资源保护条例》《云南省澜沧拉祜族自治县景迈山保护条例》等地方性法规，生物多样性保护工作逐步走上了制度化、规范化、法治化轨道。同时，建立和完善了绿色政绩考核体系、GDP 与 GEP 双核算体系、领导干部离任审计制度和生态补偿制度等，在全国率先实施绿色经济考评，落实生态文明考核"一办法、两体系"，把"绿水青山就是金山银山"量化到干部考核中，以绿色政绩考核倒逼绿色经济发展。

7.4　赣州：加强赣南历史遗留矿山生态修复，支持革命老区振兴发展

大力开展废弃矿山修复治理，为生态产品价值实现贡献了经典案例。作为全国水土保持高质量发展先行区，赣州加快打造山水林田湖草沙生命共同体，2021 年完成水土流失综合治理 513.58 平方千米、废弃露天矿山修复 675 公顷①，累计治理废弃稀土矿山 92.78 平方千米，基本解决近半个世纪的历史欠账。全国水土保持改革试验区建设任务全面完成，治理水土流失面积 4310 平方千米，水土保持"赣南模式"在全国推广。

加快发展绿色产业，突出改革创新。"十三五"期间，赣州打造富硒产业发展示范基地 74 个，认证富硒产品 125 种，"山水硒地、生态赣州"名片逐步打响，赣南脐橙、赣南茶油荣登区域品牌（地理标志产品）百强榜。稀土钨新型功能材料产业集群入选国家级战略性新兴产业集群。开展水土保持生态工程建设"以奖代补"试点，引进社会资本，实现水土流失"要我治"向"我要治"的质变，以市场化手段创新性地实现水土流失治理工程，为其他地区提供了参考借鉴。

大力推进生态修复，持续筑牢南方地区重要生态安全屏障。赣州地域广阔，崩岗水土流失问题产生的区域不同，类型不一。在长期的治理实践中，

---

①　1 公顷 = 10000 平方米。

当地按照宜草则草、宜果则果、宜游则游的治理原则，探索出因地制宜的"生态修复型、生态开发型、生态旅游型"三种方式，"三型共治"加快崩岗治理。赣州是南方水土流失治理的一面旗帜和新时期全国水土保持工作的"火车头"，被列为全国水土保持高质量发展先行区。2021年，赣州完成人工造林20万亩、改造低质低效林117.66万亩。

7.5 丽江：积极开展制度创新，探索人与自然和谐共生的发展路径，建立"共抓大保护"的生态环境治理新机制

坚定走绿色可持续高质量发展之路，大力发展生态产业。丽江因地制宜发展绿色经济，已经初步形成规模。截至2020年年底，全市特色水果种植面积82万亩。其中，杞果种植面积39.7万亩，软籽石榴种植面积9.83万亩，沃柑种植面积6.9万亩，蔬菜种植面积30万亩，中药材保有种植面积25万亩，特色优势品种滇重楼、云木香等标准化种植基地面积均超过万亩，马铃薯种薯生产种植11.1万亩，丽薯6号已成为全省冬作区薯农的首选品种。

高度重视生物多样性保护，通过建设生物多样性保护的管理实体来完善物种保护工作。截至2021年9月，已基本建成以3个自然保护区、2个国家级风景名胜区、7个重要湿地、2个地质公园等不同类型管理实体的生物多样性保护体系，开展了宁蒗彝族自治县拉伯乡加泽大山野生红豆杉资源挂牌管护、玉龙雪山省级自然保护区玉龙蕨种群监测和保护、老君山滇金丝猴巡护等项目，推进珍稀濒危物种保护。

以生态保护和修复、国土绿化、自然灾害防治等为重点，严格落实河湖长制，联动推动河湖保护治理向纵深发展，保证生态环境质量向好发展。"十三五"期间，丽江全面加强山水林田湖草一体化保护和修复，稳步推进国土绿化、天然林资源保护、新一轮退耕还林还草、退牧还草等重大生态保护修复工程，生态系统质量不断改善，共完成营造林任务279.06万亩、义务植树1306.2万株、低效林改造100.72万亩、森林经营114.5万亩。此外，丽江积极探索生态优先绿色发展新路径，持续增加森林碳汇，实施了丽江市林业生态扶贫PPP项目，2021年已完成首例森林碳汇项目的签约，木本油料、林下

经济等传统优势产业稳步发展，生态休闲、森林康养等新兴产业快速发展，林草产业总产值已达到 122 亿元。

7.6 怀化：打好"生态牌"，走好"产业路"，以文旅融合推进绿色发展

依托优质自然资源，以文旅产业作为重点产业，协同推进乡村振兴与绿色发展。 怀化林地面积、森林蓄积量均居湖南省第一，森林覆盖率高达 71%，有原始森林 30 多处。孕育了雪峰山、中坡山、穿岩山、排牙山等国家森林公园和借母溪国家级自然保护区等众多美丽的"原生态植物园"。截至 2021 年 10 月，怀化已先后开展了两批次市级生态文明建设示范镇村评选，10 个县市区的 18 个镇村先后获得命名。怀化以文旅融合发展、创建全域旅游示范区为抓手，大力发展生态文化旅游产业，有力推动疫情后文旅市场复苏，2020 年全年接待游客 5847 万人次，实现旅游收入 471 亿元。

坚持实践创新，以多元实践激发生态文明建设社会活力。 围绕第一产业，怀化瞄准林业千亿产值目标，大力实施油茶、竹木、森林旅游与康养、林下经济、苗木花卉"五大产业提升行动"，积极培育和发展"一县一业""一村一品"林业特色产业，推动林业产业与医养健康、文化旅游、商贸物流等产业融合发展。怀化大力发展农业，作为全国首批粤港澳大湾区"菜篮子"产品配送分中心，全市有粤港澳"菜篮子"生产基地 61 个、省级农业特色园区 70 个。怀化注重以农业品牌建设引领现代农业发展，新晃黄牛、黔阳冰糖橙、靖州杨梅、怀化碣滩茶获评"湖南省十大农业品牌"。

以发展生态农业为重点，大力推进农业产业化。 2019 年，怀化新增省级特色农业产业园区 6 个、省级现代农业特色产业集聚区 1 个、省级优质农产品供应基地 3 个。新增市级农业产业化龙头企业 33 家、农产品加工企业 100 家，实现农产品加工销售收入 500 亿元。芷江成功创建"好粮油"行动计划国家级示范县。13 家企业被认定为粤港澳大湾区"菜篮子"生产基地，怀化配送中心正式运营。惠农物流获批农业产业化国家级重点龙头企业。新认证"两品一标"产品 41 个，获批马德里国际商标 3 个（舞沅、湘鹤、魔湘子）、

国家地理标志产品 1 件（溆浦瑶茶）、地理标志证明商标 1 件（溆浦蜜橘）。湖南省农产品物流标准分技术委员会落户怀化。

7.7 衢州：坚持生态优先价值取向，发扬特色生态文化，建设浙江大花园核心区

重点构建生态空间格局，打造生态环境标杆地。衢州在浙江率先颁布实施《衢州市生态市建设规划》，打造"诗画浙江"大花园核心区金名片，全市生态空间范围稳定在 50% 以上，森林覆盖率常年保持在 71.5% 以上，先后荣获国家森林城市、国家级生态示范区、全国首批"绿水青山就是金山银山"实践创新基地等称号。

结合特色生态产品，实现生态价值最大化。通过推进现代生态循环农业建设，积极创建世界食品安全创新示范基地，做大做强"三衢味"农产品区域公用品牌，大力提升柑橘、茶叶、蜜蜂、清水鱼等优势特色产业，全市有机农产品数量居全省首位。大力发展提升民宿经济，全市乡村休闲旅游业年均接待游客数和营业收入增速保持高速增长。

加强生态修复，高质量完成水土保持。衢州作为钱塘江源头城市，是典型的山地和丘陵地区，扎实做好水土保持治理工作是保护浙江生态屏障的第一道关。2021 年，全市共完成新增水土流失治理面积 53.73 平方千米，超额完成 16.73 平方千米，完成率为 145.22%。衢州实施生态治理修复工程，创新水土流失治理与"两山银行"改革相结合，对常山县辉埠后社片区矿山开采、钙产品加工遗留的污染用地及周边土地进行集中收储，开展污染治理和水土流失治理。统筹地形地貌、环境功能、产业规划等因素，通过循环出让、生态复绿、土地复垦等模式分类处置，变矿渣场地为连片耕地，该工程成功入选国家"十三五"第三批山水林田湖草生态保护修复工程试点。

7.8 景德镇：立足生态环境优势，提升旅游吸引力，推进重点项目建设

连续出台多项文件，通过健全体制机制巩固环境优势。"十三五"期间，

景德镇连续出台了《景德镇市市容和环境卫生管理条例》《景德镇市饮用水水源保护条例》《景德镇市烟花爆竹燃放管理条例》，为打好污染防治攻坚战提供了有效法治保障。2019 年，景德镇获评第三批"国家生态文明建设示范市"，成为江西唯一获评的设区市。截至 2020 年 12 月，景德镇已成功创建国家级生态文明建设示范市县 2 个，国家级生态县 1 个，国家级生态乡镇 15 个，国家级生态村 1 个，省级生态乡镇 20 个，省级生态村 69 个；国家级"两山"基地 1 个，省级"两山"基地 1 个。

依托原有陶瓷文化，改善文旅环境，大幅提升旅游吸引力。以原宇宙瓷厂为核心，景德镇保护修复 22 个风格各异的老陶瓷厂、煤烧隧道窑和圆窑，建设了陶溪川文创街区，获批海峡两岸青年就业创业基地、全省首批大众创业万众创新示范基地，吸引了大量海内外游客，进一步刺激生态环境整体改善。依托自然生态优势，景德镇以"一带三边五线"为重点，将昌江百里风光带和 206 国道、景瑶线、乐弋线等美丽示范风景线与特色民宿、特色产业、乡村全域旅游串联起来，大力推进高岭中国村、浮湾乡村振兴等项目，生态旅游发展势头强劲。

7.9 临沧：开放前沿、绿色之城、著名茶乡、民族团结，推动绿色低碳发展，大力打造国家可持续发展示范区

高度重视生态环境保护，形成较为完整的政策体系。先后出台《关于加快推进生态文明建设的意见》《关于加快临沧国家可持续发展实验区建设的实施意见》《关于建设森林临沧的决定》《临沧市七彩云南生态文明建设生态创建工程实施方案》《临沧市生态文明建设民族生态文化保护工程方案》等，这一系列精准实在的法规和政策措施，为推动生态文明建设提供了科学依据和政策保障。

初步形成"生产建设产业化，产业发展生态化"格局。临沧高原特色生态农业发展势头较好，在实施好"森林临沧"建设的同时，按照"农业发展生态化、庄园化，工业发展绿色化、园区化，生态文化旅游业发展特色化、高端化"要求，依托退耕还林还草项目，大力发展生态产业，"生产建设产业

化，产业发展生态化"格局初步形成。为进一步挖掘现代化农业潜在产能，临沧以特色农业、绿色农业、生态农业为基础，以环境友好型农产品加工业为支撑，以休闲旅游业为补充的绿色产业结构，不断延长产业链，通过三产融合加快绿色发展，向广大群众持续输送"生态红利"。2002年至2019年9月，全市累计实施退耕还林还草488.15万亩，全市生态建设成效明显，退耕还林还草年均为森林覆盖率提升贡献0.6个百分点。在实施保护项目的同时，临沧注重生态林木种植与抚育，形成了"核桃+茶叶""楒木+茶叶""临沧坚果+咖啡"等一大批生态产业，做大了经济增量，为全市兴边富民工作做出显著贡献。

旅游资源丰富，将生态文化旅游产业作为新兴支柱产业培育建设。临沧旅游资源丰富，依托全国全省旅游产业转型升级和国家"一带一路"倡议，以及云南省委、云南省人民政府"三张牌"战略和大滇西旅游环线的建设推进机遇，生态文化旅游产业作为新兴支柱产业培育建设情况良好。临沧有23个少数民族，少数民族众多，加上独特的地域文化，构成了多样化的人文旅游资源。由于北回归线穿境而过，临沧是避暑避寒双适宜的度假养生休闲地，全年旅游业发展态势良好，2019年全市旅游收入340亿元，增幅位居全省第三。

7.10 保山：努力成为世界一流"三张牌"示范区（绿色食品、绿色能源、健康生活目的地)、兴边富民示范区、国际文化旅游胜地

保山农业资源丰富，农业水平较高，在优越自然条件下更有能力发展现代高质量农业。保山聚焦水稻、咖啡、石斛、茶叶、肉牛五大产业，打造国家水稻繁育基地，全链条重塑咖啡产业，做大做强昌宁红茶品牌和石斛产业，大力发展肉牛产业，高质量建设世界一流高原特色农业示范区，为基础条件相似的区域提供了经验借鉴。其中，施甸县被袁隆平院士誉为"中国杂交水稻最佳繁育基地"，保山以施甸县为重点，打造国家水稻繁育基地，为保障国家粮食安全提供种源支撑。目前"保山小粒咖啡"已成为一个地理标志品牌。保山从基地到市场展开全产业链谋划，打造精品咖啡生产基地、提升加工水

平、大力开辟高端市场，并打造精品咖啡庄园，集咖啡种植、加工销售、制作观摩、创意体验、文化展示和休闲度假于一体，凭借产业融合机会大力推进乡村振兴。

加强生物多样性保护，严格自然保护地监管。保山地处横断山脉南端，区位优势独特、自然资源富集、生态环境优越，是全球 34 个生物多样性热点地区之一，是中国生物多样性较丰富的地区之一。2021 年，保山印发《关于筑牢滇西生物生态安全屏障的实施意见》，严格按照《自然保护区管理条例》《风景名胜区管理条例》等法律法规划定保护地边界，开展保护区规划修编，设立标志标牌，对保护区进行更严格管理。

8　健康生活发展经验

根据 2020 年健康生活指标的评价结果，杭州、上海、南京、武汉、舟山、丽水、宁波、绍兴、衢州、温州位列前十。

8.1　杭州：健康杭州建设领跑全国，加快构建全生命周期服务体，公共卫生保障与监测能力不断提升

健康杭州建设继续领跑全国，入围全国新一轮健康城市试点城市。健康浙江考核实现 2018 年、2019 年两连冠和区、县（市）优秀等级满堂红。健康城市试点建设、健康中国示范区、公共政策健康影响评价、大健康体制机制改革等各项工作全面铺开。城乡居民健康水平明显提高。2020 年，杭州市城乡居民的人均预期寿命达 83.12 岁，较 2015 年的 81.85 岁提高了 1.27 岁，5 岁以下儿童死亡率从 2015 年的 3.00‰降至 2020 年的 2.78‰，孕产妇死亡率从 2015 年的 6.94/10 万降至 2020 年的 1.69/10 万。居民健康素养水平从 2015 年的 16.95% 上升到 2020 年的 38.54%。居民主要健康指标处于全国领先水平，接近或达到中高收入国家水平。

加快构建全生命周期服务体系，国家基本公共卫生服务项目绩效评价两次荣获全国第一。全面促进家庭发展，成功创建全国首批幸福家庭活动示范

市，基层医疗卫生机构国家标准达标率位列全省前列。医养护一体化家庭医生签约服务形成"杭州模式"，在全国基层卫生健康工作会议上交流经验。创新医养结合联合体机制，成为全国"智慧健康养老示范基地"。婴幼儿照护等多元普惠服务体系的杭州发展模式初步形成。加强社区慢性病综合防治，推广适宜技术，成功创建国家级慢性病示范区 8 个，实现省级示范区全覆盖。加强健康教育与健康促进，完善网络，搭建资源库，科普资源实时共享，建成健康教育基地 11 家，创建国家级健康促进县（区）2 个。

公共卫生保障能力不断提升，监测网络日益完善。传染病防治工作有序推进，杭州甲、乙类传染病发病率明显下降，由 2015 年的 244.69/10 万降至 2020 年的 163.82/10 万，传染病死亡率持续维持在低水平。进一步提升食品安全风险监测、症状监测、输入性传染病监测和早期发现系统，建立"学校症状监测系统"，有效降低大规模疫情暴发的风险。艾滋病多部门联防联控工作机制不断强化，形成"疾控机构、抗病毒治疗定点医院、社区卫生服务中心"三位一体的随访管理模式，完成第三轮国家级艾滋病综合防治示范区创建，启动第四轮全国艾滋病综合防治示范区创建。全市结核病疫情得到有效控制，报告发病率从 2015 年的 50.9/10 万下降到 2020 年的 43.8/10 万，推进学校等重点场所结核病防治和耐多药结核项目。

8.2 上海：集纳全国顶尖医疗资源，医疗科技创新发展迅速，探索污水污泥资源化利用

上海百强医院数量占全国近 20%。衡量一座城市的医疗资源水平，医院数量是最直观的维度。根据《中国卫生健康统计年鉴 2021》数据，截至 2020 年年底全国共有三甲医院 1580 家，其中上海有 32 家。放眼全国，上海的三甲医院数量高居前列。比三甲医院更进一步的是百强医院。复旦大学医院管理研究所发布的年度中国医院排行榜，是行业最权威的榜单之一。根据复旦版的《2020 年度中国医院排行榜》，上海共有百强医院 19 家，占了全国的近 20%。排名前十的医院中，上海更是独占 3 席：复旦大学附属中山医院、上海交通大学医学院附属瑞金医院和复旦大学附属华山医院。

医疗科技创新发展取得大量成就。科技创新取得丰硕成果，获 32 项国家科学技术奖、82 项中华医学科技奖、157 项上海科学技术奖，一系列研究成果被纳入国际临床指南。全市卫生健康系统新增 4 名两院院士、2 名国医大师和 22 名国家杰出青年科学基金获得者，两院院士达到 36 位、国家杰出青年科学基金获得者 96 人、入选上海市领军人才培养计划 304 名。服务科技创新中心建设，实施"腾飞计划"和第一轮临床研究三年行动计划，建设 158 个市临床重点专科，29 家市级医疗机构内设临床研究中心。建设国家儿童医学中心（上海）、国家口腔医学中心（上海），筹建国家神经疾病医学中心和国家传染病医学中心，建成 6 个国家临床医学研究中心和国家肝癌科学中心、转化医学国家重大科技基础设施（上海）。

污水治理推进老旧低标设施改造，探索污水污泥资源化利用。因地制宜选用纳管改造和就地处理设施提标的方式予以实施，距离城镇污水管网 3 千米以内的区域、饮用水水源二级保护区内居住人口大于 1000 人的自然村，优先选择纳管改造治理。根据国家"碳达峰、碳中和"要求，探索开展污水和污泥就近资源化利用。在居住分散、人口较少、非环境敏感地区，实施污水源头控制、分类分质、分散利用，优先满足生产生活资源需求，进一步降低处理能耗。在有条件的区域，处理尾水和污泥通过稳定化、无害化处理后，经检测满足国家和本市相关标准和规定的，分别用于农林灌溉和还田还林，系统推进资源循环利用。

8.3 南京：医疗服务能力和科研水平明显提升，医疗卫生保障体系突出，综合医改取得阶段性成效

全面实施"科教兴医"战略。全市共建成国家级临床重点专科 22 个、省级临床重点专科 83 个、市级临床重点专科 259 个。市直属单位均建成科研中心（专用实验室），科研专职队伍近 200 人，博士比例超过 80%。建成全市多中心临床生物样本库，持续推进全市十大临床医学中心建设。5 年累计获得国家自然科学基金项目 678 项，资助经费 2.7 亿元。鼓楼医院孙凌云团队获国家技术发明二等奖。全市共获得省科技进步奖 21 项，其中一等奖 7 项。启动

建设南京市转化医学研究院。市中医院多学科一体化诊疗创新模式在全国推广。智慧医疗水平明显提升，全市各区卫生信息平台互联互通建设均达到省级测评 4 级标准以上。全市建成"互联网医院"18 家，建成南京远程医疗会诊、临检、影像、心电、病理等五大中心。基层医疗卫生机构实现远程医疗全覆盖。南京 12320 公众健康平台注册用户超过 500 万人，总服务量超过 5000 万人次，位居全国前列。

基本公共卫生服务水平不断提高。建立健全监测预警和传染病网络直报系统，基本建成"横向到边、纵向到底"的卫生应急预案体系，血吸虫病、艾滋病、结核病等重大传染病防治成效明显。标准化儿童预防接种门诊建成率达 100%，儿童预防接种率保持在 98% 以上。全面推开医疗领域"证照分离"改革，审批事项群众满意率 100%。妇幼卫生服务体系不断完善，全市共建成 515 家社区亲子室、760 家托育机构。城乡居民基本公共卫生服务人均最低补助标准提高至 100 元，服务内容 31 项。代表江苏参加 2019 年全国基本公共卫生服务项目绩效评价考核获第一名。全市累计建立居民电子健康档案 759.26 万份。

全市公立医院综合改革成效明显，获国务院办公厅通报表扬。在全省率先开展公立医院绩效考核工作，考核结果与院长年薪挂钩。市级医院在全国三级公立医院绩效考核中成绩显著，三家医院达到 A 类等级。分级诊疗制度和考核体系不断完善，全市组建医联体 52 个，共建联合病房 97 个，涉农区全部完成医共体建设。全市设置家庭医生工作室 237 个，组建家庭医生全科团队 1002 个，重点人群签约率达 74.08%。在全省率先出台《关于改革完善医疗卫生行业综合监管制度的实施方案》，细化综合监管部门责任分工，建立较为完善的医疗卫生综合监管制度。全面构建药品集中采购新机制，抗菌药物临床应用管理核心控制指标全部达标。

8.4 武汉：医保脱贫攻坚成果突出，不合理医疗费用支出得到有力控制，基本医疗保障扩面明显

升级完善医疗救助"一站式、一票制"结算系统，全面实现精准扶贫对

象在区域内住院**"一个平台操作、一个窗口办理、费用实时结算"**。**"十三五"**期间，全市农村贫困人口住院 3.99 万人次，门诊重症 6.85 万人次，医疗总费用 34219.81 万元，报销费用 30779.17 万元，其他补偿 259.43 万元。全市 74689 名建档立卡农村贫困人口全部参加医保。全市农村建档立卡贫困人口入院就诊全部享受基本医疗保险、大病保险和医疗救助待遇，政策覆盖率达 100%。城乡低保、特困供养人员等重点救助对象，低收入困难对象、因病致贫对象和农村建档立卡贫困人口基本医疗保险、医疗救助覆盖率均达到 100%。

不合理医疗费用支出得到有力控制。严格实行医保基金总额预算管理，确定 50 个新增病种和病种支付标准，实施按病种结算的病种数达到 151 个；完善药品采购机制，推进国家组织的 112 种带量采购中选药品落地实施，组织开展 45 个品种药品集中带量采购，中选品种平均降幅 31%，年节约 8.45 亿元；对 30 个重点监控药品集中议价采购，议价成功品种平均降幅 42.7%，重点监控品种节约金额 14.61 亿元。集中开展打击欺诈骗保，**"十三五"**期间，组织对全市 6368 家定点医药机构检查实现全覆盖，对全市二级医疗机构 22.36 万份病历进行了专项审核。暂停医保结算资格 70 家，解除定点协议 11 家。调整理顺医疗服务价格，取消公立医疗机构药品和医用耗材加成，降低检查检验费用，提高医疗服务价格。

基本医疗保障扩面明显。强化参保扩面，**"十三五"**期间，武汉基本医疗保险和生育保险参保分别为 982.75 万人和 283.16 万人，分别比**"十二五"**新增 380.4 万人和 46 万人。全面开展职工基本医疗保险基金征收稽核，截至 2020 年 12 月底，全市共有 1628 家参保单位完成了限期整改，涉及参保职工 83174 人，补缴医保费 0.91 亿元。

8.5　舟山：实施健康细胞培育工程，创新成立网络医院，医疗卫生服务体系健全

不断拓展健康教育覆盖面，全面实施健康细胞培育工程。截至 2020 年，累计创建各类市级健康示范场所 277 家，营造了倡导健康文明生活方式的浓

厚氛围，居民健康素养水平达到 30.75%，超出 2015 年目标值 6.75 个百分点。2020 年年末，舟山人均期望寿命达到 80.51 岁，比 2015 年增长了 0.93 岁，比全省人均期望寿命高出 1.04 岁；孕产妇死亡率 6.74/10 万，婴幼儿死亡率从 2015 年的 2.83‰下降到 2020 年的 1.45‰，5 岁以下儿童死亡率从 2015 年的 4.16‰下降到 2020 年的 3.39‰，城乡居民主要健康指标接近或达到高收入国家水平，人民健康水平稳步提高。

创新成立"舟山群岛网络医院"，开设 8 个远程医疗服务中心。近 200 名副高级以上职称专家参与服务，年服务量超 30 万人次，年均为离岛患者节省就医支出近 3000 万元，有效破解了偏远海岛"看病难、看病贵"问题。2020 年，全市医疗机构共完成诊疗 1275.2 万人次，比 2015 年增长了 11.5%，其中，基层医疗卫生机构总诊疗人次数占比 51.28%，比 2015 年上升 1.71 个百分点；互联网诊疗服务 32281 人次，比 2018 年增长 19.1%。出院人数达到 145985 人，比 2015 年增长了 12.4%。普陀医院、舟山医院先后通过国际医院 JCI 认证。

医疗卫生服务体系逐步健全。开展舟山市高水平区域医疗联合体建设，推进"线上医联体"、区域医疗共同体、专科联盟和城市"1+X"医联体建设，发挥三级公立医院引领作用，推动优质医疗资源的纵向有序流动。实现县域医共体建设全覆盖，管理体制和运行机制逐步完善，新型县域整合型医疗卫生服务体系初步建成。截至 2021 年 1 月，舟山全市共有医疗卫生机构 718 家，实际开放床位 6281 张。基层医疗卫生机构也得到大幅提升，5 年来，新建（改扩建）基层医疗卫生机构 8 家、海岛健康小屋 20 个，6 个万人以上重点海岛可提供住院服务。

8.6 丽水：医疗制度体系更趋健全，保障水平稳步提升，三医改革持续深化

统一全市职工医保和居民医保基本政策，初步建立"政策统一、待遇统一、经办统一、信息统一、征缴统一、分担统一"市级统筹管理模式，基本医保户籍参保率超过 99%，实现基本医保从"人人享有"迈向"人人公平享

有"，积极谋划全面做实基本医保市级统筹。制定《丽水市医疗救助管理办法》，实现符合条件的困难群众资助参保率和救助政策落实率"两个百分百"，提高救助待遇水平，实现范围对象、待遇标准、基金管理、经办服务、信息系统"五个统一"，实行医疗救助"一站式"结算，切实减轻困难群众看病就医垫资负担。充分发挥政府和市场互补作用，在全国首创全民健康补充医疗保险制度（"浙丽保"），有效解决因病致贫、因病返贫难题，为完善多层次医疗保障体系提供了丽水经验。

完善医疗保障政策体系，持续扩大医保目录覆盖面，稳妥推进国家医保局的新版药品目录及谈判药品的落地实施。全力抓好慢性病医疗保障省政府民生实事工作，提高慢性病人在基层医疗机构就医报销比率，扩大慢性病的保障范围，出台慢性病长处方和外配处方管理制度，推进慢性病服务向定点药店拓展。2020 年年末，丽水市基本医疗保险政策范围内报销比率，职工医保达到 87.68%，居民医保为 75.57%；门诊慢特病报销比率，职工医保为 86.55%，居民医保是 73.83%。

稳步推进医保支付方式改革、医疗服务价格改革和药品耗材集中采购改革。推进总额预算下的复合型支付方式改革，完善城乡居民在不同等级医疗机构的差异化医保待遇。制定 DRGs 点数法付费结算细则，对住院医疗费用和住院医疗机构实行两个"全覆盖"，开展 DRG 改革综合评价工作；开展门诊医疗费用按人头付费改革，结合家庭医师签约制度，及时出台门诊按人头付费细则，在全市统一开展总额预算下的门诊按人头付费管理。所有公立医疗机构医用耗材实行"零差率"销售。

8.7　宁波：推进医疗建设项目，医药卫生体制综合改革成效显著，数字健康保障体系建设成效显著

推进市中医院扩建项目等 10 个市级重大建设项目，卫生健康资源供给不断增加。2022 年，全市每千人床位数、执业（助理）医师数和注册护士数分别达到 7.5 张、5.8 人和 6.1 人，比"十二五"期末增长了 12.5%、21.1% 和 28.3%。积极推进市级医疗卫生品牌学科建设，构建市级三甲医院"一院一

品"新模式，获批 16 个省级区域专病中心，新增 5 个省市共建重点学科，3 家市级医院在 2019 年度全国三级公立医院绩效考核中获"A+"等级，跻身全国百强，7 家医院获"A"等级。2020 年全省三级医院 DRGs 绩效评价的 68 个重点检测病种有 65 个病种进入全省前十位，43 个病种进入前五位，22 个病种进入前三位。全国、省百强示范社区卫生服务中心和百佳群众满意乡镇卫生院创建成效显著，医疗服务品质和服务水平明显提升。

医药卫生体制综合改革成效显著。2015—2020 年，在全国率先建立影像中心等区域医疗资源共享平台，在全省率先启动公立医院医疗服务价格调整，构建了医疗纠纷"宁波解法"、耗材采购"宁波规则"、家庭医生"宁波做法"、智慧健康"宁波标准"等一系列具有宁波特色的创新举措，获评全国 40 个公立医院综合改革成效明显城市之一、全国首批公立医院改革示范城市。

数字健康保障体系建设成效显著。建成全市健康医疗大数据平台、医疗机构综合监管服务平台和区域云影像平台，全民健康信息平台通过国家互联互通成熟度五级乙等测评，10 家三级医院通过国家医院信息化互联互通标准化成熟度四级以上测评，其中，鄞州二院通过 HIMSS 门诊七级评审，成为全国第四家、省内首家 HIMSS"双七级"医院。"最多跑一次"改革实现率和满意率居市级重点部门前列，市级医院多项监测指标居全省三甲医院前列。在全国率先提出以"政府主导、O2O 服务模式、区域化布局"为特色的宁波云医院，成为我国"互联网+医疗健康"的主流模式之一，获全球信息化领域的最高级别奖项——"2017 年信息社会世界峰会（WSIS）奖"e-health（电子卫生）类别大奖等多项奖励。

8.8 绍兴：医疗卫生服务和创新能力提升，体制改革与健康绍兴建设并行，加强传统中医药发展

医疗卫生服务不断优化，卫生健康科技创新实力持续增强。2015—2020 年，全市共完成重点医疗卫生项目 46 个，优质医疗卫生资源得到有效扩充，资源配置进一步优化。到 2020 年年底，全市每千人执业（助理）医师数、千人注册护士数、千人医疗卫生机构床位数分别达到 3.38 人、3.26 人和 6.07

张，分别比"十二五"末增长 30%、28.9% 和 28.9%。全市建成跨区域专科联盟 3 个、浙东区域专病中心 5 个、名医专家工作室 188 个，市域竞争力全面提升，居民对社区卫生服务的满意度达到 90% 以上。市级及以上医药卫生科技计划项目 696 项，医药卫生科学技术奖 141 项，科技立项比"十二五"增长 49.3%。新建省级重点学科 8 个，省市共建学科 5 个，浙江省县级医学龙头学科 7 个。全市新入选省"151"人才工程 7 名，省医坛新秀 26 名。

医药卫生体制改革统筹推进，健康绍兴建设全面实施。推进实施"三医联动""六医统筹"，公立医院综合改革攻坚实现破冰，改革效应显著，全市公立医院医疗收入有序增加，药品费用占比显著下降，医疗服务收入占比提高到 34.43%。县域医共体建设全面推进，全市共组建 12 个医共体，覆盖 1311 家基层医疗卫生机构。基本建立"基层首诊、双向转诊、急慢分治、上下联动"的分级诊疗体系，诊疗秩序更加合理，县域就诊率达到 89.72%，基层就诊率达到 63.35%。健康绍兴建设大格局基本形成，印发《"健康绍兴"2030 实施计划》，建立健全上下协同的组织架构、规范长效的工作机制和覆盖全局的考核体系。2020 年开展首轮健康监测评价，积极探索公共政策健康影响评价工作，推动将健康融入所有政策。全面开展新时期爱国卫生运动，实现国家卫生城市、省级卫生乡镇全覆盖。健康浙江考核连续两年获全优。

中医药事业蓬勃发展。2015—2020 年，新建成省市级中医重点学科（专科、专病）27 个，拥有国家、省级传承工作室、传承基地 13 个。全市乡镇卫生院、社区卫生中心（站）实现中医服务全覆盖。越医文化建设不断加强，11 个传统中医药项目列入省市非物质文化遗产名录，1 个列入第五批国家非遗名录公示名单，建有中医博物馆和具有中医药文化陈列室等宣教功能窗口单位 469 家。成功通过全国基层中医药先进单位复审。

8.9 衢州：医疗体制改革深化，智慧数字医疗网络建设成效明显，医养结合全面启动

医药卫生体制改革持续深化，医疗卫生服务能力不断提升。衢州成为第四批城市公立医院改革国家联系试点和城市医联体建设国家试点。"三医联

动""六医统筹"改革不断深化，分级诊疗制度基本确立，医联体、医共体蓬勃发展，"双下沉、两提升"扎实推进。全面实现从"院长负责制"到"党委领导下的院长负责制"的成功转型，全方位实行医疗卫生服务领域"最多跑一次"改革，全面加强医疗机构综合监管，全面改革公立医疗机构药品采购办法。人民群众看病更方便，就医负担逐步减轻。加快优质医疗资源扩容，市中医医院扩建、市妇保院迁建、市康复医疗中心建设等一批项目相继建成并投入使用，四省边际中心医院加快建设，创成省市共建学科 5 个、省重点中医学（专）科 7 个。中医药传承创新发展，"杨继洲针灸"传承人金瑛入选国家非遗传承人，雷氏医学成功申遗，中医药治未病得到社会广泛认可。

智慧数字医疗建设明显进步。全民健康信息平台在全省第三个通过国家区域互联互通四级甲等（地市级）测评，在全省率先上线区域型健康码智能核验系统，全面应用传染病、慢性病智能直报系统，全市 31 家市县级医院上线"健康医保卡"，未来医院项目列入省政府数字化转型创新示范项目和省多业务协同应用暨观星台项目，衢江区和开化县列入省数字医共体创建示范县，"互联网+卫生监管"非现场执法新模式在全省推广应用。

医养结合全面启动，居民健康水平明显提升。2020 年，全市人均预期寿命 80.18 岁，较 2015 年提高 1.1 岁；孕产妇死亡率为 0，5 岁以下儿童死亡率 3.4‰。居民健康素养水平 33.40%，主要健康指标基本保持全省平均水平。医养结合全面启动，人口发展质量不断提高，全面两孩生育政策有序实施，在全省率先打造全周期生育健康服务链。加强慢病管理，主要慢病社区规范管理率达到 70% 以上。

8.10 温州：社会力量办医蓬勃发展，整合型医疗与区域康养建设两手抓，医疗资料持续增加

社会力量办医蓬勃发展。制定出台社会办医 20 条新政，培育打造温州康宁医院、温州和平国际医院、南塘中医药特色街区等多个全国领先的社会办医特色示范项目，实现中外合资办医项目零的突破，特色化、规模化、连锁化、多样化的社会办医新格局正在加速形成。

整合型医疗卫生服务体系初步建立，区域医疗康养中心城市建设成效显著。"双下沉、两提升"实现省市级优质医疗资源下沉县域全覆盖，在全省率先建成19个县域医共体，率先出台基层医疗卫生高质量发展三年行动计划，启动5个城市医联体建设，80%以上建制乡镇卫生院（社区卫生服务中心）配置巡回医疗车，基层就诊率达到65%以上，分级诊疗格局初步形成。市属3家医院成为上海大学附属医院，中国科学院大学附属肿瘤医院（浙江省肿瘤医院）全面托管温州市肿瘤医院；全市建成国家重点专科3个，省级重点学科41个，省级区域专病中心6个；在"眼健康、一次性使用无菌医疗器械、中药、医疗服务"四大领域形成了特色化发展优势，中国眼谷、基因药谷、国科大温州研究院投入使用，上海大学温州研究院落地建设，生命健康产业总营收近980亿元。

健康温州建设格局基本形成，医疗卫生资源持续增加。2015—2020年启动实施健康温州28个专项行动，全省率先实施"五五健康工程"建设；深入开展爱国卫生运动，国家级卫生乡镇达58个，完成国家级卫生县城全覆盖目标；创成2个国家级慢性病综合防控示范区，11个县（市、区）全部创成省级慢病管理示范地。主城区建成温医大附二医瓯江口院区、龙湾院区，温医大附属口腔医院龙湾总院、市人民医院娄桥院区、市第七人民医院潘桥院区、市中医院二期、市康复医院等医疗机构，全面建成"15分钟医疗服务圈"；主城区外围建成苍南县人民医院、平阳县人民医院等综合医院11家，中医（中西医结合）医院6家，专科医院5家，急救机构8家；医疗机构数、卫生技术人员数大幅增加，从2015年的5567家、5.68万人，分别增加到2020年的5802家、7.41万人，医疗服务公平性可及性明显提升。

附录3 专题报告：长江经济带城市水资源保护

1 上游城市水资源保护典型案例研究——宜宾

宜宾素有"长江首城·中国酒都·中华竹都"的美誉，是南丝绸之路起点、"一带一路"和长江经济带战略交汇点，全市辖 3 区 7 县、面积 13283 平方千米、人口 556 万人，地形概貌为"七山一水两分田"，有 2200 多年建城史、3000 多年种茶史、4000 多年酿酒史，是国家历史文化名城、全国文明城市、国家卫生城市、中国优秀旅游城市。[①] 按照习近平总书记提出的长江经济带"共抓大保护，不搞大开发"的指示精神，宜宾系统谋划、整体推进、持之以恒，大力实施"长江生态综合治理"项目，筑牢长江上游绿色生态屏障。以统筹沿长江生态修复、老工业企业搬迁、棚户区改造、污染治理等工作，融合生态效益、经济效益、社会效益，努力走出长江生态首城发展的新路。

宜宾在历史发展过程中，沿江形成了化工、热电、水泥、造纸等老工业企业，对长江生态环境造成较大压力。为守护一片绿水青山，筑牢长江上游生态屏障，宜宾大力实施了"长江生态综合治理"项目，全力推动沿长江砂石场、码头、趸船以及污水和垃圾治理，大力实施沿线棚户区改造、老旧企事业单位搬迁、渔民转产转业，进行消落带生态修复、生态岸线恢复，实现长江沿线产业转型、景观升级、生态优化。该项目跨域宜宾翠屏区、南溪区、临港经开区、江安县、长宁县等 5 个县（区），全长约 192 千米，2013 年启动，2014 年开工建设，截至 2022 年 8 月 5 日已累计完成投资 74 亿元，一期

[①] 摘自四川省人民政府相关报道。

工程全线贯通、景观工程初步呈现效果，翠屏区起步广场至南溪段 46 千米全面贯通，累计完成 53 千米。"长江生态综合治理"项目成效先后 5 次在中央电视台播报。

1.1 宜宾水污染治理存在的问题

第一，生态环保责任需进一步加强。一是个别单位干部思想认识还不够到位。极个别单位对"三管三必须"的认识还不到位，主观努力不够，工作敷衍塞责；少数干部生态优先、绿色发展理念还未做到入脑入心，没有严格将环境质量"只能更好、不能变坏"作为刚性红线，工作抓得不紧、抓得不牢，缺乏主动性、系统性。二是部分企业主体责任意识淡薄。部分企业存在重经济效益、轻环境保护的倾向，污染治理投入不足，治污设施建设滞后，提标改造不及时；少数企业污染防治设施超负荷运行或运行不正常；企业环境违法行为时有发生。

第二，生态环保督察问题整改需进一步加强。一是部分问题整改需进一步加快。宜宾市中央、省级生态环境保护督察及"回头看"和长江经济带生态环境问题已按期完成整改 1347 项，剩余 8 项未整改完成。其中，江安县小石盘渡口已于 2021 年 10 月取缔拆除。二是举一反三排查整治力度有待加强。有关区县和行业主管部门对辖区内、行业（系统）内关联性、衍生性生态环境问题排查整治仍然不够持续、深入、彻底，扬尘污染控制不到位等问题反复出现。

第三，能源结构转型需进一步加强。一是节能目标完成压力较大。"十三五"期间，宜宾单位 GDP 能耗下降率为 17.82%，超额完成下降 16% 的目标任务，能耗水平已低于全国，与全省持平，但进一步下降空间有限，要完成"十四五"目标任务难度较大。二是新增能源消费仍有较大需求。"十四五"是宜宾"如期建成全省经济副中心，加快创建成渝地区双城经济圈科教副中心"的关键时期，宜宾将有一大批推动社会经济高质量发展的重大产业项目陆续建成投产，动力电池、纺织加工等产业新增能耗大，节能降碳压力大。

第四，水污染防治需进一步加强。一是个别考核断面水质不稳定。"十四五"以来，宜宾国控、省控考核断面由 5 个增加至 22 个，2022 年 1—6 月水质优良率达到 100%，其中Ⅰ类、Ⅱ类水质比例达 72.73%。2021 年 4 月，蔡家渡口国控考核断面石油类指标浓度为 0.06 毫克每升，未达到Ⅲ类水质标准。二是凤凰溪黑臭水体整治成效不够稳定。凤凰溪黑臭水体通过实施"七清七改"和"一测三治"工程，已完成整改销号，但受上游施工工地废水等影响，个别水质指标极易出现反弹。三是地下水污染防治基础性工作差距大。地下水污染状况调查评估刚起步，地下水污染防治能力建设不足，截至 2020 年年底，全市地下水监测井仅有 9 口，仅实施 1 个地下水污染整治项目（兴文县垃圾填埋场地下水污染防治项目）。

第五，环保基础设施建设需进一步加强。宜宾中心城区、县城、建制镇 2020 年度污水处理率分别达到 97.65%、93.2%、69%，全市 61% 的行政村农村生活污水有效治理，但仍存在以下问题。一是城市生活污水处理厂进水生化需氧量（BOD）浓度低。由于老城区雨污分流改造难度大、新区雨污分流不彻底，存在管网破损、漏损、混接和污水散排、混排等问题，导致部分城市生活污水处理厂进水 BOD 浓度偏低。汛期时，部分生活污水处理厂容易出现污水溢流现象。2020 年，中心城区城市生活污水处理厂进水平均 BOD 浓度为 75.2 毫克每升，低于全省平均值。二是部分乡镇污水处理厂管网建设滞后，管理运营不规范。截至 2022 年 8 月，建成投运城镇（城市、县城和建制镇）污水处理厂（站）114 座，设计污水处理能力 60.06 万吨/日，由于老城区建设时间长，雨污混流、排水管网错接、混接、破损等问题较为严重，导致中心城区污水处理厂进水浓度和污水集中收集率偏低。三是农村污水处理设施建设差距较大。部分已建成的农村生活污水处理设施运行经费、技术服务难以保障，影响农村生活污水处理设施正常运行。

第六，环境风险防范需进一步加强。一是沿江沿河环境风险防控任务艰巨。全市辖区内有 5 个涉及化工产业的工业园区，规模以上化工企业 31 家，因历史原因，多数分布在江河沿线，环境安全风险高，防控压力大。二是企业风险防范处置能力不足。部分企业在落实突发环境事件风险评估、应急物资储备、应急设施建设、隐患排查整治和应急措施等方面主动性不强，常态化环境风险防范措施有待加强。三是环境应急管理基础仍然比较薄弱。市县两级均无独立环境应急管理机构，专业技术人员、应急装备、应急物资、应急车辆不足，环境风险防范能力建设差距大。

1.2 目前推出的水资源保护政策

第一，优先保障饮用水水质安全。

完善各级水源地规范化建设。巩固县级及以上城市集中式饮用水水源保护与治理成果，加强城镇集中式和农村分散式饮用水水源保护。着力开展观音镇猴朝村、横江镇米库村、柳嘉镇学习村、泥溪镇嘉定社区、安边镇火焰村、樟海镇塘坝村、凤仪乡凤仪村等乡镇集中式饮用水水源地水质不达标问题专项整治行动，筑牢群众饮水安全第一道防线。结合农村生活污水治理、农村面源污染综合整治，优先开展水源地保护区内农户生活污水处理设施建设和退耕还林，实施水源涵养林建设，确保集中式饮用水水源地的水质持续达标。到2025年，乡镇及以上集中式饮用水水源水质达标率不低于95%。

补齐县级应急备用水源短板。按照"先挖潜、再新建"的思路，统筹考虑本地水与外调水、地下水与地表水，加快推进屏山县、长宁县、珙县、江安县、兴文县县城备用水水源地建设，合理确定应急备用水源格局，增强城市应急供水能力。科学论证应急备用水源类型、水源标准和规模，加快开展应急备用水源地保护区的划定，并与生态保护红线相衔接。强化应急备用水源保护、规范化建设、水质水量监测、应急预案演练等，确保城市水源安全。2025年，宜宾所有县（区）均建成规模适宜、水源可靠、水质达标、布局合理的应急备用水源体系，城市应急供水保障能力明显提高。

完善水源地名录及水质监管指标。加强水源水、出厂水、管网水、末梢水的全过程管理，建立健全水源地环境档案制度及保护区名录，定期开展饮用水水源地环境状况调查评估。推进地表水型水源地预警监控能力建设，建立风险源名录，制定应急预案，定期开展应急演练。推动乡镇集中式饮用水水源环境监测网络建设，定期开展水质常规监测，探索开展水源地新污染物调查研究。加强对惠泽水库、双河水库、金鱼洞水库、滩子口水库等重要湖库型饮用水水源地富营养化监测评价，建立健全饮用水水源地日常监管制度，完善饮用水水源地环境保护协调联动机制，切实提高水源地环境安全保障水平。

第二，持续推行水污染防治。

推动工业废水稳定达标排放。严格落实农副产品加工、食品饮料、化工、印染和造纸等产业准入要求，水环境质量未达标地区严格控制工业废水污染物排放量。鼓励白酒、啤酒企业与下游污水处理厂共同探索废水处理模式，约定水污染物排放浓度限值，实现废水中碳源的资源化利用。兴文县工业园区、高县福溪工业园区、高县庆符工业园区等污水处理厂尽快投入运行，鼓励已建成但废水进水量小的处理设施因地制宜处理生活污水，提升园区处理设施运行效率。推动双谊污水处理厂、长江工业园区西南污水处理厂二期、长江工业园区中部污水处理厂等项目加快实施，完成珙县工业园区电镀废水处理设施建设。建立工业园区水污染治理档案，形成"一园一档"，逐步建立企业生产环节与治污环节全过程在线监管系统，实现数据动态更新与信息化管理。

补齐城镇生活污水处理设施建设短板。结合城市更新行动、老旧小区和市政道路改造，开展城镇污水处理厂配套污水管网建设和管网结构性、功能性问题整治，科学制订城镇排水病害管网改造修复计划，推广"厂网一体"治污新模式，逐步完成合流制排水系统雨污分流改造，提升污水收集效能。加快天柏污水处理厂三期、屏山县经开区生活污水处理厂、珙县城市污水处理厂二期等项目建设。到2025年，生活污水收集效能明显提升，基本实现城市污水"零直排"，中心城区城市生活污水处理厂进水生化需氧量浓度平均达105毫克每升，县城生活污水处理厂进水化学需氧量浓度平均达120毫克每升。巩固地级城市建成区黑臭水体治理成效，开展县级城市建成区内黑臭水体排查并制定整治方案。到2025年，县级城市建成区基本消除黑臭水体。

科学推进农业农村污水治理。深入开展农村厕所、垃圾、污水"三大革命"，持续建设美丽宜居乡村。开展典型地区农村生活污水治理试点，探索推进符合地方实际、低成本的农村生活污水治理模式。根据区域位置、人口聚集度选用分户处理、村组处理和纳入城镇污水管网等收集处理方式，推广工程和生态相结合的模块化工艺技术，推动农村生活污水就近就地资源化利用。科学布局畜禽养殖，以土地消纳粪污能力确定养殖规模，促进养殖规模与资源环境相匹配，科学合理划定禁养区。优化水产养殖空间布局，推进水产生态健康养殖，积极发展大水面生态养殖、工厂化循环水养殖、池塘工程化循环水养殖、连片池塘尾水集中处理等健康养殖方式，推进稻渔综合种养等生态循环农业模式，实现养殖尾水达标排放。大力实施池塘标准化改造，完善循环水和进排水处理设施，鼓励养殖尾水资源化利用。到 2025 年，85% 的行政村农村生活污水得到有效治理，全市农村人居环境质量明显提升。畜禽粪污综合利用率达到 80% 以上，规模养殖场粪污处理设施设备配套率达到 95% 以上。

强化生活源污染综合整治。对城镇污水处理设施建设发展进行填平补齐、升级改造，完善配套管网，提升污水收集处理能力。合理确定污水排放标准，"9+3" 重点湖库、风景名胜区等生态敏感区和环境质量超标地区执行一级 A 排放标准，岷江流域新建城镇污水处理厂执行《四川省岷江、沱江流域水污染物排放标准》，原有污水处理设施尽快按照该标准进行升级改造。安装在线监测装置（包括总磷），加强运行监管，建立信息管理平台。加大雨污合流、清污混流管网改造力度，优先推进城中村、老旧城区和城乡接合部污水截流、收集、纳管。强化农村生活污染源排放控制，采取城镇管网延伸、集中处理和分散处理等多种形式，加快农村生活污水治理和改厕。促进再生水利用，完善再生水利用设施。注重污水处理厂污泥安全处理处置，杜绝二次污染。加强生活垃圾回收处理设施建设，强化对生活垃圾分类、收运、处理的管理和督导。全面推进农村垃圾治理，普遍建立村庄保洁制度，推广垃圾分类和就近资源化利用，全面整治非正规垃圾填埋场。2020 年，全市所有县城和重点镇具备污水处理能力，城市建成区污水基本实现全收集、全处理，90% 以上行政村的生活垃圾得到处理。加大民用散煤清洁化治理力度，推进以电代煤、以气代煤，推广使用洁净煤、先进民用炉具，加强民用散煤管理。加快治理公共机构食堂、餐饮服务企业油烟污染，推进餐厨废弃物资源化利用。

家具、印刷、汽车维修等政府定点招标采购企业要使用低挥发性原辅材料。严格执行有机溶剂产品有害物质限量标准，推进建筑装饰、汽修、干洗、餐饮等行业挥发性有机物治理。

第三，科学保障河湖生态用水。

强化用水强度约束。加强用水效率控制红线管理，健全省、市、县三级行政区域用水强度控制指标体系，将最严格的水资源管理制度作为水资源节约保护的长久性战略和群众生活、生产用水安全的根本性保证，严格落实用水总量、用水效率、限制纳污"三条红线"。强化用水定额管理，加快推进各领域、行业节水技术改造，提高水资源循环利用水平，抑制不合理用水需求，全面推进节水型社会建设。"十四五"期间，万元国内生产总值用水量、万元工业增加值用水量逐年持续下降。

科学合理调配水资源。以向家坝灌区工程为轴心提升水资源保障能力，加快推进向家坝灌区北总干渠一期工程建设，积极配合推进北总干渠二期及南总干渠、长征渠引水工程宜宾段等重大水利工程建设，建成东山水库、王家沟水库、仁和水库等中小型水库及渠系，完善水资源科学调配体系。推进水资源循环利用，因地制宜适时启动城市污水处理厂中水回用于市政环卫、景观园林、公园绿地、生态补水等领域的处理设施、输配管网建设。

保障河湖生态流量。以保障生态流量为根本出发点，在重点排污口下游、河流入湖（库）口、支流入干流处等关键节点因地制宜建设人工湿地水质净化工程，提升污水处理厂达标排放尾水和微污染河水水质，推进再生水生态利用。以南广河、长宁河流域等为重点，加大沿线小水电站监管力度，保障河流枯水期生态流量。编制重点河湖生态流量保障实施方案，强化生态流量泄放监控能力建设，推进重点河湖生态流量调度与监管。到2025年，"三江九河"生态流量得到有力保障。

加快转变高耗水发展方式。科学合理调整各地区经济布局与产业结构，持续降低高耗水行业比重，加强白酒、造纸行业基准排水量监管。开展高标准农田建设，完善农田设施建设推进工程节水，推广先进的农耕农艺节水技术、高效节水灌溉技术、水肥一体化技术，鼓励采用"渠道输水、提灌提水、管道压水"等精准节水方式，提高水资源利用系数。到 2025 年，宜宾规模以上竹浆造纸、白酒制造企业基准排水量达到清洁生产标准中一级标准要求，农田灌溉水有效利用系数提高到 0.53 以上。

第四，积极开展水生态修复。

修复重点河湖水生态环境。实施人民公园、流杯池公园、天池公园等城市景观水体水质提升工程，通过底泥生态疏浚、岸坡生态修复、滨水滩涂湿地植被群落改善等措施，切实改善群众"身边水"。继续实施江北公园丞相祠至南溪新城长江生态综合治理项目，长宁县淯江河、东山湖、双河东西溪沿河生态修复工程，龙滩河、起凤溪等小流域水生态修复。降低油房坳水库（现金秋湖）、马尔岩水库、郝家村水库、金鱼洞水库、漂水岩水库等富营养化程度。

实施生态缓冲带保护和建设。推进长江岸线生态修复，依据河湖两岸物理特性、水文情势、周边土地利用情况和缓冲带功能，推进"三江九河"干流、重要支流和重点湖库周边生态缓冲带划定，确定建设河湖生态缓冲带清单，明确河湖生态缓冲带、水生植被等规模化生态保护恢复任务。严格生态缓冲带管理，强化岸线用途管制和节约集约利用，最大限度保持岸线自然形态。进一步加强保护区内河岸的整治、基底的修复，种植适宜的水生、陆生植物，构成绿化隔离带，改善水质、维护良性生态系统。水体岸边缓冲带的植物选取，应遵循当地生长适宜性强、污染物净化能力较强以及周围环境的协调性好等原则。加强生态保护带内廊道植被的清理工作，避免二次污染。

推进湖库水源周边隔离工程。在水库型水源周边种植多样化植被，设置隔离带，建立生态屏障，减轻农田径流等对湖库水体的污染，减轻水休的冲刷影响。减少湖库周围的水土流失，保障饮用水水源的生态环境与水质。

加强湖库内生态修复。由于水库型水源自净功能较河流型水源弱，其生态环境质量对水质影响极为显著。对于生态系统遭受破坏、水污染、富营养化较重的湖库，应种植适宜的水生植物、放养合适的水生动物，形成完整的食物链，完善湖库内生态系统结构。

开展水生态安全调查与评估。推动实施重点河流水生态安全调查与评估，开展资料收集、遥感解译、现场勘察、样品采集、分析测试等调查研究，分析人类活动对水生态安全的影响，掌握各流域水生态系统健康状况及生态服务功能，提出相应的水生态安全保障措施。

1.3 加快建成长江生态第一城、筑牢长江上游生态屏障的具体举措

以"生态空间山清水秀、生活空间舒适宜居、生产空间集约高效"为发展方向，坚持尊重自然、顺应自然、保护自然的原则，着力优化生态安全格局，坚持生态优先、绿色发展，加快促进经济社会发展全面绿色转型，建设人与自然和谐共生的现代化宜宾。

第一，构建生态保护空间格局。以"三江干流"为核心、"九河支流"为骨干，以森林、湿地、河流、山地生态系统为重点，着力构建"一廊四屏"生态安全总体格局。科学规范、优化整合各类自然保护地，健全以自然保护区为基础、自然公园为补充的自然保护地体系。

第二，持续加强生态环境保护与修复。科学规划城镇绿地系统，打造"六山"保护提升工程。全面提升森林资源保护水平，加强森林抚育经营和低效林改造。加快低产低效竹林复壮改造，强化现有竹林资源保护，加强珍稀竹种资源保护，建设"宜长兴"百里竹文化山水田园展示带。大力实施水土流失和石漠化治理，统筹谋划页岩气开采生态修复。统筹推进沿江沿河沿路生态林带建设，协同开展"两岸青山·千里林带"工程，打造长江上游绿色生态廊道。

第三，大力发展绿色产业。进一步提升发展智能终端、轨道交通、新能源汽车、新材料等新兴产业，特别是把四川时代项目作为践行新发展理念、服务国家碳达峰碳中和战略的重大举措，全面落实与宁德时代签署的全方位深化合作协议，共建宁德时代西南总部、新产品研发中心、培训中心、新能源学院等，打造全球最大动力电池生产基地，预计全部建成投产后可实现产值 3000 亿元、吸引上下游核心配套企业 50 家以上，形成较为完整的动力电池产业链生态。

第四，提升生物多样性保护水平。严格执行长江流域重点水域禁捕政策，

加大长江宜宾段珍稀特有鱼类及沿岸濒危野生动植物保护和拯救力度。开展外来入侵物种普查、监测与生态影响评价，严控有害外来物种入侵。全面推行林长制，建设动物和林业有害生物疫情灾害防控体系。

第五，探索生态价值转化途径。促进特色优势农林生态产品价值转化。发挥蜀南竹海、兴文石海、五粮液文化园区、李庄古镇四大核心景区带动效应，健全现代文化旅游产业体系，构建"一品两海三带四核五重"生态文旅发展新格局。培育发展中心城区周边农村田园生态康养新模式，推动森林康养生态价值转化。

第六，完善生态文明领域统筹协调机制。积极争取国家和省级生态保护补偿资金对长江上游生态屏障建设的支持，探索设立长江流域生态保护补偿基金，完善生态保护补偿机制，推进排污权、用能权、用水权、碳排放权市场化交易。健全绿色金融体系，通过专业化绿色担保机制、设立绿色发展基金等方式鼓励引导更多社会资本投入绿色产业。

1.4 宜宾长江生态综合治理具体举措

第一，统筹产业布局，促进转型升级。一是搬离工业企业。为筑牢长江上游生态屏障，近年来宜宾结合"长江生态综合治理"项目实施，陆续对天原化工厂、八九九厂、长江包装公司、宜宾发电厂等沿线近百家企事业单位进行了搬迁，实现了老工业企业"退城入园"，为长江经济带发展"腾笼换鸟"。二是引进新兴产业。在老工业企业搬迁后，坚持"产学研港城"融合发展的思路，大力培育发展轨道交通、智能终端、新能源汽车等八大高端成长型产业，促进企业转型升级，为城市发展提供了新的动能。三是培育产业集群。推动形成集研发中心、生产基地、综合服务区和生活配套区为一体的产业发展集群园区，特别是引进中兴、朵唯、苏格、领歌等智能终端产业项目140余个，着力形成绿色发展、低碳发展的智能终端产业集群。

第二，统筹污染治理，促进环境提升。一是开展砂石场治理。对长江干流（宜宾段）全面实施砂石禁采，取缔采砂和堆砂场18个，并进行生态复绿工作。二是开展非法码头治理。全力推进非法码头取缔和规范整改工作，完成 19 个非法码头取缔，拆除后同步推进复绿工作，恢复自然岸坡。三是开展排污口治理。对长江干流河段入河排污口进行全面排查和整治，对长江沿岸环境进行综合治理，对沿江棚户区、老厂区等进行拆迁改造，安设截污管道，清理疏浚河道，共完成沿江保护区范围企业污水排放整治 170 家，居民生活污水排放整治 3014 户。四是开展垃圾治理。宜宾市委、市人民政府出台了《深化城乡环境综合治理工作的意见》，全面开展垃圾治理。建成宜宾市垃圾发电厂，正在推进宜宾资源循环利用产业园项目建设。建立了科学、规范垃圾收运体系，沿长江区（县）垃圾全部进入市生活垃圾发电厂进行无害化处理。

第三，统筹景观打造，促进生态修复。一是注入文化元素。项目秉承生态和以人为本的原则，以依山傍水的优美自然景观为基础，以悠远的历史文化为依托，对涉江区域进行改造，整治沿江周边环境，把沿江建设成以文化为主题的生态绿道。如宜宾长江公园段项目，就是以长江文化为载体，突出"水"的运用，通过打造水舞声光秀，让景观和文化"动起来"，更好地展示宜宾的长江文化、酒文化、茶文化、竹文化等文化传承。二是突出生态自然。在项目的设计、建设过程中，一直坚持"三原三不"理念（原生态、原文化、原地貌、不开山、不填沟、不伐树）进行建设。一方面利用长江水系结合海绵城市的建设要求实施区域内的景观、湿地、休闲空间进行打造，构筑一个绿意盎然的景观空间，营造规模宏大、别具一格的沿江生态休闲湿地区域；另一方面主要突出生态修复，利用并创造动植物优质的生态环境，吸引大量的野生飞禽在区域内栖息。项目实施中，对于临水的构筑物，尽量就地取材，借鉴都江堰李冰治水的传统方式，采用格宾挡墙、格宾笼子、雷诺护垫，极少使用混凝土，最大限度减少了对原有生态环境的影响。极大改善城市长江岸线的生态环境，拓展了城市湿地绿化生态休闲空间，提升了城市品质。三是实现便民惠民。目前已建设了可供市民游憩、亲水、骑行、休闲的生态绿道，还建设了足球场、篮球场、网球场等运动场，为市民提供了游憩空间和设施，构建起群众亲水空间，长江干线生态环境不断改善。

在长江生态综合治理项目中，宜宾不但统筹推进了沿长江生态修复、老工业企业搬迁、棚户区改造、污染治理等工作，而且还扎实抓好了棚户区改造工程。截至 2019 年 4 月，已完成长江生态综合治理项目涉及的 3.5 万户棚改拆迁和改造，新增沿江绿地约 215 公顷。在人流集中的中心区建成了生态宜人的长江公园，公园日均接待市民 1 万人以上，高峰期近 10 万人，市民幸福指数不断提升。通过推进项目建设，宜宾找到了水污染防治、水生态修复、水资源保护这一条"三水共治"的新路子，实现了固住流沙和卵石 8 万平方米，保护沿途的水土流失面积 10 万平方米的目标，切实构筑起长江上游重要生态屏障。同时，正确把握了生态环境保护和经济发展关系，通过科学布局产业体系，实现了"富了一方百姓腰包，也绿了一片山水"。

1.5 宜宾目前水资源保护工作情况总结

宜宾坚决走生态优先绿色发展之路，全力推动经济社会高质量发展。全面贯彻新发展理念特别是绿色发展理念，厚植绿色发展优势，激发绿色发展动能，奋力绘就山水人城和谐相融的新画卷，推动"长江首城"高质量发展。市委、市政府坚持以习近平生态文明思想为指导，认真践行"绿水青山就是金山银山"理念，始终把生态文明建设和生态环境保护工作摆在事关全局的突出位置来抓。认真贯彻落实党中央、国务院和省委、省政府各项决策部署，坚决扛起筑牢长江上游生态屏障的政治责任，成立以市委书记、市长为主任的生态环境保护委员会，确立了"加快建成长江生态第一城"等目标任务。市委书记、市长坚持定期听取工作汇报并研究解决重大问题，截至 2020 年，召开 82 次市委常委会、52 次市政府常务会、200 余次专题会研究部署生态文明建设和生态环境保护工作，深入一线检查指导生态环境保护工作 50 余次，作出指示批示 340 余次，形成了市委市政府高位推动、区县和部门协同联动、齐抓共管的生态环境保护工作大格局。

全力打好碧水保卫战。全面落实河（湖）长制，优化设立各级河长 2028 名，实现市、县、乡、村四级河长体系全覆盖。加强水污染防治，投资 52.8 亿元，完成 36 个城乡垃圾项目、34 个城镇污水处理项目、30 个工业园区（集中区）污水处理设施项目建设，城区、县城污水处理率分别达到 97.65%、93.2%；投入 21.42 亿元，完成 2 个中心城区、9 个县城、"千吨万人"乡镇

32 个饮用水水源地规范整治，守好百姓"大水缸"。提前 5 个月完成长江流域渔船退捕任务，渔民转产就业率、参保率实现 100%。2020 年，全市 5 个国控、省控断面均达到 II 类及以上水质标准，水质优良率 100%，其中 4 个断面水质较 2015 年年底提升 1 个类别以上。

筑牢生态屏障。全面推进"三江六岸"生态治理，长江生态综合治理项目完成投资 74 亿元，建成高标准生态廊道 80 千米，生态治理成效受到央视多次公开报道。关闭、淘汰非法码头 33 个，退出占用长江岸线 8360 米。开展美丽乡村植竹造林、美丽城镇竹林景观打造、宜长兴"百里翠竹风景线"示范等大规模绿化行动，截至 2020 年，累计建成"美丽四川·宜居乡村"达标村 1236 个，"美丽宜宾·宜居乡村"达标村 1571 个，全市森林覆盖率达 49.9%，森林蓄积 2465 万立方米。

2 下游城市水资源保护典型案例研究——黄山

生态补偿是解决环境保护与经济发展之间矛盾的措施之一，其通过各种经济手段（如提供资金、就业岗位等）对环境保护地区进行补偿。作为全国首个跨省流域生态补偿机制试点，新安江—千岛湖流域采用从源头控制污染的模式，使流域的水质日益趋好，是全国跨流域生态补偿的范例。

2.1 皖浙跨流域生态补偿机制研究意义

2012 年，在国家有关部委的大力支持下，皖浙两省实施新安江跨省流域生态补偿机制试点，这是党的十八大把生态文明建设纳入中国特色社会主义"五位一体"总体布局后，我国开启全球最大规模生态行动的一次系统性、整体性、协同性探索。10 年来，新安江流域成为习近平生态文明思想的重要实践地和生态保护补偿的先行探索地，试点工作入选 2015 年全国十大改革案例，写入党中央、国务院《生态文明体制改革总体方案》，纳入《长江三角洲区域一体化发展规划纲要》，其制度成果和实践经验在全国 13 个流域、18 个省份复制推广。

新安江发源于休宁六股尖，是安徽仅次于长江、淮河的第三大水系，也是浙江最大河流钱塘江的正源，安徽段每年平均出境水量占下游浙江千岛湖入库水量近 70%。新安江横跨皖浙两省，是千岛湖最大的入库水源，上游的情况基本决定了下游的水质。20 世纪末，随着新安江上游人口增长与经济发展，水污染问题逐渐加重。多年监测结果显示新安江干流街口断面水体总氮浓度持居高位；千岛湖库区水体综合营养状态指数呈中营养，发生水华次数渐多。1998 年，千岛湖大面积蓝藻事件严重威胁下游水安全。次年，九届全国人大二次会议上，浙江代表团提交"要求安徽省加强新安江流域上游漂浮清理的建议"的议案，希望安徽加强对水源涵养地的保护。然而，安徽长期处于高额环保投入与低额财政收益窘境，很难凭借自身力量维持和提升环境保护效力。安徽多次表达希望在国家的支持下，与下游就生态保护工作开展合作。当时 GDP 总值高于黄山 19 倍的杭州，表示有能力也有意愿通过补偿等方式支持上游的生态保护工作。

2011 年，时任中共中央政治局常委、国家副主席习近平同志对新安江及下游千岛湖保护作出重要批示，为开展全国首个跨省流域生态补偿提供了根本依据。试点项目的成效非常显著，具有良好的经济效益和生态效益，是全国流域生态补偿的范例。新安江保护是我国一个跨省生态补偿机制试点，经过十年的创新和不断完善，可为长江流域上下游跨省生态补偿提供范式和经验借鉴。

2.2 皖浙跨流域生态补偿机制实施过程

新安江跨流域生态补偿试点项目共三个阶段，逐步改进资金标准和考核标准。最初，如何构建合作机制没有现成模式可鉴，合作协议框架搭建过程实则是皖浙利益博弈与妥协的过程。水质标准与补偿金额是博弈的焦点。

第一轮试点为 2012—2014 年。中央每年出资 3 亿元、两省每年各出资 1 亿元，建立共 5 亿元的补偿资金。以两省交界街口断面的高锰酸盐指数、氨氮、总磷、总氮的前三年平均值作为基准，以 0.85 作为稳定系数测算试点年份的补偿指数 P 值。如果水质达到考核标准，也就是 $P \leqslant 1$ 时，浙江拨付给安徽1亿元；否则安徽拨付给浙江1亿元。不论水质是否达标，中央都拨付安徽3亿元。首轮试验期间，安徽从中央和浙江获得补偿资金共12亿元，专项用于新安江流域产业结构调整和产业布局优化、流域综合治理、水环境保护、水污染治理和生态保护等。

第二轮试点为2015—2017年。中央按照逐步退出的原则每年的补助金额分别为4亿元、3亿元、2亿元，两省每年各出资2亿元，主要用于黄山农村的垃圾和污水处理。P值计算方法不变，继续以街口断面高锰酸盐指数、氨氮、总磷、总氮四项指标测算补偿指数P值。但是基准限值和稳定系数均上调，水质稳定系数K值由0.85调整为0.89，两项测算水质考核标准提高7%。补偿资金实行分档补助，若$P>1$，安徽补偿浙江1亿元；若$P \leqslant 1$，浙江补偿安徽1亿元；若$P \leqslant 0.95$，浙江再补偿1亿元。

第三轮试点为2018—2020年。在积极争取中央资金支持的基础上，两省每年出资2亿元。两省根据上游来水总磷、总氮指标上升的问题调整了P值权重。具体来说，高锰酸盐指数、氨氮、总磷和总氮四项指标的权重，由原来的各25%调整为22%、22%、28%和28%。

在这三轮试点中，安徽均达到考核标准，千岛湖水质逐年改善，试点工作取得令人满意的成果。新安江流域上下游横向生态补偿机制"长效版""拓展版""推广版"基本建立，初步实现森林、湿地、水流、耕地、空气等重要区域生态补偿全覆盖。

2.3 皖浙跨流域生态补偿机制政策支持

习近平总书记在2022年6月5日环境日指出，"全党全国要保持加强生态文明建设的战略定力""统筹污染治理、生态保护、应对气候变化，努力建设人与自然和谐共生的美丽中国"。加强战略定力和上下游统筹规划，建立上下游生态保护补偿长效机制，为深入推进经济社会发展全面绿色转型，实现长江保护与经济发展协同共进提供制度保障。

2021年9月，国务院发布《关于深化生态保护补偿制度改革的意见》，指出健全横向补偿机制，为新安江—千岛湖跨流域生态补偿机制提供顶层支持。巩固跨省流域横向生态保护补偿机制试点成果，总结推广成熟经验。鼓励地方加快重点流域跨省上下游横向生态保护补偿机制建设，开展跨区域联防联治。推动建立长江、黄河全流域横向生态保护补偿机制，支持沿线省（自治区、直辖市）在干流及重要支流自主建立省际和省内横向生态保护补偿机制。对生态功能特别重要的跨省和跨地市重点流域横向生态保护补偿，中央财政和省级财政分别给予引导支持。鼓励地方探索大气等其他生态环境要素横向生态保护补偿方式，通过对口协作、产业转移、人才培训、共建园区、购买生态产品和服务等方式，促进受益地区与生态保护地区良性互动。

安徽和浙江陆续出台关于治理新安江和千岛湖的政策文件，具体请见表 1。

表 1　　　　　　　　　　新安江和千岛湖治理政策汇总

序号	成文日期	政策	主要内容
1	2016.09	《浙江省参与长江经济带建设实施方案（2016—2018 年）》	抓好农业和农村污染治理，加大畜禽养殖、种植和水产养殖污染物排放控制力度，严格执行钱塘江、京杭大运河浙江段、浙东运河等河道和太湖、千岛湖等湖泊周边畜禽禁养区制度
2	2020.01	《安徽省实施长江三角洲区域一体化发展规划纲要行动计划》	构筑"1 公里、5 公里、15 公里"分级管控体系，持续推进长江、淮河流域"禁新建、减存量、关污源、进园区、建新绿、纳统管、强机制"七大行动，制定实施长江、淮河、新安江—千岛湖、巢湖等重点跨界水体联保专项治理方案，持续改善长江、淮河、巢湖流域水体水质，稳定保持新安江水环境质量
3	2021.03	《安徽省国民经济和社会发展第十四个五年规划和 2035 年远景目标纲要》	实施新安江流域综合治理工程。推进长江安徽段堤防防洪能力提升、淮河中游综合治理、江心洲外滩圩迁建、巢湖流域排涝畅通、三江（水阳江、青弋江、漳河）流域综合整治、淮北大堤除险加固、长江重点湖泊防洪治理等工程

序号	成文日期	政策	主要内容
4	2021.04	《安徽省实施长江三角洲区域一体化发展规划纲要行动计划 2021 年工作要点》	制定新安江—千岛湖生态补偿试验区建设方案，进一步扩大试验区建设成果。争取试验区建设中生态环境联保、水质改善和水质监测等工作纳入长三角区域污染防治协作小组年度重点工作
5	2021.05	《浙江省生态环境保护"十四五"规划》	淳安特别生态功能区建设。按照《淳安特别生态功能区建设框架方案》，以持续提升水质、持续改善景观为目标，以保护生态环境、推动绿色发展、增进民生福祉为重点，以体制创新、制度供给、模式探索为动力，建立健全水生态系统保护新体系，探索实施生态经济高质量发展新路径，推动形成城乡融合民生幸福新模式，加快构建生态环境共建共保新机制，在全国率先形成饮用水水源地保护与发展的千岛湖模式，使淳安县域成为生态更优、发展更好、生活更幸福的美丽浙江大花园样本地
6	2022.01	《安徽省"十四五"生态环境保护规划》	持续改善长江、淮河、巢湖、引江济淮通道水体水质，稳定保持新安江水环境质量。持续巩固水质优良水体保护，推进"美丽河湖"保护与建设。强化国家考核断面水质目标管理，逐一排查达标状况，未达到水质目标要求的地区。应依法制定并实施限期达标规划或方案。依托排污许可证制度，建立"水体—入河排污口—排污管线—污染源"全链条水污染物排放管理体系

续　表

序号	成文日期	政策	主要内容
7	2022.06	《黄山市"十四五"生态环境保护规划》	新安江—千岛湖生态保护补偿试验区建设重点工程 (1) 生态环境共保联治工程。 实施新安江水生态修复与水土流失治理工程，建设河口生态和河湖岸线缓冲带，强化松材线虫病区域联防联控联治。共同编制新安江流域水生态环境保护规划，制定统一的环境保护、环境整治、产业准入等标准。实施氮磷养分生态拦截工程、区域城镇污水处理厂提标改造、畜禽养殖污染治理、兽用抗菌药使用减量化行动等项目。 (2) 生态保护补偿机制建设。 以新安江流域上下游联合监测的地表水水质类别作为补偿考核标准，在新安江全流域、分区段实施上下游生态补偿，提高生态补偿资金配置效率和使用效益。拓展生态综合补偿试点，争取国家湿地生态效益补偿试点和国家渔业资源保护补偿。完善公益林、耕地保护补偿制度。健全区际利益补偿，通过对口协作、技术支持、产业转移、人才交流、共建园区等方式，建立多元化横向生态补偿机制。 (3) 生态经济合作平台建设。 依托新安江绿色发展论坛筹办"绿色达沃斯"，努力把论坛打造为上下游横向生态保护补偿机制合作交流平台，水资源开发利用和绿色产品研发展示平台，环保、节水、有机等绿色产品与技术推广交易平台。 (4) 上下游产业联动发展。 积极布局和发展环境敏感型产业，聚焦数字经济、绿色食品、智能制造、生物医药等重点产业开展上下游合作。积极推进循环经济园、静脉产业园等园区间战略合作，共同开展"飞地经济"合作，加快杭黄绿色产业园建设。推广原生态种养模式，壮大茶叶、徽菊、干鲜果、泉水鱼等生态型现代农业，打响"田园徽州"绿色农产品区域公用品牌，打造长三角绿色农产品供应基地和区域性农产品交易平台

2.4 皖浙跨流域生态补偿机制治理成效

试点以来，皖浙两省积极沟通协商，联合编制规划，强化精准保护，完善联合监测、汛期联合打捞、联合执法、应急联动等工作机制，构建起防范有力、指挥有序、快速高效和统一协调的应急处置体系。同时，上下游在生态环境共治、交通互联互通、旅游资源合作、产业联动协作、公共服务共享领域等方面不断深化区域协同发展。2012—2022 年，新安江上游自然生态景观在流域占比达 85%以上，跨省界断面水质连续 10 年达到皖浙两省协定的生态保护补偿考核要求，每年向千岛湖输送近 70 亿立方米干净水，带动了千岛湖水质同步改善。中央及皖浙两省累计拨付补偿资金 57 亿元，黄山累计投入 206.95 亿元，实施新安江综合治理和生态保护项目 325 个。黄山建成城镇污水主干管网 320 千米，建成农村污水处理 PPP 项目站点 96 个，完成农村改水改厕 23 万户，实现城乡生活垃圾无害化处理率 100%。其中，由乡村基层自发创新设立"生态美超市"发展到 345 家，覆盖了新安江上游沿江所有行政村（社区）。截至 2022 年 10 月，黄山建成国控、省控和市控水质自动监测站点 42 个，形成覆盖新安江流域主要河段及重要节点的自动监测网络体系，实现流域水质连续动态监测和远程监控。

为治理新安江，黄山投入较大资金和人力。从生态环境保护方面看，一是中央、省委及市委对生态文明建设的高度重视，把生态环境保护摆在突出位置，习近平总书记强调绿水青山就是金山银山、保护生态环境就是保护生产力、改善生态环境就是发展生产力，安徽省委要求深入学习全面贯彻习近平生态文明思想、加快打造经济社会发展全面绿色转型区，黄山第七次党代会报告指出生态保护在黄山始终是压倒性任务；二是黄山的生态地位进一步凸显，其作为长三角的重要生态屏障，是安徽融入长三角一体化发展国家战略的"南桥头堡"，其地位随着长三角一体化发展的环境保护、生态发展的重要性不断提升而提升；三是在新安江流域生态补偿第三轮试点的基础上皖浙两省共推新安江—千岛湖生态保护补偿试验区建设，为生态环境保护工作的开展提供了多方面的重要机遇。

新安江流域生态保护补偿机制试点工作，不仅筑牢了长三角的生态屏障，也倒逼黄山产业转型、绿色发展。 黄山以生态优先、绿色发展为导向，在全国地级市中制定实施首部《河湖长制规定》，在全省率先设立地表水考核体系奖惩资金池，实行区县交界断面地表水生态保护补偿考核。同时，围绕建设生态型国际化世界级休闲度假旅游目的地城市的发展目标，积极推动新安江流域生态保护补偿机制试点升级为新安江—千岛湖生态保护补偿试验区。黄山充分挖掘生态、文化、旅游等特色优势资源，围绕生态产业化、产业生态化，念好"山字经"、做好"水文章"、种好"摇钱树"、打好"特色牌"，大力发展全域旅游、生态农业和新型工业，绿色正日益成为黄山经济社会高质量发展的鲜明底色。数据显示："十三五"期间，黄山茶叶综合产值 180 亿元，2021 年茶叶出口额占全国 11%、全省 89%；全市游客接待量和旅游收入恢复到疫情前的八成以上，入选国家文化和旅游消费试点城市、全国民宿产业发展示范区、2021 全国研学旅行热门城市，西递村获评联合国世界旅游组织的"世界最佳旅游乡村"；新安江绿色发展基金转型升级，以专精特新基金为主的产业基金完成首期规模 10 亿元全额投放，促进了生态保护与经济发展同频共振。

2.5 新安江—千岛湖跨流域生态补偿机制经验借鉴

新安江跨流域生态补偿机制发挥敢为人先的精神。新安江模式创新构建补偿指数 P 值，使补偿有据可依，是我国生态文明制度的重大创新，为其他跨流域保护工作提供了宝贵经验。

第一，建立有效的激励机制。 充分发挥考核指挥棒的作用，制定流域区县断面水质的奖惩机制，并将考核结果用于综合考核评价和干部奖惩任免，有力保障各项环保工作落到实处。由于上游为生态保护限制了经济发展，势必会影响政府的经济绩效指标。试点实施后，安徽实行了政府绩效差别化考核，对黄山、宣城降低了经济绩效考核权重，而生态环境考核权重则提升为28%。差别化考核政策有利于政府将更多精力投入流域综合治理、生态环境保护上，为构建生态补偿长效机制提供政策保障。

第二，善于调度各类资金。黄山与国开行、国开证券等共同发起全国首个跨省流域生态补偿绿色发展基金，利用 4 亿元的补偿试点资金撬动 16 亿元的社会资金，形成社会化和多元化的保护和发展模式。当下国内生态补偿试点资金来源于政府引导性货币补偿、市场与社会融资。政府货币补偿专用于水源地的污染防治、流域综合治理和农村垃圾污水处理，在试点初期引导补偿实践进入正轨。按照"政府引导、市场推进、社会参与"的设想模式，市场与社会资金为资金筹措体系的主要部分。试点期间，截至 2022 年 7 月，黄山新安江流域生态保护补偿试点经过三轮实施，共安排补偿资金 52.1 亿元。与此同时，黄山还注重运用市场化手段，通过设立绿色基金、政府和社会资本合作（PPP）、融资贴息等方式，引导社会资本加大流域综合治理和绿色产业投入。据统计，三轮试点以来，黄山累计实施新安江治理项目 325 个，投资资金 206.95 亿元。

第三，创新设立生态美超市。截至 2021 年，黄山市建立 345 家"生态美"超市，回收居民日常收集的烟头、塑料瓶和废电池等垃圾，并回馈食盐、纸巾和肥皂等生活物资，充分提高沿岸居民保护河域环境的积极性，也节约了政府环境开支。推广"生态美"超市。完善"生态美"超市体系架构，优化生活垃圾分类收集（兑换）体系，建立"绿色账户"信息化平台，重点推进积分体系的完善，加强对公众绿色生活的引导。引入企业主体，打造绿色农产品联合品牌，在"生态美"超市信息平台中扩展网上绿色农产品展销、交易功能，优先支持"绿色账户"积分高的用户。推广城区版"生态美"超市平台，探索"绿色账户"等激励措施。

第四，流域多元合作体系。在"保护优先、河湖统筹、互利共赢"的基础上，皖浙两省建立了以联席会议制度为桥梁、以联控联防为途径的合作模式。为吸引下游民间资本向上游转移，拓宽合作范围，安徽提出共建"浙江产业园"的意向。2019 年，黄山与杭州签订"1+9"协议，在生态环境共治、交通互联互通、旅游深度合作、产业联动协作、公共服务共享等领域达成了多元化合作。

2.6 皖浙跨流域生态补偿机制存在的问题

由于试点期限尚不长，新安江流域生态补偿机制还存在一些问题。

第一，补偿资金不足且方式单一。经测算，新安江上游水质提升为下游带来系统服务价值总计 246.48 亿元，其中水生态服务价值共 64.48 亿元。浙江对安徽补偿的资金与安徽创造的价值不匹配。补偿资金投入难度较大，在后续水环境保护过程中，还面临着偿还国家开发银行贷款、农村面源污染治理、污染防治设施的日常运行维护等资金问题。补偿资金不足，新安江上游地区经济发展相对滞后，现有财力薄弱，没有对上游地区生态保护者进行相应的直接或间接补偿。从补偿方式来看，现有补偿局限于拨款这种输血式补偿方式，尚未拓展到对口协作、产业转移、人才培训和共建园区等造血式补偿方式。

第二，水质考核标准错位且达标难度大。一方面，千岛湖作为湖泊水需要考核总磷、总氮，而上游新安江为河流水，一般不考核总磷、总氮。目前用湖泊水的标准考核河流水，给安徽带来较大压力。另一方面，新安江流域以农业及农村面源污染为主，受自然条件影响，年均径流量分布不均，并且上游缺少大型调蓄水库，河道调节能力薄弱，导致水体自净能力降低。一旦遭遇特殊情况和极端天气，新安江水质的各项指标浓度极易出现波动，水质"保优"难度继续加大。

第三，补偿尚未落实到个人层面。为提高新安江上游水质，沿岸的企业和居民做了大量退让，但是补偿资金主要停留在政府层面，百姓的获得感不高。不过在三轮试点收官后，皖浙两省联合启动新安江—千岛湖生态补偿试验区，完善和升级原有制度安排，进一步推动区域一体化发展。

第四，发展和保护之间的矛盾。一是生态环境保护进入新阶段。黄山发展不够、不快、不优的问题依然突出，保护与发展矛盾仍然存在，碳达峰碳中和、应对气候变化任务需加快落实，如何正确处理保护与发展的关系，实现高水平的保护促进高质量发展面临新挑战。生态环境系统治理、源头治理、综合治理任重道远。产业、能源、运输结构调整还需深化，科学治污、精准治污、依法治污对生态环境治理管理水平提出更高要求。二是"两山"有效转化亟须新路径。全市生态资源底数不清，GEP核算亟须开展。生态产业化、产业生态化尚未形成。生态优势向经济发展优势转化的有效途径亟待明确。新安江—千岛湖生态保护补偿试验区建设亟须在体制机制探索创新上取得突破。三是生态环境治理能力与城市目标定位还有差距。黄山提出"十四五"时期崛起赶超建设生态型国际化世界级休闲度假旅游目的地城市的发展目标，经济总量要超过1400亿元，对进一步提高生态环境承载力、加快建立相匹配的环境治理能力提出高要求。四是绿色民生福祉需要新提升。绿色发展成果尚未充分惠及全市人民，人民对优美生态环境的需要尚需进一步满足，群众关心的突出环境问题需更快更好解决。

第五，公众积极性不高。一是补偿资金专项用于水环境治理，资金使用范围窄，农民并未直接受益。二是部分农民利益受损而未得到补偿。受当地生态环保政策的影响，沿岸农民养殖、捕鱼乃至种菜都被禁止，百姓生计没有保障。据中国财政科学研究院数据显示，截至2020年3月，黄山歙县1564户持证渔民因禁养殖和禁捕而失业，再就业能力弱的渔民陷入贫困。三是补偿标准低。据黄山休宁县新保中心反映，上游黄山的公益林补助标准为每年18元/亩，而下游浙江淳安县补助标准则为每年45元/亩，上游地区林农涵养水源的积极性受挫。

2.7 皖浙跨流域生态补偿机制改进建议

第一，建立国家层面的协调机制。跨界流域生态补偿涉及范围广、牵涉部门多、权责不明确，难免存在利益分配不均问题，需要有一个国家层面的权威机构，发挥引导、统筹、协调、仲裁作用。一方面加强政策高位推动，在资源开发、排污权、水权、碳排放权抵消、生态产业、绿色标识、绿色采购、绿色金融、绿色利益分享9大领域逐步完善市场补偿机制；另一方面改革流域管理体制，研究制定有关水权初始分配、生态资源交易、环境保护、补偿标准评估的法规制度，从体制上保证政策效力与整体利益的统一。

第二，建立多元补偿机制。建立横向生态保护补偿机制。按照4种污染物浓度的不同进一步划分补偿标准，根据不同水质优化程度分级补偿，加大补偿力度，建立双向动态补偿模式。按照不同地区水量不同，划分不同区域，建立全流域链式补偿新模式。

鼓励地方政府在依法依规前提下统筹生态领域转移支付资金，通过设立市场化产业发展基金等方式，支持基于生态环境系统性保护修复的生态产品价值的工程建设。探索通过发行企业生态债券和社会捐助等方式，拓宽生态保护补偿资金渠道，探索多元化生态补偿模式。就当前来看，国家和地方政府的引导性财政补偿依然有必要存在，它能一定程度缓解资金短缺问题，同时发挥"种子效应"，吸引更多资本投入。未来需要进一步研究如何将"种子资金"与乡村振兴、精准扶贫项目资金衔接，与生态保护政策相统筹，与地方环境保护绩效考评挂钩，建立健全资源有偿使用和节约保护制度，为绿色生态产业发展营造良好的投资环境。此外，激活上游造血功能是谋求生态补偿机制长效化、流域经济一体化的必要前提。

第三，健全生态环境损害赔偿制度。推进生态环境损害成本内部化，加强生态环境修复与损害赔偿的执行和监督，完善生态环境损害行政执法与司法衔接机制，提高破坏生态环境违法成本。完善污水、垃圾处理收费机制，合理制定和调整收费标准。开展生态环境损害评估，健全生态环境损害鉴定评估方法和实施机制。

第四，上游应发挥区域生态优势，利用绿色信贷、生态保护公益基金，发展生态农业与高新技术产业。同时，结合"美丽乡村""美丽河湖"等国家工程完善配套设施和政策，提升生态产品价值，挖掘旅游文化资源，吸引市场与社会公众参与投资家庭农场、高效生态茶园等特色产业，使"绿水青山"变为"金山银山"。下游除对上游实行货币补偿外，也需加强在对口协作、交通串联、产业承接、人才交流方面的合作，多渠道助推上游绿色发展建设，以实现互利共赢

第五，推进试点示范。从国家层面统筹抓好试点示范工作，选择跨流域、跨行政区域和省域范围内具备条件的地区，深入开展生态产品价值实现机制试点，重点在生态产品价值核算、供需精准对接、可持续经营开发、保护补

偿、评估考核等方面开展实践探索。同时，与国内国际知名媒体合作、沟通、主动推荐报道题材和共同策划选题，扩大对外宣传推介，积极提升新安江流域生态补偿的国际影响力，把新安江跨流域生态补偿机制作为"中国模式"推向国际。

第六，提高公众参与积极性。 公众是流域资源的使用者，也是流域生态的维护者，他们需要在遵守资源共建规则的同时，享有相应的信息知情权、生态保护项目监督权和决策制定的参与权。由于公众群体具有广泛性和复杂性，可以通过政府认定的由农民、民营企业管理者、商业投资者等各方利益代表组成的基层组织参与到与流域生态保护和补偿政策推行有关的公共事务管理中，切实解决民众关心的问题，调动广大人民的积极性，助力流域生态保护工作的开展。

3 中游城市水资源保护典型案例研究——武汉

绿色是国家发展的关键词。2022 年《政府工作报告》提出，要推动能耗"双控"向碳排放总量和强度"双控"转变，完善减污降碳激励约束政策，发展绿色金融，加快形成绿色低碳生产生活方式。武汉自 2017 年以来始终在长江经济带绿色创新发展榜上保持在前十名，并在 2020 年跻身第二位。本章节就武汉发挥自身绿色创新优势开展有效水资源保护的成功经验进行分析。

据《武汉市水资源公报（2021 年）》显示，武汉江河纵横，河港沟渠交织，湖泊库塘星罗棋布，水资源十分丰富。现有水面总面积 2117.6 平方千米，约占全市国土面积的 1/4。其中，境内长度 5 千米以上的河流有 165 条，水面面积 471.31 平方千米；列入湖泊保护名录的湖泊 166 个，湖泊水域蓝线面积 867.07 平方千米，湖泊保护区面积 1400.34 平方千米；大中型水库 9 座，总库容 7.10 亿立方米。2021 年，全市地表水资源量 49.23 亿立方米，地下水资源量 11.48 亿立方米，扣除地表水、地下水重复计算量 8.43 亿立方米。水资源总量比上年偏少 54.7%，比多年平均量偏多 13.1%。

虽然武汉水资源总量较为丰富，但一方面武汉经济发达人口密集，耗水量逐年上升，水污染曾持续加重；另一方面始终受到来自长江洪水和城市内涝的威胁。武汉的水资源保护、利用、引导问题特别突出。为此，武汉综合运用了包括绿色创新制度、绿色创新基础、绿色金融发展等手段积极开展水资源管理，并取得了卓越的成效。

3.1 绿色金融为水资源保护提供充足资金支持

武汉鼓励以绿色金融手段促进当地水资源保护。

以兴业银行为例，兴业银行武汉分行与武汉市水务集团签署战略合作协议。根据协议，该行向武汉市水务集团及下属公司承接的"四水共治"工程、水资源利用和保护领域的 PPP 项目等重点项目提供 100 亿元授信支持。截至2019 年 5 月末，该行累计提供绿色融资超过 1000 亿元，有力支持了生态湖北建设。

再如，民生银行武汉分行积极践行绿色金融服务理念，积累了丰富的经验和成功案例，比如其审批通过了武汉江夏区"清水入江"污水转输工程PPP 项目等。"清水入江"是为保护城市水环境，推动地区经济社会永续发展而实施的一项重大环保工程、民生工程。项目总投资约 51.1 亿元，包含污水收集及处理工程、雨水防洪排涝工程、给水工程、湖泊生态治理工程和水资源管理工程等五大类 35 个子项。一期工程以污水收集、转输、处理、回用、排放为主要内容，污水经处理达标后排入长江，彻底改变污水尾水入湖的现状。二期工程以防洪排涝为主要内容，解决江夏城区内涝渍水频发的问题。项目建成后将明显提升江夏区基础设施配套能力，有效改善水生态环境。"清水入江"一期、二期工程已于 2018 年建成。一期工程从根本上解决了江夏区纸坊城区因污水处理能力不足而造成的污水直排污染汤逊湖问题，大幅度削减了黑臭水体。二期工程有效解决了长期以来江夏区纸坊城区因泄洪能力不足而造成雨季内涝的问题，并在近几年的汛期发挥了重要作用。三期工程以水环境综合提升为主题，于 2020 年启动建设，将推动江夏区全区域水环境质量持续向好。清水入江工程全部建成后，将实现江夏主城区污水全收集、全处理后排入长江，并逐步启动给水、雨水防洪排涝及湖泊生态治理等建设工程，有效保护区域内湖泊及长江生态环境，贯彻水资源新发展理念、推进水资源集约安全利用，为长江大保护做出新的贡献。

还有一个重要例子——农发行湖北省分行。截至 2019 年 10 月底，该行已累计投放贷款和基金等 102 亿元，为武汉长江大保护注入强劲动力。武汉有几年逢暴雨必涝，逢涝必堵。为改善武汉易涝现状，助力武汉"海绵城市"建设，截至 2019 年，该行已累计投放水利建设贷款 25 亿元，先后支持武汉东湖高新区光谷大道排水走廊、红旗渠、赵家池明渠迎军运会水体攻坚项目、中法管廊、青菱管廊综合整治项目，有效解决了城市内涝问题。汉阳区墨水湖曾经污水横流，杂草丛生，整个湖泊臭气熏天。该行投放贷款 3 亿元支持墨水湖综合整治项目建设，成功实现了墨水湖地区生态、景观协调发展的目标。截至 2019 年，该行累计投放污水治理贷款 27 亿元，支持全市污水收集处理，从源头上改善黑臭水体现状。该行投放滨江防洪及环境综合整治工程项目贷款 9 亿元，用于沿江防洪带除险加固和植被绿化，项目建成后将集防洪、环境整治、交通改善、景观美化、文化复兴等多功能于一体，既加固了堤坝，又美化了环境。该行还累计投放近 31 亿元用于黄陂区、新洲区、江夏区等地农村安全饮水提质增效，支持新建水厂和输水管网改扩建等一批重点工程，解决了 491 万人口饮用水安全问题。

3.2 绿色创新制度为水资源保护提供制度基础

在绿色创新制度方面，"十三五"期间，武汉以"四水共治""河湖长制"为抓手，不断推进水务事业持续发展，完成规划目标任务，防洪排涝能力大大提高，治污水成效显著，供水实现城乡区域设施共建共享，水安全保障能力得到有效提升，水务建设取得积极成效。武汉确立了武汉水务发展"十四五"总体目标：统筹五水，推进水治理体系和治理能力现代化，全市防洪、排涝、供水保障能力大幅提升，水环境水生态得到明显改善，城乡水体综合功能稳步提升，水治理能力逐步完善，成为长江经济带高质量发展样板区，到 2025 年基本实现"江湖安澜、供优排畅、河湖健康、人水和谐"。到 2035 年全面建成幸福河湖、现代水网和世界滨水生态名城，基本实现水务现代化。

3.2.1 四水共治

2017 年，武汉提出"四水共治"，即防洪水、排涝水、治污水、保供水。防洪水方面，武汉加强防洪工程和非工程措施的建设和完善，整改隐患排查，强化预报预警，紧盯重大风险防控，极大提高了防洪能力，确保全市江河湖库安全。据武汉水务统计，截至 2021 年年底，防洪水行动共完成三级及以上堤防加固 69.10 千米，堤防防洪标准达标率达到 88%。中小河流治理河长 34.78 千米，重点支流重要河段防洪标准提高至 20~50 年一遇，全市水库全部完成加固，病险问题基本消除。

排涝水方面，"十三五"期间，全市以缓解内涝顽疾为目标，按水系分片区构建"源头减排、管网排放、蓄排并举、超标应急"相结合的排水防涝新模式，推进骨干排水项目建设，加强应急保障能力建设，实现中心城区排涝能力倍增。全市新改扩建排涝泵站 30 座，35 个排涝水系，有 13 个达到 20 年一遇标准，22 个达到 10 年一遇标准或不足 20 年一遇。武汉通过渠道清淤、扩挖、生态修复等措施，对 83 千米的城市港渠，进行了综合整治。新建 37 条主干排水管涵，新增排水管网 832 千米，排水管网总长度达到 6711 千米。同时，武汉大力推进海绵城市建设。完成 38.5 平方千米区域海绵化改造工程，对 67 条道路，151 处小区、公建，6 处公园，10 条港渠、湖泊进行海绵化改造，从源头改善城市内涝问题。最后，武汉启动汉口地区深层排水隧道建设研究，制定湖泊超标调蓄的调度方案。

治污水方面，全市以水环境质量提升为核心，以流域水环境治理为抓手，聚焦治污水、提质增效工作，污水收集系统不断完善，污水处理能力明显提升；黑臭水体基本消除，全市河湖水质环境稳定向好；大东湖、汉阳六湖水网基本连通。武汉完成中心城区 8 座污水处理厂的改扩建工程，全市新增污水处理能力 173.5 万吨/日，中心城区污水处理率达到 98.31%，新城区污水处理率达到 90%，污水处理能力得到全面提升；全市新建污水管网 1267 余千米，"一张干网全覆盖"的格局基本形成。全市积极建设污泥处理设施，污泥处理处置从无到有，处置能力达到 1700 吨/日，中心城区污泥无害化处置率达到 100%。全市建设城区范围积极启动排水管网隐患点排查及地块分流情况调查工作，大力实施地块雨污分流工程，完成中心城区 5000 余处混错接节点改造。同时结合海绵城市建设工作，2020 年，全市雨污分流建设面积达 179 平方千米。武汉持续推进碧水保卫战，完成 65 条黑臭水体整治工程，重点实施 13 个湖泊及 18 条港渠综合治理工程，建成区黑臭水体基本消除，全市河湖水质稳定向好，重要水功能区水质达标率由 75% 提升至 85.7%，劣 V 类湖泊数量由 2016 年的 52 个减少至 2020 年的 6 个。武汉以"三湖三河"为重点示范，推进流域水环境综合治理，促进全市水环境持续改善。继续推进大东湖生态水网、汉阳六湖水网构建。区域动态水网逐步完善，江湖连通、湖湖连通格局基本形成，河湖水生态得到修复。

保供水方面，全市围绕"城乡供水一体化"的基本要求，打破行政区划限制统筹规划城乡区域供水设施，加快城乡联网供水工程的建设，实现了区域设施共建共享；加强饮用水水源地保护和水质监测，提高了供水水质保障。同时，拓展了节水型城市、节水型社会"双试点"成果。武汉全面完成中心城区 7 座水厂，新城区 4 座水厂新改扩建工程、供水设施配套工程，全市新增供水能力 75 万吨/日，总供水能力达到 631 万吨/日，供水能力得到进一步提升，中心城区供水水质综合合格率达到 95% 以上，新城区供水水质合格率达到 90% 以上，农村自来水普及率超过 95%，农村集中供水率超过 98%，农村饮水安全保障能力得到提升。武汉中心城区完成新建及老旧供水管网设施改造 321.45 千米，供水管网漏损率降至 9.33%。完成新城区 4 座改扩建水厂供水管网改造工程，完成农村饮水安全提档升级管网建设 800 千米。武汉全面完成市级集中式饮用水水源保护区内的 16 个排污口整治工作，集中式饮用水水源地水质达标率 100%。完成重要湖泊水质自动监测站点建设任务，重要水体安全保障和预警能力得到进一步提高。武汉强力推进居民住宅二次供水设施普查，共普查了 120 个街道、1202 个社区、9600 处供水单元，覆盖居民家庭 332.8 万户、约 998.4 万人，全面摸清二次供水底数。截至 2020 年年底，共完成中心城区老旧社区 1310 处二次供水设施改造，其中整体改造 691 处。武汉还制定及修订完善《武汉市城市节约用水条例》《武汉市水平衡测试实施办法》等节水法规制度 10 项。全面推进节水单元载体建设，建设各类节水载体 1300 余项。大力开展节水技术示范项目建设,新增节水能力 1000 万立方米/年。建成节水技改项目 100 余项。创新宣传方式方法,营造良好节水社会风气。武汉积极推进农田水利基础设施建设,疏挖衬砌干支渠 120 千米,改善灌溉面积 20 万亩。大力实施农村排灌港渠整治,共完成 1306 千米规模以上港渠整治。渠道输水及排涝能力明显提高。积极推进农业水价改革、节水灌溉工作,农田水利基础设施能力有效提高,农田灌溉水有效利用系数达到 0.6,灌溉保证率达到 85%。

另外,武汉还持续推进水务管理改革。武汉以优化防洪、排涝、供水应急预案为手段,建立健全了防汛抗旱指挥调度机制,构建了一整套较为完善的防汛排涝供水制度保障体系,水安全应急保障能力明显提升。武汉以法规建设为引领,依法治水水平着力提升。落实党政负责人推进法治建设第一责任,以法规体系建设为引领,不断完善涉水法规、政府规章和规范性文件,推进执法队伍能力建设和执法制度建设,着力提升武汉依法治水水平。武汉以深化水务行政审批制度改革为支撑,逐步完善涉水规划标准体系,不断探索水务管理体制机制创新,加强水务管理人才队伍建设,水务管理效能显著提升。同时,武汉以加强水资源节约保护宣传教育为抓手,提高民众的水文化意识,推进水文化载体建设和水文化产业发展,大力弘扬传统水文化,为武汉水利事业和经济社会可持续发展提供了精神动力和智力支持。武汉通过"中心城区排水管网隐患排查""灾后水系测报系统建设""中心城区排涝泵站智慧管理系统""武汉市主城区排水设施水利基础模型建设"等水务信息化重点项目,以构建监测网络为重点,兼顾大数据中心和水务应用平台建设,水务信息化水平持续提升。

3.2.2 河湖长制

"河湖长制"是武汉水资源保护的另一个重要抓手。武汉创新推行流域河湖长制,以施行流域河湖长制为抓手,深入贯彻流域治理理念,进一步完善区、街、社区(村)三级河湖长体系,持续深入推进官方、民间、数据河湖长"三长联动"和"清源、清管、清流"三清行动,把水环境治理作为优先任务,推动形成"河湖长领治、上下同治、部门联治、水陆共治、社会齐治"

的流域治水良好格局。

2011 年，武汉尝试为湖泊设"长"，在全国率先试行湖长制；2015 年修订的《武汉市湖泊保护条例》将"湖长制"上升为地方性法规。2017 年，国家全面推行河湖长制，武汉迅速开启全面推行河湖长制的全新行动。根据湖北的《关于全面推行河湖长制的实施意见》，武汉高位推动，成立市河长制工作领导小组，并在全省率先出台工作方案。对照要求，立足实际，武汉先后建立健全了河湖长制工作会议、信息报送和共享、考核和激励等规定性制度，以及河湖长巡查、联合执法、投诉举报受理等创新性制度。到 2017 年年底，武汉全面建立市、区、街三级河长制湖长制体系，初步形成"首长治水责任链"。水体边，竖起欢迎市民参与监督的河湖长制公示牌，牌子上，水体名称、简介以及各级河湖长的姓名、电话等信息一目了然。

2018 年，《深化河湖长制推进"三长联动"工作方案》创新出炉。"三长"，官方河湖长、民间河湖长、数据河湖长。"三长联动"，建立程序化的河湖问题联动管理机制，充分调动官方资源、民间智慧、科技力量联动解决河湖治理管护中的复杂问题。官方河湖长方面，在党委、政府领导全部担任武汉市级河湖长的情况下，邀请市人大、市政协领导分别担任长江、汉江等 35 个重要江河湖泊的市级河湖长，实现了"四大家"领导全覆盖。每位市级河湖长均配备"三级助理"，对纳入河湖长制名录的河湖设置"三长三员"，实现政府部门携手齐发力、上下左右共同治河湖。针对重点水体，还专门成立了武汉市水体提质攻坚指挥部，由一名市委常委挂帅推进。在河湖巡查制度和河湖治理硬任务的推动下，全市各级领导投入治水的精力倍增，河湖长白天巡河、晚上会商，日常协调、双休暗访成为治水工作新常态。将大数据、人工智能等技术运用到治水领域，是武汉的一大创新。2018 年，武汉印发《武汉市"数据河湖长"建设工作方案》，全面启动数据河湖长智慧系统建设工作，如今，数据河湖长智慧服务系统已正式上线运行，管理版"武汉河湖长制" App 已全面启用，公众版"河湖保护，你我同行"微信小程序已在民间河湖长群体中推广试用。在武汉的许多河湖，都能看到巡湖的"天眼"、监控的无人机等，日夜守护。民间河湖长是官方河湖长、数据河湖长非常重要的桥梁和纽带。早在 2016 年 10 月，武汉便开始探索民间河湖长的实践。全面推行河湖长制以来，武汉不断加强对民间河湖志愿服务活动的支持和鼓励。

2019 年，"三清"行动拉开序幕。强力"清源"，开展全市河湖流域排水户调查登记，摸清底数，对各类违法排水行为依法予以查处并督促整改。强力"清管"，建立全市雨污管网"一张网"，加快全市建成区管网混错接改造，推进雨污分流、隐患修复和清淤减污。强力"清流"，重点推进河湖岸线违法建设整治、河湖水域岸线垃圾清理、河湖生态空间恢复。以"三清"行动为抓手，武汉全面推进河湖长制向纵深发展。在 2019 年开展监测的 30 个河流断面中，水质优良（Ⅲ类及以上）的断面较 2018 年上升 4.1 个百分点，无劣Ⅴ类水质断面。水质为Ⅱ类和Ⅲ类的湖泊比例较上年有所上升。

2021 年武汉发布市总河湖长第 1 号令，明确了"三个全面"的重点任务。一是全面深化水环境流域治理。按照流域治理、水岸共治的思路，实施城镇污水处理能力提升、精细化雨污分流、管网缺陷修复、雨水溢流污染控制等工作。二是全面推进湖泊水质提升。落实控源截污、排口整治、清淤疏浚、生态修复、雨水污染管控、面源污染治理、水系连通等治理措施和长效管控手段，推动全市河湖水环境持续向好。三是全面施行流域河湖长制。在全市 17 个河湖流域设立市级流域河湖长，市级流域河湖长在市第一总河湖长、总河湖长的领导下，统筹、协调流域内河湖管理保护、水环境治理等工作，督促指导流域内各区、各部门履行职责，推动各项重点难点工作落地见效。

2022 年，随着河湖长制的推进，武汉的河湖治理已经形成了横向到边、纵向到底的网络。除了职能部门，全市还有 5000 多名河湖志愿者活跃在河湖保护一线，其中市级民间河湖长 106 位，区级民间河湖长 573 位。截至 2021 年年底，32 个湖泊水质好转、31 个湖泊水质稳定，全市劣Ⅴ类湖泊实现历史性清零。

3.2.3 五水建设

在"十四五"规划中，武汉水务将"四水共治"升级为"五水建设"，一是保障水安全，二是治理水环境，三是修复水生态，四是优化水资源，五是彰显水文化。

保障水安全。优化调整汉口防洪保护圈和武湖、涨渡湖蓄滞洪区安全区，加快杜家台蓄滞洪区安全建设，推进江河堤防提档升级，实施重点湖泊堤防、水库、大中型涵闸除险加固，加强山洪灾害易发区域防治，进一步提升城市防洪保障能力。实施泵站新改扩建、港渠整治及干支次管网；加强海绵设施建设和渍水点改造，深入论证超标排放系统建设方案。

治理水环境。以"三湖三河"、东沙湖、汉阳六湖为重点，深入推进全市16个流域水环境综合治理；加快推进65个重点湖泊水质提升工作，全面提升河湖水质；探索河湖厂网岸一体化建管模式，推进污水处理与收集系统建设；加快推进清污分流、雨污分流，完善空白区管网建设，构建污水管网全覆盖、全收集、全处理体系，加强雨季溢流及面源污染控制，实现城镇污水系统提质增效。

修复水生态。对黄孝河、机场河、巡司河等港渠以及汤逊湖、黄家湖等湖泊开展水生态系统修复与构建；完善中心城区水网连通工程，逐步开展新城区水网连通工程，构建全市河湖水系畅通格局；以新洲、江夏为试点，着力推动"水美乡村"建设；实施河湖生态岸线改造与景观绿道提升，强化驳岸的生态性、亲水性与共享性，提升民众幸福感。

优化水资源。以水资源总量和强度双控为抓手，严格落实水资源刚性约束要求，推进节水型社会建设；围绕"一核两区、多轴多心"城乡空间体系，优化供水系统布局，推进供水水厂新改扩建及升级改造，完善供水管网体系，增加中心城区与新城区管网的互联互通；加强全市应急供水保障能力建设，形成"1湖5库"应急备用水源系统，打造"双水源"城市；持续推进二次供水设施改造，开展优质饮用水试点；开展大中型灌区现代化建设和重点灌区水资源配置工程。

彰显水文化。围绕"安全岸线、生态岸线、生活岸线、景观岸线"的目标，加快推进武汉百里长江生态廊道建设，构建"水、岸、滩、城、人"和谐共生的连续开放亲水空间；强化水文化载体建设，建设东湖、南湖、后官湖等湖泊滨水生态空间，推进水利风景区建设；丰富水文化宣传模式，打造

"武汉智慧水文化"互联网公共服务平台，编制《武汉水务志》，利用新技术、新渠道面向社会公众广泛开展水文化传播活动。

3.2.4 水治理体系现代化

同时，武汉还提出以保障水安全、完善水法治为重点，以水务信息化建设为手段，以体制机制和科技创新为动力，推进水治理体系和治理能力现代化，形成精准科学、依法智慧的水治理体系。

构建江湖安澜、蓄排并举的城市防洪排涝体系。武汉防洪体系为长江中下游防洪体系中的重要组成部分，依靠长、汉江堤防、支流堤防和自然高地划分为防洪保护圈（区），按汇流与排涝方式梳理成 35 个排涝体系。"十四五"维持现有的防洪排涝体系总体格局，实施防洪保护圈优化调整、蓄滞洪区续建配套、病险水库、涵闸除险加固等措施，解决防洪体系的缺口和薄弱环节，完善中心城区汉口、武昌、汉阳 3 个防洪保护圈和新城区 8 个防洪保护区和 6 个蓄滞洪区；按照全面贯彻源头减排、过程控制、系统治理的原则，配套骨干管网港渠，充分发挥区域湖港优势，科学划分涝水渗、滞、蓄、排比例，合理安排涝水出路，适当提高外排能力，优化水系调度，提升水系排涝标准，构建江湖安澜、蓄排并举的城市防洪排涝体系。

构建控源截污、河湖健康的水环境治理体系。以水环境承载能力为约束，以水功能区达标管理为重点抓手，按照"陆域严格控污、水陆生态减污、水域综合治污"的基本思路，强化水污染治理，大力提高废污水收集处理能力，推进以流域为单元的河湖控污治污生态修复全过程联动，注重水环境保护治理的生态性、系统性、长效性，确保水源地水质安全，提升河湖水环境质量，逐步实现清水入江，构建控源截污、河湖健康的水环境治理体系。

构建水清岸绿、生态美丽的水生态修复体系。积极开展河湖水体生态修复工作，打造健康河湖治理典范；实施水网连通工程，构建全市河湖水系畅通格局。通过湖泊岸线治理与滨水生态廊道建设等措施，提升城市蓝绿空间占比，打造水城相融、蓝绿交织的生态宜居之城，构建水清岸绿、生态美丽的水生态修复体系。

构建多源互济、节水高效的水资源配置体系。根据武汉水资源情势和社会经济发展需求，从保障水资源可持续利用、实现空间均衡发展的角度出发，按照节水优先、总量控制、高效利用、多源互补的思路，坚持固水源、扩水厂、改水网、多备用，合理优化配置水资源，优化布局水厂和输配水管网，高标准、多措施保障城市应急备用供水，从工业、农业、生活等多方面推进节水型社会建设，全面提升城市供水安全保障，构建多源互济、节水高效的水资源配置体系。

构建江风湖韵、城水交融的水文化传承体系。以构建百里长江生态廊道为重点，打造防洪安全为核心的安全廊、自然绿色为本底的生态廊、串联江滩与城市的交通廊、彰显历史特色的文化廊和多元功能聚集的发展廊；充分利用武汉市湖泊资源，强化水文化载体建设，融合水文化与水利工程，打造具有特色的滨湖主题功能区，强化水利风景区创建与品质提升；同时进一步强化水文化宣传，拓宽水文化宣传渠道，创新水文化宣传手段，丰富水文化宣传模式，构建江风湖韵、城水交融的水文化传承体系。

构建精准科学、依法智慧的水治理体系。以水务工程体系为依托，完善应急预案，强化应急调度，全面提升应急保障能力；加强江河湖库管理保护，完善行政审批制度，不断满足市民对水的更高需求和对水务管理的体验感；以《长江保护法》为准绳，加强重点领域立法，提升水行政执法能力，强化涉水规划约束，持续提高依法治水水平；以水务管理机制改革创新为抓手，破解制约水务发展的机制障碍和科学技术难题；以完善六大业务应用场景为重点，加强基础监测设施优化和决策指挥平台构建，不断提升水务信息化水平，构建精准科学、依法智慧的水治理体系。

3.3 发挥强大绿色创新基础，利用高校资源促进水资源保护

在绿色创新基础方面，武汉充分发挥其普通高等院校优势。武汉高校云集，在校学生超百万人，近年来武汉高校用水量急剧增长，年用水总量超过9000万立方米，约占武汉非居民公共生活用水总量20%，节水有很大潜力可挖。同时，高校作为城市用水大户和人才培养基地，开展节水工作，既能培养学生节水意识，营造校园节水文化，又能向全社会辐射，促进全民节水意

识形成。2019 年世界水日、中国水周期间,武汉出台了《武汉市高校节水减排三年行动计划》,以目标为导向,以高校为中心,以减量为标准。明确节水目标为在 2018 年基础上,2019 年全市高校用水量整体下降 10%,2021 年整体下降 20%,年均节水总量 1500 万立方米。各高校作为工作主体,结合自身实际情况,对总体指标进行认领,相继制订本校的三年节水行动计划。华中科技大学提出全面提升校内用水系统管理水平,将合同节水管理模式覆盖到全校区,三年用水量下降 35% 的工作目标;武汉大学提出完成投资千万元的节能监管平台建设,实施供水基础设施改造,全面加强用水系统管控的工作任务;华中农业大学在节水三年行动计划之外,还提出了 5 年内建设绿色学校的 10 项重点行动。为保障节水目标顺利实现,武汉还实施了四大行动:

节水减排宣教行动,全市高校签署"武汉市高校节水减排联合倡议书",开展水情教育和节水知识培训,组织湖泊巡查、水质监测等社会实践活动,提升意识,协助构建节水减排校园全面参与体系。中国地质大学(武汉)在 2019 年世界水日启动了贯穿全年的"节水宣传系列活动";华中农业大学志愿者团队经过培训后,参与到学校用水管理的工作中,通过校园巡查,检查长流水、跑冒滴漏等浪费水现象。作为"武汉高校节水志愿者联盟"成员,武汉大学节水志愿者团体将节水主题班会带到了小学课堂,武汉科技大学同学们开展居民家庭节水社会调查和宣传活动,长江工程职业技术学院志愿者协会长期将节水宣传、护湖巡湖作为重要社会服务内容。

节水基础治理行动,强力监管,打造高校节水管理的"武汉模式"。武汉计划用水管理工作持续了 40 年,市节水办从 2019 年开始对用水单耗超标的高校实施严控,依据用水定额核定高校用水计划,对超计划用水的高校征收超计划加价水费,通过价格杠杆倒逼高校节水减排工作;工作督导,定期通报。武汉还坚持工作通报制度,先后 20 多次组织召开高校节水减排专题会议,部署专项工作,定期整理高校节水工作情况,对落实节水行动思想认识不足,动作迟缓,导致长期用水超标的高校进行通报。

水效提升科技引领行动,全面推广节水器具,建设节水智能管理平台,提升节水管理水平。2019 年以来,利用财政专项资金,安排 32 所高校开展水平衡测试，通过测试推动高校完善内部用水管理及考核体系，完善内部用水计量系统，华中农业大学构建"智能+系统"模式，安装远传智能水表近6000块，实现校内供水管网进行精细化管理；武汉大学和湖北工业大学委托专业服务公司维护，年节水量分别达到254万立方米和57万立方米；武汉理工大学更换了4万套节水型用水器具，配合管网管控，年节水152万立方米。武汉注重节水技术推广，通过专题会议、现场会等形式开展技术培训和节水新技术推广。中国地质大学（武汉）建设了全校供水压力监控系统，实现了不同时间段水压的智能调整和实时监控；华中农业大学将教学楼卫生间全部更换成无水冲小便池，不但节水效果显著，还改善了卫生状况；华中师范大学收集学生宿舍优质杂用水，处理后用作宿舍卫生间冲水，单栋宿舍年节水2万余立方米；武汉工商学院和湖北经济学院在校内完成雨污分流后，将校内湖泊作为雨水积蓄池，对雨水进一步处理，用于图书馆和学生宿舍冲厕，年节水量分别达到了9万立方米和4万立方米。

管理机制创新行动，建立节水资金保障制度，实现节水工作快速推进。武汉鼓励开展节水型高校创建工作，对于申报成功的高校在定额用水管理中实行申报制，给予更大的自主管理空间。利用武汉科研院所集中优势，组织涉水技术专家团队，无偿为高校提供节水管理和技术方面的技术服务，为高校节水技术改造提供支持。武汉利用财政节水专项资金，加大对节水示范项目的扶持力度，2018—2020年，武汉先后安排345万元支持中国地质大学（武汉）、武汉工程大学等7所高校的合同节水管理示范项目。同时，在高校水平衡测试、计量水表安装、节水器具更换等方面也给予资金上的支持。对于规模较大的高校，鼓励采用效益分享型合同节水管理模式，武汉工程大学曾经用水量居高不下，学校2019年与节水服务企业签订了效益分享型节水管理合同，投资500多万元对内部用水设施进行全面优化，当年学校即实现节水127万立方米。武汉交通职业学院实施合同节水管理后，今年开学3个月用水量同比降低了50%。对于规模较小的高校，鼓励采用效果保证型合同节水管理模式，武汉工商学院的雨水回收利用项目就得以实施。在各种典型的示范下，武汉高校逐渐关注和接受了这种新管理模式，华中科技大学、中国地质大学（武汉）、中南民族大学、华中农业大学等多所高校正在实施中。经过不懈努力，2022 年武汉宣布《武汉市高校节水减排三年行动计划》完美收官，2021 年全市高校用水量在 2018 年的基础上下降 21.6%，节水总量达 2237 万立方米。

总的来看，武汉充分发挥自身在绿色创新中的优势项目，推动绿色金融支持水资源保护，鼓励银行为水资源保护、水污染治理、防洪排涝等项目提供充足的资金支持；积极完善绿色制度，推行河湖长制度，落实各方责任，坚持三条红线；根据本市普通高等院校众多，学生群体庞大的市情，积极开展高校节水减排计划，促进高校对水资源的节约。可以看到，在绿色创新的诸多方面，武汉都走在前列，充分发挥自身特有优势对水资源进行了有效的保护。

4 水资源保护与高质量发展文献综述

4.1 水资源保护的意义

4.1.1 水资源的经济价值

水资源不仅具有生态价值，也具有重要的经济价值。水资源经济价值的相关研究可以简单划分为理论与实证两方面。

在理论研究方面，不同学者给出了不同的水资源经济价值量化方法。李锦秀等（2002）认为水环境价值反映了经济发展与水环境状况的协调程度，应当定量确定特定区域水环境价值与 GDP 协调发展的比例关系，从而为水功能保护标准的确定提供定量化依据。苗泽伟（2003）论述了流域水资源的生态资产价值、流域水资源开发生态后果及其生态资产的经济评价方法。许振成等（2006）在已有研究的基础上，提出水质资源有偿使用理论与"以量计质，以质定价"的水质价值核算方法，认为未来的研究将重点关注水质资源价值、水资源价值核算模型及水资源价值突变等方面。谭益民、张宏亮（2007）认为水资源核算是宏观环境会计体系的主要内容，提出了水资源实物核算、价值核算及纳入宏观环境会计体系的理论与方法，完善了相关的理论与实践问题。

许多学者认为，传统的 GDP 没有考虑水资源等环境资源的消耗与破坏，应当把水资源等环境资源纳入 GDP 核算体系，进行绿色 GDP 的相关核算。刘书俊等（2005）认为 GDP 没有考虑资源耗减与环境退化因素，因而加入了水环境的降级测算和水资源消耗的测算。王基建、姚巍（2006）在绿色 GDP 核算体系中，确定水资源价格和水资源实物存量，建立参考系进行水环境治理效益分析。王萍（2007）提出现有水利统计指标存在问题，需要建立绿色 GDP 的水资源核算指标体系改革方向。

在理论研究的基础上，我国学者也做了一系列与水资源经济价值相关的实证研究。王舒曼、曲福田（2001）对中国东部经济发达地区的水资源进行研究，使用扣除了水资源价值损失的区域 GDP 进行测算，得出东部经济发达地区经济增长存在较严重的环境负债的结论。丁相毅、左其亭（2007）以郑州为例，计算南水北调中线工程调水后水资源对郑州国内生产总值的贡献度、贡献率，并对计算结果进行分析。

4.1.2 水资源承载力

水资源是社会经济发展的基本支撑条件，地区的水资源影响着农业工业生产、居民生活环境等许多方面，从而影响地区的社会经济发展。关于具体地区的水资源承载力方面的研究受到广泛关注。

在水资源承载力方面的研究，主要是针对某一地区进行的实证研究。在早年研究中，张满银等（2008）以甘肃金昌为例进行实证分析，建立了单因变量的 PLS 回归分析模型，有效地解决自变量之间的多重相关性问题，并能很好地解释金昌的实际情况。李淑芹等（2008）构建临沂水资源承载力指标体系，并采用模糊综合评判法与层次分析法对临沂市水资源承载力进行综合评价，得出临沂水资源开发利用已具相当规模，特别是其中的兰山区与罗庄区的水资源承载力已接近其饱和值的结论。李坤峰等（2009）根据重庆国民经济发展指标，应用主成分分析方法分析了重庆水资源承载力，选取出影响水资源承载力动态变化的 3 个主成分，构造了综合评价函数并对重庆水资源承载力进行了综合评价。陈慧等（2010）的研究与其类似，选取了南京9个经济发展相关指标，使用主成分分析方法分析南京水资源承载力，选取出影响水资源承载力动态变化的3个主成分，根据其得分赋予权重，对南京水资源承载力进行了综合评价。王志良等（2010）采用岭回归方法建立模型并将其应用于烟台水资源承载力影响因素分析中，得出水资源承载力受总人口数、供水能力的影响最大的结论。

在近十年的研究中，王兴（2014）在关注到山西严重缺水的问题之后，分析了山西区域发展的水资源承载力，进而希望能制定有效的水资源调控规划和保护措施，使该省水资源可以优化合理配置，从而实现可持续发展。王喜峰、沈大军（2019）利用黄河流域8个省份的投入产出表，构建分析高质量发展与水资源承载力的可比价混合型投入产出模型进行结构分解分析，发现经济增长和灌溉面积占比增加体现了水资源承载力的增加。左其亭等（2020）针对黄河流域9个省区构建了涵盖水资源、生态环境、经济社会3个准则层的评价指标体系，采用层次分析法和熵权法组合赋权的 TOPSIS 模型对9个省区的水资源承载力进行了综合评价，发现研究省区水资源承载力在时间维度上呈现出增大趋势，却空间差异性明显，在对七大主要障碍因子分析后发现部分障碍因子存在明显差异。李少朋等（2021）从经济、生态环境和水资源3个方面构建水资源承载力评价指标体系，使用层次分析法确定评价指标权重，利用改进的 TOPSIS 模型综合评价江苏省水资源承载力，并利用障碍度模型系统诊断了影响江苏省水资源承载力的障碍因子，结果表明：2008—2017年江苏水资源承载力整体呈逐渐上升趋势，水资源的可持续利用有效支撑了经济社会的高质量发展，供水模数和耗水率是制约水资源承载力水平的两个主要障碍因子。

4.2　水资源与经济发展

4.2.1　水资源对宏观经济的影响

水资源是影响和制约经济发展的重要因素之一，国家和地区的宏观经济发展过程离不开对水资源的依赖。正如 Malthus（1978）在他的经典论断中提出，自然资源、污染及其他环境要素对长期经济增长的影响至关重要。21 世纪初期，伴随着工业化和城市化进程的加快，水资源对经济发展影响方面的研究开始兴起。

水资源紧缺和水资源污染对经济快速增长带来一定程度的不利影响。Romer（2001）在新增长理论中指出，由于资源的有限性，上一经济发展阶段对资源的消耗必然影响下一阶段经济增长的投入，此现象被称作"增长尾效"（Growth Drag）。谢书玲等（2005）从水资源对中国经济产生的"增长尾效"开展分析，发现其与水资源弹性、劳动力增长率、资本弹性成正相关关系，水土资源的耗费使中国每年经济增长速度在上年基础上降低 1.45%。袁汝华等（2007）建立了区域水资源供需的系统动力学模型，以广东北江下游影响区为例，考虑水资源供需矛盾是否对 GDP 有制约作用，分别进行两种方案的动态仿真模拟。结果显示，只考虑经济发展而忽视对水资源和环境的保护只能取得短期效应，GDP 增长受到水资源短缺的制约，在长期情况下呈现"倒 U 型"变化趋势。王红瑞、刘晓燕（2001）采用水资源模糊定价模型探讨了北京水资源紧缺对 GDP 增长的不利影响，计算结果表明水资源紧缺使 1981—1995 年北京 GDP 平均年损失率达 1.72%。经济增长建立在水资源可持续利用的基础上，在考虑经济增长时，必须考虑到水资源的耗竭状态。黄德春等（2022）依托 Tapio 弹性脱钩模型，得出黄河流域经济高质量发展与水资源消耗的脱钩系数，即它们两者之间的反向变动关系，并进一步指出生产技术进步和产额结构优化将加速脱钩，更大程度减少流域经济发展对水资源的依赖，而经济规模将会抑制脱钩。

对水资源进行有效保护和正确利用，同样可以充分带动经济发展。夏军、黄浩（2006）构建了水环境和水资源的可计算一般均衡模型（Computable General Equilibrium，CGE），将水资源作为生产要素纳入生产函数中，同时将水污染治理作为一个单独的污染处理部门，模拟结果表明水污染治理虽然短期内减少了传统 GDP，但能够有效提高绿色 GDP，使社会经济朝良性循环方向发展。牛存孝、崔玉阁（2007）从海水淡化和海水直接利用两方面定性分析了海水利用业对 GDP 的拉动作用，认为加大海水保护力度、实现海水大规模利用不仅可以解决沿海地区水资源短缺问题，而且可以充分带动国民经济的增长。

4.2.2 水资源对中微观经济的影响

在中观、微观经济方面，学者们主要从经济可持续发展和水资源合理配置角度，分析了水资源与产业用水的结构矛盾和具体产业部门的水资源保护必要性。

对于水资源匮乏地区，有限的水资源对经济增长带来压力，需要合理的产业结构调整，对用水结构进行优化。张晓军等（2010）通过对万元 GDP 水耗和第三产业的感应度系数、影响力系数进行聚类分析，认为在水资源供应方面应当按照低水价、高配额的方式优先保障金融、交通运输、计算机服务等感应度系数高、影响力系数小的产业部门，并按照高水价、低配额的方式推动住宿餐饮、居民服务、文化娱乐等感应度系数和影响力系数均较小的产业部门进行结构调整。卞戈亚等（2010）构建了基于河北的水资源-产业复合系统发展协同度模型，指出河北存在用水结构和产业结构不合理的问题，应当通过调整农业生产布局减少农业用水量，制定政策推动第三产业发展。

对于具体产业部门，发展节水工程可以有效提高产业部门的水资源利用效率，提升区域经济效益。王浩等（2003）提出了市场经济条件下农业水资源高效利用模型，基于区域水资源开发利用状况和水土资源组合条件合理组织农业生产的诸要素，通过市场经济中的价值杠杆对灌区的各种土地利用规模、种植结构和灌溉制度等进行合理配置，使该研究区内的农业水资源利用得到了较好改进。胡健、伍荣（2007）总结了四川水资源时空分配不均、水利建设落后、水土流失严重的现状，并在此基础上分析了农业发展中水资源保护和有效利用存在的问题，提出有效利用水资源进一步发展节水型农业的措施。李然、姚洪敏（2010）分析了邯郸水资源短缺对农业和农村的影响，地表水不足、地下水超采、水质污染显著影响了以冬小麦等粮食作物为首的农作物产量和品质，提出了牢固树立发展节水农业的战略思想、制定节水农业地方性法规、加强农业综合节水技术推进的措施。

跨流域调水指在不同流域之间修建蓄水和输水工程，利用自流或抽水等方式把一个流域的水资源输送到其他流域。许多学者指出，跨流域调水工程是改善水资源布局、保障缺水地区工农业可持续发展的重要手段。毛春红、周治国（2008）分析了国内外不同水资源条件影响下的种植制度，提出水量变化会直接影响种植结构的布局和产量，并鼓励通过江苏南水北调东线工程保证农业灌溉水资源供给，实现区域经济和谐发展。孙凡等（2008）的研究则从另一角度关注调水区受到的影响，通过建立产业-用水系统的演化模型，分析了引大济湟工程对大通河流域的长期经济发展的抑制和产业结构比例的改变，包括农业工业产值比例下降和第三产业产值提升。

4.2.3　经济对水资源的反作用

水资源影响国家和地区的经济发展，经济发展也会反作用于水资源，这种反作用主要表现为经济活动对水资源的使用、破坏和污染等。邓虹（2005）以江西农村社会变迁过程中的水资源问题为观察对象，指出乡镇工业用水重复率低且达标率低，乡镇工业废水是农村水环境的主要威胁，要积极寻找有效治理手段。孙才志等（2009）以用水效率为因变量，对影响用水效率的因素进行回归分析，发现用水效率的影响因素在经济发展程度不同的地区略有不同，但人均 GDP 是它们共同的影响因素，这说明地区经济发展水平的高低对地区水资源的利用效率有重要影响。邱立新（2010）采用情景分析法，对西北地区未来 20 年煤炭开发利用造成的水资源破坏量、矿井水排放量、水资源需求量和水资源污染进行了预测，发现煤炭开采的水资源破坏量远大于煤炭生产用水量，必须考虑额外的工业水污染控制处理措施，合理高效地保护水资源。

许多学者重点研究了经济活动对地区水资源使用量的影响，认为经济活动与其用水量具有显著的相关性。彭祥（2008）系统阐述了我国粮食安全战略、协调发展战略、生态与环境保护对策与生态文明理念的提出对北方地区水资源配置的诸多影响，并分析了我国北方地区今后的水资源利用基本趋势，未来我国北方地区工业需水和生态与环境需水规模较大，农业需水和生活用水发展势态较缓。曹小星等（2009）论述了陕北能源重化工基地的经济活动与地下水之间的动态关系，结果表明，榆林工业总产值与工业用地下水量的相关系数达到 0.977, 水资源问题形势严峻, 需要在废水处理和节水制度方面实行创新改革。

长期来看, 经济活动用水量与经济发展水平的提高并不完全同步。贾绍凤等 (2004) 使用"倒 U 型"的用水库兹涅茨曲线对发达国家的工业用水随经济发展先上升后下降的现象进行解释, 提出工业用水下降的直接原因是产业部门用水效率的提高和经济结构调整。陈惠娟、千怀遂 (2006) 分析了北上广三座城市的水资源消费变化及其与经济和气候的关系, 研究表明城市万元 GDP 用水量与经济水平有明显的对数相关关系, 一般都随经济水平的提高而不断下降。董婕等 (2010) 构建了西安城市化程度对城市用水量影响的关系模型, 对城市化主要指标和城市用水部门结构进行曲线拟合, 发现城市生活用水量随着人口城市化率提升而单调增加, 生产用水量与经济增长的关系符合库兹涅茨曲线规律。即城市经济水平较低时, 用水效率低, 用水量随经济水平的提高增长幅度大; 当经济水平提升到一定程度时, 由于技术进步、产业结构优化、节水意识增强等, 经济系统转化为低耗水型经济, 用水效率提升, 逐步逆转水资源浪费现象。

4.2.4 水资源与经济发展的协调性

水资源与经济发展相互制约、相互影响, 存在紧密的互动关系。水资源保护与经济发展的协调性同样十分值得研究, 两者之间的协调是实现可持续发展的必经之路, 近年来此方面问题越来越受到学者们的关注。

王西琴 (2001) 采用模块化设计思想构建了水环境保护与经济发展的决策模型, 包括水资源需求模型、水环境容量模型、宏观经济模型、水污染控制模型、经济结构优化模型等, 通过对多级模型求解获得兼顾经济发展与环境保护的水资源最优配置方案。于长剑等 (2004) 在考虑产业结构优化、水资源合理利用、生态环境保护等因素的基础上, 建立了通辽市宏观经济水资源优化配置多目标分析模型, 以期指导通辽市水资源供需预测, 达到经济、资源、环境的协调发展。蒋惠风等 (2015) 针对苏南地区现存问题提出了促进水资源与生态经济协同发展的对策, 包括建立和完善生态环境保护责任制、建立行之有效的生态环境保护监管体系、提高生态环境保护的科技支持能力等，积极践行以人为本、人水和谐的可持续发展治水思路。

近年来，耦合协调模型在水资源与经济发展的协调程度研究中得到了广泛采用，它可以对二者之间的协调程度做出定量判断，进而科学评判区域发展模式是否合理，为实现当地可持续发展提供政策建议。焦士兴等（2020）运用耦合协调发展模型和相对发展度模型，探讨了黄河流域河南段经济高质量发展与水资源利用效率的相互作用程度，指出研究城市耦合协调发展程度由拮抗、磨合并存向磨合、协调并存转化，发展水平不断向良性方向变化，总体上呈现出经济高质量发展滞后水资源利用效率的状态。汪旺等（2021）使用耦合协调度模型，评价陕西水资源与经济高质量发展耦合协调状况。研究表明，在陕西经济发展较为滞后时，水资源与经济高质量发展的耦合协调度起初逐渐由低向高发展，水资源承载力尚有富余；当耦合协调度达到高度协调状态后，由经济滞后转变为水资源滞后，经济发展对水资源产生了胁迫作用。张恬姿等（2022）基于内源动力和外向动力两个维度选取指标，引入固定效应模型对甘肃省水资源-经济社会-生态环境耦合协调的驱动因素进行测度。回归结果显示，在全样本下耦合协调度与经济发展水平和科技发展水平有显著正相关关系，而当分地区进行分析时不同地区的影响因素差异显著，需要因地制宜推进耦合协调水平的提高。康艳青等（2022）的研究同样认为，沿黄城市经济与生态的耦合协调度呈现先上升后下降的发展趋势，且其影响因素的作用程度存在一定的地域性和差异性。

4.2.5　水资源与可持续发展

水资源短缺和污染不仅破坏生态平衡，而且阻碍了经济发展。在当前形势下，走水资源可持续发展道路是社会发展的必然选择。

吴邦信、孙海健（2004）提出，构筑水资源保护和开发利用新模式是创立循环型社会的重要任务。翟浩辉（2005）将水资源与政治相关联，强调水利不仅是经济，也关系到政治，并且提出在开发和利用的同时，要更加重视水资源的配置、节约和保护。陆志波、王娟（2005）以"科学发展观"的重要讲话为指导，结合国内快速城市化地区水资源的保护现状，有针对性地提出了目前国内城市切实可行的十大类措施。赵继芳（2013）认为我国由于水资源分布不均匀及有时为了发展经济就以牺牲环境为代价，使我国缺水情况越发严重，进而分析了水资源危机对我国的影响并提出了保护和可持续利用措施。王笑舒、王乐（2013）针对概念而言认为水资源的循环经济发展模式是以水资源的源头增量为起点，以水体保护和水资源节约利用为核心，并以污水处理和再生水利用为回归的一种模式。林长义（2014）认为当水资源演变成一种稀缺资源的时候，人们不得不去寻求一种新的发展模式，可持续的发展战略就成为人类解决水资源问题的必然选择。周利军（2014）注意到水利工程的发展有效地实现了水资源高效合理运用，但同时也给生态环境造成了一定的压力，因此我们在大力发展水利工程的同时还要注意生态环境与水资源的协调发展。李庆林、黄春花（2016）认为我国的水资源现状却不容乐观，南北水资源储蓄量不协调、人均资源占有量少、水资源浪费和污染现象严重等问题制约着社会经济的发展，在这种情况下，需要认真分析当前的水资源现状，从而制定针对性的改善措施，有效提高水资源的利用率并减少污染。郭书英（2017）根据党的十八大以来我国生态文明建设和绿色发展的新理念，明确了流域水生态环境治理体系建设的基本思路，提出了流域水生态环境治理的 8 项任务。陈小波（2017）提到当前科学利用水资源、合理规划势在必行，水资源的短缺要求我们提高水资源利用率、走可持续发展的道路。

4.3 水资源区域治理

4.3.1 水资源与流域经济社会治理

水资源对区域发展至关重要。范波芹等（2014）指出，水资源除了能为产业发展和人民生活提供资源保障，还对生态和人居环境的有着重要贡献。环境保护与经济社会发展的关系是对立统一的，如果开发不当，不重视保护环境，其危害同样可以反作用于经济与社会。王孟（2015）指出，长江流域工农业生产和城镇化的迅速发展的同时，废污水排放量不断增加，社会对水环境质量的要求也越来越高，流域内水污染矛盾日益突出。习近平总书记"两山"理念是指导水资源利用的一次革新，如何利用好水的同时保护好水，是实现高质量发展的关键问题。张存刚等（2022）指出，与经济社会快速发展对水资源保护的需求相比，水资源保护工作还明显滞后。

目前在国内，各流域基本水情主要表现为人均水资源少、水资源时空分布不均、水资源开发与环境承载能力不匹配、旱涝灾害频发，且存在水资源短缺、水环境污染、水生态损害等问题。如针对无定河流域，罗文刚等（2022）指出，以能源化工产业为主导、多高耗水产业的发展模式，使当地水资源开发利用程度已达到50%，超过了保护生态环境的合理水资源开发利用率，造成生产生活用水挤占河道生态用水现象突出。针对南疆塔里木河流域，尹立河等（2022）指出，南疆存在水资源配置不合理而产生的河流断流、耕地次生盐渍化严重等系列问题。

针对区域问题，国内学者从多方面、多角度进行研究，提出了相应的措施与新发展模式。范波芹等（2014）针对浙江水资源时空、地区分布不均的问题提出要在保障现有粮食生产用水前提下，以水资源承载能力"倒逼"空间布局的均衡和产业结构的调整，以底线思维编制缺水地区水资源保护和开发利用规划，以双线思维研究规划重大水资源保障项目规模。针对城市水渠养护不到位的问题，张莉等（2013）提出应在管理段日常方面，采取分段责任管理。针对产业结构引发的高耗水问题，罗文刚等（2022）提出应严格限制流域城市发展规模，限制高耗水、高排放项目建设项目，全面配置区域行业用水，淘汰落后产能，推动传统产业提档升级。针对水资源的统筹规划问题，张存刚等（2022）提出，应针对不同功能的水资源采取针对性措施，如水功能区着重水质保护、城市用水加强饮用水水源地保护、地下水控制过度开采与污染问题等。针对如何高效利用水资源实现高质量发展的问题，刘雅鸣（2015）指出，统筹流域防洪减灾、抗旱供水、节能减排、电力输送、黄金水道等方面的综合功能，努力实现生态效益、经济效益和社会效益的最大化。

目前各流域的水资源保护进程已在逐步推进，并取得了一系列成果。刘雅鸣（2015）指出，截至2015年，在长江流域，流域水土保持工程建设和生态修复就已成效显著，水土流失严重地区和生态脆弱区土壤侵蚀强度大幅度下降，生态环境明显改善。流域内14个主要省份共治理水土流失7.08万平方千米。

在取得相应成果的同时，仍存在一些障碍亟须解决。张莉等（2013）指出，水资源治理的外部环境堪忧。在管理层面，由于水资源环境保护涉及水利、国土、林业、水产等不同的部门。各部门职责分工不同。但在保护水资源环境这项工作的基本内容上又存在着不同程度的交叉。因此，在一定范围内存在着部门之间互相推卸责任而又利益相争的现象，从而形成了管理上的真空或黑洞。在执法层面，水资源保护执法依据可操作性不强。在现行的水法律法规中，有的相互矛盾，有的过时尚未修改废止，有的则过于粗陋，基层水利单位在实际工作中难以切实落到实处。

4.3.2 专题: 长江流域水资源综合管理

长江流域经济带面积约205万平方千米，占全国国土面积的21%，聚集的人口占全国40%以上，沿线11个省（直辖市）的地区生产总值占全国45%以上，进出口总额约占全国40%。肖贵清、尹聪（2019）指出，长江流域经济带是我国经济稳定增长的重要支撑，是中国迎接经济全球化的首要地区，发展长江流域经济带不仅对中国经济发展具有重大战略意义，而且对经济全球化态势也将产生重大影响。

长江流域水生态系统保护治理存在的问题主要表现在水土流失、污水排放总量大、用水供需不平衡、水环境质量严峻、水电站无序开发等。王建华（2019）指出，尽管长江流域水资源丰富，但上游地区由于缺乏大型骨干水资源调蓄工程，供水能力低于未来用水需求，存在工程性缺水问题；长江水质达标率低，全流域80%湖泊存在富营养化问题，Ⅰ～Ⅲ类水质面积占比仅为16.4%。而水质达标率低本身又与污水排放总量大有着密切联系，许继军等（2020）指出，长江流域废污水排放量占全国40%以上，废污水排放严重污染水质，导致局部水环境问题和水质性缺水问题加重。

针对以上问题，国内学者提出了一系列针对性措施，其中既包括传统策略，也涵盖新技术创新，主要集中在节水、减污、增效、统筹、修复等方面。针对节水减污，许继军等（2020）提出，可以在中下游灌溉农田推广水肥一体化，西南易旱地区发展旱作农业，提高农业节水效率，减少农业水污染。

针对水资源统筹与修复问题，魏山忠（2017）提出，应以三峡水库为核心，统筹防洪、生态、供水、通航和发电需要，做好汉江等河流水量调度，保障南水北调中线工程调水及中下游用水需求。

4.3.3 专题：黄河流域生态保护与高质量发展

黄河流域是连接青藏高原、黄土高原和华北平原的生态廊道，是我国"一带一路"发展的重要经济廊道，维持黄河的健康对国家经济社会发展和生态安全都具有十分重要的作用。与长江流域不同，黄河流域经济发展滞后，水资源供需矛盾严峻、生态环境退化程度高。2019年9月，黄河流域生态保护和高质量发展被确定为重大国家战略。习近平总书记强调，要推动黄河流域生态保护和高质量发展，即既要保护又要发展。因此，黄河流域的生态保护可谓各流域保护中的重中之重。刘昌明（2019）指出，黄河流域之所以会面临一系列严峻的问题，根本原因是没有理顺水与经济社会发展的关系、水与生态系统中其他要素的关系。不同学者针对此问题也展开了相应研究与讨论。

针对黄河流域生态保护与高质量发展的问题，国内学者除了在战略、政策角度上进行探讨，还引入了技术层面的研究。王慧亮等（2020）引用能值理论对黄河流域水资源生态经济系统的可持续性进行评价，得出黄河上游水资源利用强度最低，下游水资源利用强度较高，因此在水资源优化配置中，可适当增加下游分水。王浩、胡鹏（2020）则基于水循环视角，三江源区、祁连山—秦岭水源涵养带、黄土高原区和黄河三角洲是目前黄河流域生态保护和治理的重点区域。黄燕芬等（2020）自协同治理的角度，指出黄河流域在生态保护和高质量发展中存在的问题，表面是开发与保护的问题，实质是治理问题，表现为流域治理的整体性、系统性与黄河流域现有管理体制之间存在矛盾，流域治理的复杂性、多样性与政府单中心的治理模式之间存在矛盾等。宁瑶等（2022）通过定义可持续发展指数，得出从2000—2015年的15年间，黄河九省的可持续发展指数均有所提高，但从全流域来看，SDGl2（负责任消费和生产）以及SDGl5（保护陆地生态）普遍发生了不同程度的负增长，突出了落实流域绿色发展的重要性和紧迫性。

4.4 水资源保护策略

相关学者除了对水资源保护的意义、水资源保护与经济发展的关系以及水资源区域治理等相关内容进行了研究外，还深入分析了水资源的投入产出情况、供需关系、水资源配置与用水效率相关情况、虚拟水等水资源保护工具，并在此基础上提出了一系列水资源保护策略。

4.4.1 水资源投入产出

投入产出表是根据国民经济各产业部门生产投入的来源和产品的分配使用去向排列而成的一张棋盘式平衡表，水资源投入产出表是对原始投入产出表进行改造，加入水资源的内容而形成的。其特点是在投入产出表中单列了水资源部门，从而使各部门用水情况、水的分配情况、供水过程的耗费和排除污水的情况得到全面的反映。

于冷、戴有忠（2000）通过建立吉林水资源投入产出表，发现吉林农业耗水量巨大且经济效益低，农产品的调出又导致水资源的大量外流，为此提出了在全省范围内合理规划配水、在农业系统内部大力节水的对策。李林红（2002）则根据包含了污染排放及治理、水资源使用等数据的昆明环境保护投入产出表建立系统动力学模型，用来仿真滇池流域环境经济的相互影响关系及发展规律，结合经济、环境、资源管理者的经验，通过反复模拟寻求合理的发展及污染治理水平。根据模型结果，提出可以在发展过程中不断调整产业结构，优先发展污染小但贡献大的产业，污染治理水平的确定应与经济发展水平相结合等一系列建议，争取解决滇池流域可持续发展问题。陈锡康等（2003）探讨了水利投入占用产出表的编制及特点，提出了关于最终需求对经济拉动作用的新的概念及其计算方法，即后向净效应和后向总效应，有效地避免了后向效应中的重复计算问题，并探讨了新的直接用水系数和完全用水系数计算方法，在理论层面为水资源投入产出分析做出了巨大贡献。张郁等（2006）指出，东北地区的水资源中度贫乏，为使有限的水资源发挥最佳的经济效益，应建立适合本地区的高效节水型产业。他们以人均水资源量及用水水平与整个东北地区比较接近的吉林为例，通过投入产出模型的分析，对吉林水资源的经济效益进行了评价，在此基础上，为吉林产业结构规划提出了增强全民节水意识，努力营建节水型社会、节水型工业、节水型农业，使有限的水资源发挥应有的生态环境效益等建议。邓建伟（2018）根据投入产出理论，编制了甘肃2007年用水分析投入产出表，计算出甘肃各部门的直接用水系数、完全用水系数和用水乘数，分析了部门之间的用水相关关系，以及产品的输入输出过程中水资源的输入与输出，提出了甘肃应提高水资源利用效率、调整产业结构、发展第三产业的建议，为甘肃可持续发展提供参考。

4.4.2 水资源供给与需求

水资源供给与需求的相关研究对于水资源的管理与配置具有重要作用，许多学者从水资源供给侧、水资源需求侧和水资源的供需平衡等方面开展了研究，在此基础上对水资源的合理配置提出了意见与建议。

黄初龙等（2009）以福建为例，构建指标体系以表征其水循环系统各环节的水资源供需平衡，采用赋权加和法、K-means cluster、Theil Index等方法分析WRSDB区域分异。结果表明，水资源供需平衡动态变化的主导因素是用水效率，不过从中长期来看，需水趋势、供水能力对水资源供需平衡的影响将逐渐增强。邓履翔等（2009）研究指出，城市水资源管理工作重点必须从现有的以开发水资源为重点的供给管理转向以管理水资源为重点的需求管理，从可持续发展的角度合理使用水资源，其在文章中系统分析了水资源需求管理研究和实施中存在的诸多问题，给出了我国水需求管理实施机理，以及政府管理、经济措施、技术支持、科学研究等四方面的实施对策。刘丹丹等（2010）针对区域水资源需求量的预测问题，由影响义乌水资源需求量变化的三类影响因子——经济发展与水资源量不协调因素、人口因素和水环境破坏因素入手，运用BP神经网络模型对该区域水资源需求量进行预测，通过网络学习训练得出义乌2010年水资源需求量，其结果可为政府决策者制定与水资源相协调的区域发展规划提供一定的参考。王喜峰等（2018）根据供给侧结构性改革的背景和基本内涵，对水资源供给侧结构性改革的内涵进行研究，提出了狭义和广义的水资源供给侧结构性改革的内容。在分析水资源需求新形势的基础上，提出了水资源供给侧结构性改革的要求。根据水循环理论提出了水资源管理是推动水资源供给侧结构性改革的重要抓手, 并在最严格水资源管理制度的基础上, 提出了建立符合水资源供给侧结构性改革要求的水资源"三条红线"指标、实行符合水资源供给侧结构性改革的用水总量控制制度、严格用水效率控制红线管理, 推动符合水资源供给侧结构性改革的水服务制度和节水制度的建设等符合水资源供给侧结构性改革要求的水资源管理制度。

4.4.3　水资源保护工具

在水资源保护工具方面, 相关学者充分研究了水权、水价以及虚拟水等工具在水资源配置和水资源保护方面的应用, 通过对水权、水价以及虚拟水等工具的合理运用, 使水资源得到更加合理的配置, 提高水资源的使用效率。

孙敏等 (2004) 认为, 水资源不论是处于自然状态还是已被开发, 水资源的使用者和受益者都应该为使用资源而支付费用。可以通过合理确定水资源价格, 使它具有一定的利润再分配功能, 促进水资源的优化配置和建立水资源核算体系, 对水资源保护配套法律的完善产生深远影响。罗会武 (2007) 以我国污水排放量最大的三大行业之一的造纸行业为例, 运用计量经济学模型构造方法, 建立了造纸行业流转税税收收入与废水排放量及相关经济指标的指数模型, 在分析其相互关系的基础上, 提出了解决水污染问题的税收政策和措施。刘子增等 (2010) 通过对水的成本价值与可承受价值的研究, 建立和谐水价模型, 确定了符合价值规律并同时体现水资源稀缺性、促进社会经济发展的决策水价, 并充分考虑农户与政府之间的博弈, 应用和谐水价模型对黑河中游地区农业水价进行实证分析。秦长海等 (2010) 以中国水资源环境经济核算混合账户建立起的国民经济生产过程中分行业取水、供水、用水、耗水及排水过程为基础, 利用投入占用产出技术进行完全用水、耗水系数, 用水、耗水关联指数、自来水价格变化对其他行业产品价格影响的价格关联度等经济机制研究, 根据研究成果提出了我国产业发展及自来水价格调整的建议。鲁仕宝等 (2010) 指出, 虚拟水工具能够使缺水国家和地区以贸易方式获得本地区所需要的水资源, 促进商品生产和服务, 进而稳定本地区经济可持续发展, 并结合农业生产实例着重介绍了农作物和畜牧产品的虚拟水计算方法，对实现水资源的优化配置和粮食安全生产有着重要的理论和现实意义。

5 中央相关政策①

5.1 习近平总书记关于推动长江经济带发展的重要讲话

2016 年 1 月 5 日，习近平总书记在重庆主持召开推动长江经济带发展座谈会，并明确指出，长江是中华民族的母亲河，也是中华民族发展的重要支撑；推动长江经济带发展必须从中华民族长远利益考虑，把修复长江生态环境摆在压倒性位置，共抓大保护、不搞大开发，努力把长江经济带建设成生态更优美、交通更顺畅、经济更协调、市场更统一、机制更科学的黄金经济带，探索出一条生态优先、绿色发展新路子。

2018 年 4 月 26 日，习近平总书记在深入推动长江经济带发展座谈会上强调，第一，正确把握整体推进和重点突破的关系，全面做好长江生态环境保护修复工作。推动长江经济带发展，前提是坚持生态优先，把修复长江生态环境摆在压倒性位置，逐步解决长江生态环境透支问题。第二，正确把握生态环境保护和经济发展的关系，探索协同推进生态优先和绿色发展新路子。推动长江经济带探索生态优先、绿色发展的新路子，关键是要处理好绿水青山和金山银山的关系。第三，正确把握总体谋划和久久为功的关系，坚定不移将一张蓝图干到底。推动长江经济带发展涉及经济社会发展各领域，是一个系统工程，不可能毕其功于一役。要做好顶层设计，要有"功成不必在我"的境界和"功成必定有我"的担当，一张蓝图干到底，以钉钉子精神，脚踏实地抓成效，积小胜为大胜。第四，正确把握破除旧动能和培育新动能的关系，推动长江经济带建设现代化经济体系。要扎实推进供给侧结构性改革，推动长江经济带发展动力转换，建设现代化经济体系。第五，正确把握自身发展和协同发展的关系，努力将长江经济带打造成为有机融合的高效经济体。

---

① 相关法律、政策均为节选，有删减。

树立"一盘棋"思想，把自身发展放到协同发展的大局之中，实现错位发展、协调发展、有机融合，形成整体合力。

2020 年 11 月 14 日，习近平总书记在全面推动长江经济带发展座谈会上发表重要讲话。他指出，要加强生态环境系统保护修复，要把修复长江生态环境摆在压倒性位置，构建综合治理新体系，统筹考虑水环境、水生态、水资源、水安全、水文化和岸线等多方面的有机联系，推进长江上中下游、江河湖库、左右岸、干支流协同治理，改善长江生态环境和水域生态功能，提升生态系统质量和稳定性。

5.2 《国务院关于依托黄金水道推动长江经济带发展的指导意见》

建设绿色生态廊道。

顺应自然，保育生态，强化长江水资源保护和合理利用，加大重点生态功能区保护力度，加强流域生态系统修复和环境综合治理，稳步提高长江流域水质，显著改善长江生态环境。

切实保护和利用好长江水资源。落实最严格水资源管理制度，明确长江水资源开发利用红线、用水效率红线。加强流域水资源统一调度，保障生活、生产和生态用水安全。严格相关规划和建设项目的水资源论证。加强饮用水水源地保护，优化沿江取水口和排污口布局，取缔饮用水水源保护区内的排污口，鼓励各地区建设饮用水应急水源。建设水源地环境风险防控工程，确保城乡饮用水安全。严厉打击河道非法采砂。优化水资源配置格局，加快推进云贵川渝等地区大中型骨干水源工程及配套工程建设。建设沿江、沿河、环湖水资源保护带、生态隔离带，增强水源涵养和水土保持能力。

严格控制和治理长江水污染。明确水功能区限制纳污红线，完善水功能区监督管理制度，科学核定水域纳污容量，严格控制入河（湖）排污总量。大幅削减化学需氧量、氨氮排放量，加大总磷、总氮排放等污染物控制力度。加大沿江化工、造纸、印染、有色等排污行业环境隐患排查和集中治理力度，实行长江干支流沿线城镇污水垃圾全收集全处理，加强农业畜禽、水产养殖污染物排放控制及农村污水垃圾治理，强化水上危险品运输安全环保监管、船舶溢油风险防范和船舶污水排放控制。完善应急救援体系，提高应急处置能力。建立环境风险大、涉及有毒有害污染物排放的产业园区退出或转型机制。加强三峡库区、丹江口库区、洞庭湖、鄱阳湖、长江口及长江源头等水体的水质监测和综合治理，强化重点水域保护，确保流域水质稳步改善。

妥善处理江河湖泊关系。综合考虑防洪、生态、供水、航运和发电等需求，进一步开展以三峡水库为核心的长江上游水库群联合调度研究与实践。加强长江与洞庭湖、鄱阳湖演变与治理研究，论证洞庭、鄱阳湖水系整治工程，进行蓄滞洪区的分类和调整研究。完善防洪保障体系，实施长江河道崩岸治理及河道综合整治工程，尽快完成长江流域山洪灾害防治项目，推进长江中下游蓄滞洪区建设及中小河流治理。

加强流域环境综合治理。完善污染物排放总量控制制度，加强二氧化硫、氮氧化物、$PM_{2.5}$（细颗粒物）等主要大气污染物综合防治，严格控制煤炭消费总量。加强挥发性有机物排放重点行业整治，扭转中下游地区、四川盆地等区域性雾霾、酸雨恶化态势，改善沿江城市空气质量。推进农村环境综合整治，降低农药和化肥使用强度，加大土壤污染防治力度，强化重点行业和重点区域重金属污染综合治理。大力推进工业园区污染集中治理和循环化改造，鼓励企业采用清洁生产技术。积极推进城镇污水处理设施和配套污水管网建设，提高现有污水处理设施处理效率。

强化沿江生态保护和修复。坚定不移实施主体功能区制度，率先划定沿江生态保护红线，强化国土空间合理开发与保护，加大重点生态功能区建设和保护力度，构建中上游生态屏障。中上游重点实施山地丘陵地区坡耕地治理、退耕还林还草和岩溶地区石漠化治理，中下游重点实施生态清洁小流域综合治理及退田还草还湖还湿。加大沿江天然林草资源保护和长江防护林体系建设力度，加强沿江风景名胜资源保护和山地丘陵地区林草植被保护。

5.3 《关于建立健全长江经济带生态补偿与保护长效机制的指导意见》

上海、江苏、浙江、安徽、江西、湖北、湖南、重庆、四川、云南、贵州省（直辖市）财政厅（局）：

为全面贯彻落实党的十九大精神，积极发挥财政在国家治理中的基础和重要支柱作用，按照党中央、国务院关于长江经济带生态环境保护的决策部署，推动长江流域生态保护和治理，建立健全长江经济带生态补偿与保护长效机制，制定本意见。

一、总体要求

（一）指导思想。略。

（二）基本原则。略。

（三）目标任务。通过统筹一般性转移支付和相关专项转移支付资金，建立激励引导机制，明显加大对长江经济带生态补偿和保护的财政资金投入力度。到 2020 年，长江流域保护和治理多元化投入机制更加完善，上下联动协同治理的工作格局更加健全，中央对地方、流域上下游间生态补偿效益更加凸显，为长江经济带生态文明建设和区域协调发展提供重要的财力支撑和制度保障。

二、中央财政加大政策支持

（一）增加均衡性转移支付分配的生态权重。中央财政增加生态环保相关因素的分配权重，加大对长江经济带相关省（市）地方政府开展生态保护、污染治理、控制减少排放等带来的财政减收增支的财力补偿，进一步发挥均衡性转移支付对长江经济带生态补偿和保护的促进作用，确保地方政府不因生态保护增加投入或限制开发降低基本公共服务水平。

（二）加大重点生态功能区转移支付对长江经济带的直接补偿。增加重点生态功能区转移支付预算安排，调整重点生态功能区转移支付分配结构，完善县域生态质量考核评价体系，加大对长江经济带的直接生态补偿，重点向禁止开发区、限制开发区和上游地区倾斜，提高长江经济带生态功能重要地区的生态保护和民生改善能力。

（三）实施长江经济带生态保护修复奖励政策。支持流域内上下游邻近省级政府间建立水质保护责任机制，鼓励省级行政区域内建立流域横向生态保护责任机制，引导长江经济带地方政府落实好流域保护和治理任务，对相关工作开展成效显著的省市给予奖励，进一步调动地方政府积极性。

（四）加大专项对长江经济带的支持力度。在支持开展森林资源培育、天然林停伐管护、湿地保护、生态移民搬迁、节能环保等方面，中央财政将结合生态保护任务，通过林业改革发展资金、林业生态保护恢复资金、节能减排补助资金等向长江经济带予以重点倾斜。把实施重大生态修复工程作为推动长江经济带发展项目的优先选项，中央财政将加大对长江经济带防护林体系建设、水土流失及岩溶地区石漠化治理等工程的支持力度。

三、地方财政抓好工作落实

（一）统筹加大生态保护补偿投入力度。省级财政部门要完善省对下均衡性、重点生态功能区等一般性转移支付资金管理办法，不断加大对长江沿岸、径流区及重点水源区域的支持。省以下各级财政部门要加强对涉及生态环保等领域相关专项转移支付资金的管理，引导各责任部门协调政策目标、明确任务职责、统筹管理办法、规范绩效考核，形成合力明显增加对长江经济带生态保护的投入。探索建立长江流域生态保护和治理方面专项转移支付资金整合机制。对相关中央专项转移支付的结转资金，地方可以制定更加严格的资金统筹办法，切实提高财政资金使用效益。

（二）因地制宜突出资金安排重点。省以下各级财政部门要紧密结合本地区的功能定位，集中财力保障长江经济带生态保护的重点任务。水源径流地区要以山水林田湖草为有机整体，重点实施森林和湿地保护修复、脆弱湖泊综合治理和水生物多样性保护工程，增强水源涵养、水土保持、水质修复等生态系统服务功能。排放消耗地区要以工业污染、农业面源污染、城镇污水垃圾处置为重点，构建源头控污、系统截污、全面治污相结合的水环境治理体系。工业化城镇化集中地区要加快产业转型升级，优化水资源配置，强化饮用水水源保护，推动节水型社会建设，满足生态系统完整健康的用水需求。对岸线周边、生态保护红线区及其他环境敏感区域内落后产能排放整改或搬迁关停要给予一定政策性资金支持。

（三）健全绩效管理激励约束机制。省级财政部门要积极配合相关部门，推动建立有针对性的生态质量考核及生态文明建设目标评价考核体系，综合反映各地生态环境保护的成效。考核结果与重点生态功能区转移支付及相关专项转移支付资金分配明显挂钩，对考核评价结果优秀的地区增加补助额度；对生态环境质量变差、发生重大环境污染事件、主要污染物排放超标、实行产业准入负面清单不力和生态扶贫工作成效不佳的地区，根据实际情况对转移支付资金予以扣减。

（四）建立流域上下游间生态补偿机制。按照中央引导、自主协商的原则，鼓励相关省（市）建立省内流域上下游之间、不同主体功能区之间的生态补偿机制，在有条件的地区推动开展省（市）际间流域上下游生态补偿试点，推动上中下游协同发展、东中西部互动合作。中央对省级行政区域内建立生态补偿机制的省份，以及流域内邻近省（市）间建立生态补偿机制的省份，给予引导性奖励。同时，对参照中央做法建立省以下生态环保责任共担机制较好的地区，通过转移支付给予适当奖励。

（五）完善财力与生态保护责任相适应的省以下财政体制。省级财政部门要结合环境保护税、资源税等税制改革，充分发挥税收调节机制，科学界定税目，合理制定税率，夯实地方税源基础，形成生态环保的稳定投入机制。推进生态环保领域财政事权和支出责任划分改革，明确省以下流域治理和环保的支出责任分担机制，对跨市县的流域要在市县间合理界定权责关系，充分调动市县积极性。

（六）充分引导发挥市场作用。各级财政部门要积极推动建立政府引导、市场运作、社会参与的多元化投融资机制，鼓励和引导社会力量积极参与长江经济带生态保护建设。研究实行绿色信贷、环境污染责任保险政策，探索排污权抵押等融资模式，稳定生态环保 PPP 项目收入来源及预期，加大政府购买服务力度，鼓励符合条件的企业和机构参与中长期投资建设。探索推广节能量、流域水环境、湿地、碳排放权交易、排污权交易和水权交易等生态补偿试点经验，推行环境污染第三方治理，吸引和撬动更多社会资本进入生态文明建设领域。

5.4 《支持长江全流域建立横向生态保护补偿机制的实施方案》

一、总体要求

（一）指导思想。略。

（二）基本原则。略。

（三）工作目标。流域横向生态保护补偿机制逐步健全。2022 年长江干流初步建立流域横向生态保护补偿机制。2024 年主要一级支流初步建立流域横向生态保护补偿机制。2025 年长江全流域建立起流域横向生态保护补偿机制体系。同时，补偿的内容更加丰富，方式更加多样，标准更加完善，机制更加成熟。

生态环境质量稳步改善。地表水达到或好于Ⅲ类水体比例不断提高，水资源得到有效保护和节约集约利用，河湖、湿地生态功能逐步恢复，生态系统功能持续改善，珍稀鱼类种群和数量得到有效恢复，生物多样性稳步提高，生态系统质量和稳定性不断提升。

二、实施范围（略）

三、主要政策措施

为推动长江全流域横向生态保护补偿机制建设，中央财政支持引导长江19 省进一步建立流域横向生态保护补偿机制，鼓励地方统筹考虑水环境、水生态、水资源、水安全、水文化和岸线等多要素，推进长江上中下游、江河湖库、左右岸、干支流协同治理。

（一）中央财政安排引导和奖励资金。

1. 每年从水污染防治资金中安排一部分资金作为引导和奖励资金，支持长江19 省进一步健全完善流域横向生态保护补偿机制，加大生态系统保护修复和环境治理力度。资金对环境质量改善突出、生态系统功能提升明显、资金使用绩效好，以及机制建设进展快、成效好、积极探索创新的省给予倾斜。引导资金采用因素法分配，先预拨后根据机制建设成效进行清算，根据方案实施情况，可适时对因素和权重进行优化，以更好引导机制建设；奖励资金采取定额奖补的方式，奖励在干流和重要支流建立起跨省流域横向生态保护补偿机制的省。引导和奖励资金的分配使用和管理应符合水污染防治资金相关管理办法的要求。

2. 奖励资金重点支持干流跨省流域横向生态保护补偿机制建设，兼顾对重要支流跨省流域横向生态保护补偿机制建设的支持。对在干流建立跨省流域横向生态保护补偿机制的省，按照"早建多补"的原则，结合协议签订的地方补偿资金规模和生态功能重要程度等情况安排奖励资金；对在重要支流建立跨省流域横向生态保护补偿机制的省，根据流域外溢性、生态功能重要程度以及协议签订的资金规模等情况安排奖励资金；对在省内建立流域横向生态保护补偿机制的省，原则上不单独安排奖励资金。

3. 在本方案实施前签订流域横向生态保护补偿机制协议的省，按照《中央财政促进长江经济带生态保护修复奖励政策实施方案》（财建〔2018〕6号）有关规定进行清算，对于部分协议金额规模过小，清算不及时、不到位的，减少或不予安排奖励资金。

（二）以地方为主体建立横向生态保护补偿机制。

根据《生态文明制度改革总体方案》，跨省流域横向生态保护补偿机制以地方补偿为主，各省要积极与邻近省份沟通协调，尽快就各方权责、考核目标、补偿措施、保障机制等达成一致意见并签署补偿协议。补偿协议由邻近省份自愿协商签订，协商过程中可由下游省份负责提出协议方案，涉及左右岸共同作为上下游的，可由右岸省份负责提出协议方案。机制建立后，要及时开展资金清算和效果评估，研究签订长期协议，并根据指标改善情况和实际需求完善补偿目标。

四、组织保障

（一）明确部门职责分工。

四部门负责统筹协调机制建设，从流域整体性和系统性出发，研究提出长江流域生态环境保护的重点任务，根据部门职责加强对地方的指导，及时监测、跟踪和督促各项工作，适时对机制建设情况进行评估。

财政部统筹协调方案的实施，负责引导和奖励资金的分配和使用监管，会同有关部门统筹整合相关数据及组织实施全过程预算绩效管理。生态环境部、水利部、国家林业和草原局按照职责分工，指导地方开展生态环境保护修复、水资源管理、生态产品价值实现等工作，并提供相关数据，加强数据共享。生态环境部负责提供各省水质、生态环境状况、减排目标任务完成情况等有关数据。水利部负责提供各省水资源量、生态流量、用水量、用水效率等考核数据。国家林业和草原局负责提供森林、湿地、草原面积等情况。

（二）落实地方主体责任。

长江19省要履行好生态环境保护的主体责任，加强生态环境保护修复，切实落实好水源涵养、水环境质量提升、生态原真性和完整性保持等工作，上中下游地区要互动协作，明确责任分工，增强各项举措的关联性和耦合性。各省要积极开展协商谈判，推动补偿机制尽早落地，及时开展协议补偿资金清算，积极向多元化、市场化等补偿方式拓展，并进一步探索开展生态产品价值核算和实现机制。针对本辖区内存在的突出生态环境问题，结合本省实际，研究制定生态环境保护修复、水土保持、污染治理等有关措施，切实提高财政资金使用的针对性和有效性。

（三）强化绩效管理。

紧紧围绕流域生态环境保护和质量改善，加强补偿资金全过程绩效管理，适时组织开展绩效评价和评估，并将结果作为资金分配的重要参考。根据生态保护补偿机制建设成效和生态环境保护修复工作成效等情况，对达到工作目标的全额拨付中央引导和奖励资金，对未完全达到目标的扣减资金，并用于奖励生态环境保护和质量改善好的地区。四部门按照职责分工，强化各项考核评价措施，确保机制建设成效。

（四）建立协商机制推进协同治理。

四部门联合建立稳定的工作联系机制，按职责组织开展跨界断面水量、水生态等监测，推动信息共享，建立相互通报机制，共同研究解决生态保护补偿机制推进中遇到的重大问题。各省要建立地区间有效沟通协商机制，完善河湖长机制，加强生态环境保护修复联合防治、联合执法，开展重大工程项目环评共商、环境污染应急联防，协力推进流域保护与治理。

5.5 《长江保护修复攻坚战行动计划》

经国务院同意，生态环境部、发展改革委联合印发《长江保护修复攻坚战行动计划》（以下简称《行动计划》）。《行动计划》提出，到 2020 年年底，长江流域水质优良（达到或优于Ⅲ类）的国控断面比例达到 85% 以上，丧失使用功能（劣于Ⅴ类）的国控断面比例低于 2%；长江经济带地级及以上城市建成区黑臭水体控制比例达 90% 以上，地级及以上城市集中式饮用水水源水质达到或优于Ⅲ类比例高于 97%。

《行动计划》明确以改善长江生态环境质量为核心，以长江干流、主要支流及重点湖库为突破口，统筹山水林田湖草系统治理，坚持污染防治和生态保护"两手发力"，推进水污染治理、水生态修复、水资源保护"三水共治"，突出工业、农业、生活、航运污染"四源齐控"，深化和谐长江、健康长江、清洁长江、安全长江、优美长江"五江共建"，创新体制机制，强化监督执法，落实各方责任，着力解决突出生态环境问题，确保长江生态功能逐步恢复，环境质量持续改善。

《行动计划》提出了强化生态环境空间管控，严守生态保护红线；排查整治排污口，推进水陆统一监管；加强工业污染治理，有效防范生态环境风险；持续改善农村人居环境，遏制农业面源污染；补齐环境基础设施短板，保障饮用水水源水质安全；加强航运污染防治，防范船舶港口环境风险；优化水资源配置，有效保障生态用水需求；强化生态系统管护，严厉打击生态破坏行为等八项主要任务。

为保障各项任务的顺利实施，《行动计划》要求，要加强党的领导，全面落实生态环境保护"党政同责""一岗双责"，严格考核问责。完善政策法规标准，强化长江保护法律保障，推动制定地方性环境标准。健全投资与补偿机制，拓宽投融资渠道，完善流域生态补偿。强化科技支撑，加强科学研究和成果转化，大力发展节能环保产业。严格生态环境监督执法，建立完善长江环境污染联防联控机制和预警应急体系，加大生态环境执法力度，深入开展生态环境保护督察，提升监测预警能力。促进公众参与，加强环境信息公开，构建全民行动格局。

5.6 《长江经济带生态环境保护规划》

环境保护部①、国家发展改革委、水利部联合印发《长江经济带生态环境保护规划》，以切实保护和改善长江生态环境，确保一江清水绵延后世。规划确立了6个方面的重点任务：

一、确立水资源利用上线，妥善处理江河湖库关系。从水资源总量和强度双控、实施以水定城以水定产、严格水资源保护三个方面加强流域水资源统一管理和科学调度，强化江河湖库水量调度管理，实现江湖和谐、人水和谐。

二、划定生态保护红线，实施生态保护与修复。划定并严守生态保护红线，系统开展重点区域生态保护和修复，加强水生生物及特有鱼类的保护，防范外来有害生物入侵，增强水源涵养、水土保持等生态系统服务功能。

三、坚守环境质量底线，推进流域水污染统防统治。建立水环境质量底线管理制度，坚持点源、面源和流动源综合防治策略，突出抓好良好水体保护和严重污染水体治理，强化总磷污染控制，切实维护和改善长江水质。特别是要切实加大长江经济带沿线饮用水水源保护力度。

四、全面推进环境污染治理，建设宜居城乡环境。

五、强化突发环境事件预防应对，严格管控环境风险。

六、创新大保护的生态环保机制政策，推动区域协同联动。

为保障规划任务的落实，规划提出水资源优化调配、生态保护与修复、水环境保护与治理、城乡环境综合整治、环境风险防控、环境监测能力建设等6大工程18类项目，建立重大项目库，以大工程带动大保护。

5.7 《关于加强长江经济带重要湖泊保护和治理的指导意见》

一、总体要求

（一）指导思想。略。

---

① 现生态环境部。

（二）基本原则。略。

（三）总体目标。到 2025 年，太湖、巢湖不发生大面积蓝藻水华导致水体黑臭现象，确保供水水源安全。洞庭湖、鄱阳湖、洱海、滇池生态环境质量得到巩固提升，生态环境突出问题得到有效治理，水质稳中向好。洞庭湖、鄱阳湖等湖泊调蓄能力持续提升，全面构建健康、稳定、完整的湖泊及周边生态系统。到 2035 年，长江经济带重要湖泊保护治理成效与人民群众对优美湖泊生态环境的需要相适应，基本达成与美丽中国目标相适应的湖泊保护治理水平，有效保障长江经济带高质量发展。

二、着力优化空间布局

（四）加快构建管控体系。紧密围绕长江经济带重要湖泊保护治理目标任务，立足资源环境承载能力，统筹考虑湖泊生态系统的完整性、自然地理单元的连续性和经济社会发展的可持续性，加快编制长江流域国土空间规划，建立健全流域统一的空间规划体系。开展资源环境承载能力和国土空间开发适宜性评价，识别湖区重要生态系统，有效衔接生态保护红线，合理安排各类空间和要素。优化国土空间开发保护布局，因地制宜谋划湖泊水资源利用、水污染防治、水生态修复、水生生物保护等空间。加强重点湖泊流域保护治理规划实施监测评估预警，严格实施国土空间用途管制。

（五）推进自然资源确权登记。探索推进鄱阳湖、洞庭湖、太湖、巢湖、洱海、滇池等重要湖泊自然资源统一确权登记，构建法治化、规范化、标准化、信息化自然资源统一确权登记体系。厘清不同自然资源类型边界，清晰界定重要湖泊流域等生态空间自然资源资产的所有权主体。积极探索取水权登记的途径和方式，健全水资源产权制度，促进水资源优化配置。

三、积极推进生态保护

（六）加强水域岸线保护。依法依规划定湖泊管理范围，科学划定湖泊岸线保护区、保留区、控制利用区和开发利用区，明确分区管控和用途管制要求，严格管控可能影响防洪安全、供水安全和生态安全的项目建设和活动，依法履行涉河建设项目和活动许可，切实落实生态环境影响评价制度。禁止围湖造地，有序实施退地退圩还湖。加强湖区采砂管理，严厉打击非法采砂行为。持续规范推进湖泊"清四乱"（乱占、乱采、乱堆、乱建），常态化开展塑料垃圾清理，不断巩固清理整治成效。

（七）实施湿地保护修复。坚持保护优先、自然恢复为主、人工修复相结合，布局实施长江重点生态区生态保护和修复重大工程，统筹推进重要湿地保护和修复。加强湿地保护管理基础设施建设，积极推进湿地自然生境及重要野生动植物栖息地恢复，促进重要湿地生态系统功能稳步提升。完善卫星遥感监控体系，强化湿地监督检查，依法坚决制止围垦占用、巧立名目侵占湿地行为，对有条件恢复的湿地要加快退养还滩、还湿。

（八）提升生物多样性水平。以洞庭湖、鄱阳湖等为重点，开展湖泊生物多样性调查监测和生物完整性指数评价，实施中华鲟、长江江豚等珍稀濒危物种拯救行动，推进迁地和人工繁育保护相结合，加强关键栖息地保护和遗传资源保存。健全湖泊休养生息制度，严格执行有关湖泊禁渔制度，坚决打击非法捕捞行为，有效恢复水生生物多样性。依法严格外来物种引入管理，加强重大危害入侵物种治理。加强候鸟保护，改善湖泊候鸟栖息地环境。

四、深入实施污染治理

（九）强化生态环境突出问题整改。持续抓好长江经济带生态环境警示片、中央生态环境保护督察披露涉及重要湖泊的问题整改，分门别类建立问题台账，明确整改方案，狠抓负面典型，强化执法监督。探索建立流域污染联防联控机制，组织查摆深层次问题，建立湖泊生态环境问题整改长效机制，发现一起，整改一起，销号一起。

（十）加大污染综合防治力度。深入推进实施湖区城镇污水垃圾处理、化工污染治理、农业面源污染治理、船舶污染治理和尾矿库污染治理"4+1"工程，不断巩固湖泊环境污染治理成果。保障湖区城乡生活污水处理设施运行，规范入湖排污口建设，强化工业园区污水处理设施排查整治。严格控制农业面源污染，支持使用有机肥料、绿色农药，提高湖区畜禽粪污综合利用率。

五、切实保障饮用水水源地安全

（十一）强化水源地环境保护。以保障南水北调中线工程水源地水质为重中之重，实施水源专项执法行动，严肃查处饮用水水源保护区内的违法行为。以洞庭湖、太湖等为重点，排查和取缔对水源影响较大的排污口、码头等。定期调查评估集中式地下水型饮用水水源补给区环境状况，开展地下水污染场地修复试点。对未达到Ⅲ类水质要求的饮用水水源地要制定并实施供水保障和水质达标方案。

（十二）提升水源地安全保障能力。合理布局湖区饮用水水源地及取水口，制定并公布饮用水水源地名录，划定饮用水水源保护区，加强湖区重要城市应急备用水源建设，提升城乡饮用水水源安全保障水平。开展城市饮用水水源地规范化建设和饮用水水源安全评估，推进影响饮用水安全的重污染企业搬迁改造。强化太湖、巢湖等湖泊蓝藻高发期饮用水水源地监测，"一湖一策"制定完善突发水污染事件应急预案。

六、加快推动绿色发展

（十三）强化水资源节约集约利用。深入实施国家节水行动，推动湖区生产、生活、生态用水向节约集约利用方向转变。扎实推进工业、农业、城镇节水提效，严控高耗水项目建设，强化湖区重点监控用水单位用水计划和定额管理。强化水资源论证，健全水资源承载能力监测预警机制，加强取用水监测计量，严格区域用水总量控制。

（十四）调整完善产业结构。严格落实长江经济带发展负面清单制度，加快产业清洁生产、循环化改造、资源综合利用，科学构建湖区产业发展格局。强化"散乱污"企业整治，推动太湖、巢湖等流域造纸、印染等传统产业升级改造，有序推动相关产业向资源承载能力较强的地区转移，妥善做好退出产业和湖泊禁渔等后续基本民生保障。在太湖、洱海、洞庭湖等开展生态产品价值实现路径探索，推进生态价值转化。

（十五）大力推动经济转型。积极发展战略性新兴产业，因地制宜培育生物技术、新能源、新材料、绿色环保等产业。在太湖等有条件的湖区积极发展现代服务业，充分吸纳就业人员。引导发展多种形式适度规模经营，在洞庭湖、鄱阳湖等大力发展高效生态农业。推动滇池、洱海等发展湖泊旅游，创建全域旅游示范区，做强做优生态农业、生态旅游、度假康养等特色优势产业，助力推进湖区产业转型发展。

七、健全完善体制机制

（十六）强化河湖长制。按照统一规划、流域统筹、各担其责的原则，依托河长制、湖长制平台，完善以流域管理与行政区域管理相结合的湖泊管理体制，完善湖长制组织体系，压紧压实湖泊保护治理属地责任。探索建立跨省湖泊湖长协调联动机制，协调解决湖泊保护治理跨区域、跨流域重大问题。研究建立跨区域湖泊联防联控机制，加强区域协作与部门联动。严格湖泊保护治理监管考核，健全巡查检查监管制度。

（十七）探索建立生态补偿机制。鼓励重要湖泊所在地建立生态保护补偿机制，推动重要湖泊及重要湖泊出入湖河流所在地积极探索流域生态保护补偿的新方式，协商确定湖泊水生态环境改善目标，加快形成湖泊生态环境共保联治格局。进一步健全生态保护补偿机制，加大对森林、草原、湿地等重要生态系统的保护力度。发挥中央资金引导和地方政府主导作用，完善补偿资金渠道。

（十八）提升监督执法水平。充分应用无人机等现代化监控手段，大力推进湖泊监测现代化、自动化、信息化，不断提升监测监控能力和监测效率。建立完善湖泊综合评价体系，定期客观评价湖泊健康和生态安全状况。加快完善湖泊保护治理法律法规体系，大力推进联合执法，着力完善综合监管体系。建立健全湖泊保护行政执法与刑事司法衔接，加大对侵占水域、偷排漏排、非法采砂、非法捕捞等打击力度。

八、强化保障措施

（十九）加强组织领导。坚持中央统筹、省负总责、市县落实的工作原则，自然资源部、生态环境部、水利部、农业农村部等部门研究制定湖泊保护治理重大规划和政策建议，协调解决跨区域、跨流域重大问题，有关部门给予大力支持。省级层面要履行主体责任，加强谋划，系统推进实施，2021年内出台完成本省区重要湖泊保护治理的政策文件。市县层面按照部署逐项落实到位，进一步强化河长制湖长制基层实践，确保湖泊保护治理取得新成效。

（二十）深化问题研究。结合不同类型湖泊的自然特征、功能属性，摸清湖泊保护治理本底情况。针对共性和个性问题，深入开展江湖关系演变、环境污染成因、蓝藻水华机理、高原湖泊保护措施、水生生物保护措施等重大问题研究。稳妥推进实施河湖连通、水利水电、生态环境保护工程等重大工程，促进江湖关系和谐，不断扩大生态环境容量。

（二十一）强化资金支持。按照财政事权和支出责任划分，各级政府合理安排湖泊保护和治理的财政资金，将符合条件的湖泊生态环境保护修复项目纳入地方政府专项债券支持范围。积极推动建立政府引导、市场运作、社会参与的多元化投融资机制，引导国有企业、各类金融机构、社会资本依法依规参与湖泊保护治理。定期评估湖泊保护治理成效，按规定开展表彰奖励，进一步突出带动示范作用。

（二十二）加大宣传力度。加大重要湖泊在长江经济带生态环境保护宣传力度，充分利用新媒体、媒介宣传推广湖泊保护治理的好经验、好做法，互学互鉴。加强公共参与，大力宣传生态优先、绿色发展理念，引导公众参与长江经济带重要湖泊保护志愿行动，提高公众对河湖保护的责任意识和参与意识，推动形成共同保护长江母亲河的良好氛围。

5.8 《中华人民共和国长江保护法》（节选）

第一章 总则

第一条 为了加强长江流域生态环境保护和修复，促进资源合理高效利用，保障生态安全，实现人与自然和谐共生、中华民族永续发展，制定本法。

第二条 在长江流域开展生态环境保护和修复以及长江流域各类生产生活、开发建设活动，应当遵守本法。

本法所称长江流域，是指由长江干流、支流和湖泊形成的集水区域所涉及的青海省、四川省、西藏自治区、云南省、重庆市、湖北省、湖南省、江西省、安徽省、江苏省、上海市，以及甘肃省、陕西省、河南省、贵州省、广西壮族自治区、广东省、浙江省、福建省的相关县级行政区域。

第五条 国务院有关部门和长江流域省级人民政府负责落实国家长江流

域协调机制的决策，按照职责分工负责长江保护相关工作。

长江流域地方各级人民政府应当落实本行政区域的生态环境保护和修复、促进资源合理高效利用、优化产业结构和布局、维护长江流域生态安全的责任。

长江流域各级河湖长负责长江保护相关工作。

第七条　国务院生态环境、自然资源、水行政、农业农村和标准化等有关主管部门按照职责分工，建立健全长江流域水环境质量和污染物排放、生态环境修复、水资源节约集约利用、生态流量、生物多样性保护、水产养殖、防灾减灾等标准体系。

第二章　规划与管控

第十八条　国务院和长江流域县级以上地方人民政府应当将长江保护工作纳入国民经济和社会发展规划。

国务院发展改革部门会同国务院有关部门编制长江流域发展规划，科学统筹长江流域上下游、左右岸、干支流生态环境保护和绿色发展，报国务院批准后实施。

长江流域水资源规划、生态环境保护规划等依照有关法律、行政法规的规定编制。

第二十一条　国务院水行政主管部门统筹长江流域水资源合理配置、统一调度和高效利用，组织实施取用水总量控制和消耗强度控制管理制度。

国务院生态环境主管部门根据水环境质量改善目标和水污染防治要求，确定长江流域各省级行政区域重点污染物排放总量控制指标。长江流域水质超标的水功能区，应当实施更严格的污染物排放总量削减要求。企业事业单位应当按照要求，采取污染物排放总量控制措施。

国务院自然资源主管部门负责统筹长江流域新增建设用地总量控制和计划安排。

第二十四条　国家对长江干流和重要支流源头实行严格保护，设立国家公园等自然保护地，保护国家生态安全屏障。

第二十五条　国务院水行政主管部门加强长江流域河道、湖泊保护工作。长江流域县级以上地方人民政府负责划定河道、湖泊管理范围，并向社会公告，实行严格的河湖保护，禁止非法侵占河湖水域。

第二十六条 国家对长江流域河湖岸线实施特殊管制。国家长江流域协调机制统筹协调国务院自然资源、水行政、生态环境、住房和城乡建设、农业农村、交通运输、林业和草原等部门和长江流域省级人民政府划定河湖岸线保护范围，制定河湖岸线保护规划，严格控制岸线开发建设，促进岸线合理高效利用。

禁止在长江干支流岸线一公里范围内新建、扩建化工园区和化工项目。

禁止在长江干流岸线三公里范围内和重要支流岸线一公里范围内新建、改建、扩建尾矿库；但是以提升安全、生态环境保护水平为目的的改建除外。

第三章 资源保护

第三十四条 国家加强长江流域饮用水水源地保护。国务院水行政主管部门会同国务院有关部门制定长江流域饮用水水源地名录。长江流域省级人民政府水行政主管部门会同本级人民政府有关部门制定本行政区域的其他饮用水水源地名录。

长江流域省级人民政府组织划定饮用水水源保护区，加强饮用水水源保护，保障饮用水安全。

第三十六条 丹江口库区及其上游所在地县级以上地方人民政府应当按照饮用水水源地安全保障区、水质影响控制区、水源涵养生态建设区管理要求，加强山水林田湖草整体保护，增强水源涵养能力，保障水质稳定达标。

第三十七条 国家加强长江流域地下水资源保护。长江流域县级以上地方人民政府及其有关部门应当定期调查评估地下水资源状况，监测地下水水量、水位、水环境质量，并采取相应风险防范措施，保障地下水资源安全。

第四十一条 国务院农业农村主管部门会同国务院有关部门和长江流域省级人民政府建立长江流域水生生物完整性指数评价体系，组织开展长江流域水生生物完整性评价，并将结果作为评估长江流域生态系统总体状况的重要依据。长江流域水生生物完整性指数应当与长江流域水环境质量标准相衔接。

第四章 水污染防治

第四十三条 国务院生态环境主管部门和长江流域地方各级人民政府应

当采取有效措施，加大对长江流域的水污染防治、监管力度，预防、控制和减少水环境污染。

第四十四条 国务院生态环境主管部门负责制定长江流域水环境质量标准，对国家水环境质量标准中未作规定的项目可以补充规定；对国家水环境质量标准中已经规定的项目，可以作出更加严格的规定。制定长江流域水环境质量标准应当征求国务院有关部门和有关省级人民政府的意见。长江流域省级人民政府可以制定严于长江流域水环境质量标准的地方水环境质量标准，报国务院生态环境主管部门备案。

第四十五条 长江流域省级人民政府应当对没有国家水污染物排放标准的特色产业、特有污染物，或者国家有明确要求的特定水污染源或者水污染物，补充制定地方水污染物排放标准，报国务院生态环境主管部门备案。

有下列情形之一的，长江流域省级人民政府应当制定严于国家水污染物排放标准的地方水污染物排放标准，报国务院生态环境主管部门备案：

（一）产业密集、水环境问题突出的；

（二）现有水污染物排放标准不能满足所辖长江流域水环境质量要求的；

（三）流域或者区域水环境形势复杂，无法适用统一的水污染物排放标准的。

第四十六条 长江流域省级人民政府制定本行政区域的总磷污染控制方案，并组织实施。对磷矿、磷肥生产集中的长江干支流，有关省级人民政府应当制定更加严格的总磷排放管控要求，有效控制总磷排放总量。

磷矿开采加工、磷肥和含磷农药制造等企业，应当按照排污许可要求，采取有效措施控制总磷排放浓度和排放总量；对排污口和周边环境进行总磷监测，依法公开监测信息。

第四十七条 长江流域县级以上地方人民政府应当统筹长江流域城乡污水集中处理设施及配套管网建设，并保障其正常运行，提高城乡污水收集处理能力。

长江流域县级以上地方人民政府应当组织对本行政区域的江河、湖泊排污口开展排查整治，明确责任主体，实施分类管理。

在长江流域江河、湖泊新设、改设或者扩大排污口，应当按照国家有关规定报经有管辖权的生态环境主管部门或者长江流域生态环境监督管理机构同意。对未达到水质目标的水功能区，除污水集中处理设施排污口外，应当严格控制新设、改设或者扩大排污口。

第四十八条 国家加强长江流域农业面源污染防治。长江流域农业生产应当科学使用农业投入品，减少化肥、农药施用，推广有机肥使用，科学处置农用薄膜、农作物秸秆等农业废弃物。

第四十九条 禁止在长江流域河湖管理范围内倾倒、填埋、堆放、弃置、处理固体废物。长江流域县级以上地方人民政府应当加强对固体废物非法转移和倾倒的联防联控。

第五十条 长江流域县级以上地方人民政府应当组织对沿河湖垃圾填埋场、加油站、矿山、尾矿库、危险废物处置场、化工园区和化工项目等地下水重点污染源及周边地下水环境风险隐患开展调查评估，并采取相应风险防范和整治措施。

第五十一条 国家建立长江流域危险货物运输船舶污染责任保险与财务担保相结合机制。具体办法由国务院交通运输主管部门会同国务院有关部门制定。

禁止在长江流域水上运输剧毒化学品和国家规定禁止通过内河运输的其他危险化学品。长江流域县级以上地方人民政府交通运输主管部门会同本级人民政府有关部门加强对长江流域危险化学品运输的管控。

第五章 生态环境修复

第五十二条 国家对长江流域生态系统实行自然恢复为主、自然恢复与人工修复相结合的系统治理。国务院自然资源主管部门会同国务院有关部门编制长江流域生态环境修复规划，组织实施重大生态环境修复工程，统筹推进长江流域各项生态环境修复工作。

第五十四条 国务院水行政主管部门会同国务院有关部门制定并组织实施长江干流和重要支流的河湖水系连通修复方案，长江流域省级人民政府制定并组织实施本行政区域的长江流域河湖水系连通修复方案，逐步改善长江流域河湖连通状况，恢复河湖生态流量，维护河湖水系生态功能。

第五十六条　国务院有关部门会同长江流域有关省级人民政府加强对三峡库区、丹江口库区等重点库区消落区的生态环境保护和修复，因地制宜实施退耕还林还草还湿，禁止施用化肥、农药，科学调控水库水位，加强库区水土保持和地质灾害防治工作，保障消落区良好生态功能。

第五十八条　国家加大对太湖、鄱阳湖、洞庭湖、巢湖、滇池等重点湖泊实施生态环境修复的支持力度。长江流域县级以上地方人民政府应当组织开展富营养化湖泊的生态环境修复，采取调整产业布局规模、实施控制性水工程统一调度、生态补水、河湖连通等综合措施，改善和恢复湖泊生态系统的质量和功能；对氮磷浓度严重超标的湖泊，应当在影响湖泊水质的汇水区，采取措施削减化肥用量，禁止使用含磷洗涤剂，全面清理投饵、投肥养殖。

第六十条　国务院水行政主管部门会同国务院有关部门和长江河口所在地人民政府按照陆海统筹、河海联动的要求，制定实施长江河口生态环境修复和其他保护措施方案，加强对水、沙、盐、潮滩、生物种群的综合监测，采取有效措施防止海水入侵和倒灌，维护长江河口良好生态功能。

第六十三条　长江流域中下游地区县级以上地方人民政府应当因地制宜在项目、资金、人才、管理等方面，对长江流域江河源头和上游地区实施生态环境修复和其他保护措施给予支持，提升长江流域生态脆弱区实施生态环境修复和其他保护措施的能力。

国家按照政策支持、企业和社会参与、市场化运作的原则，鼓励社会资本投入长江流域生态环境修复。

第六章　绿色发展

第六十六条　长江流域县级以上地方人民政府应当推动钢铁、石油、化工、有色金属、建材、船舶等产业升级改造，提升技术装备水平；推动造纸、制革、电镀、印染、有色金属、农药、氮肥、焦化、原料药制造等企业实施清洁化改造。企业应当通过技术创新减少资源消耗和污染物排放。

长江流域县级以上地方人民政府应当采取措施加快重点地区危险化学品生产企业搬迁改造。

第六十七条　国务院有关部门会同长江流域省级人民政府建立开发区绿色发展评估机制，并组织对各类开发区的资源能源节约集约利用、生态环境保护等情况开展定期评估。

长江流域县级以上地方人民政府应当根据评估结果对开发区产业产品、节能减排等措施进行优化调整。

第七十二条　长江流域县级以上地方人民政府应当统筹建设船舶污染物接收转运处置设施、船舶液化天然气加注站，制定港口岸电设施、船舶受电设施建设和改造计划，并组织实施。具备岸电使用条件的船舶靠港应当按照国家有关规定使用岸电，但使用清洁能源的除外。

第七十三条　国务院和长江流域县级以上地方人民政府对长江流域港口、航道和船舶升级改造，液化天然气动力船舶等清洁能源或者新能源动力船舶建造，港口绿色设计等按照规定给予资金支持或者政策扶持。

国务院和长江流域县级以上地方人民政府对长江流域港口岸电设施、船舶受电设施的改造和使用按照规定给予资金补贴、电价优惠等政策扶持。

第七十四条　长江流域地方各级人民政府加强对城乡居民绿色消费的宣传教育，并采取有效措施，支持、引导居民绿色消费。

长江流域地方各级人民政府按照系统推进、广泛参与、突出重点、分类施策的原则，采取回收押金、限制使用易污染不易降解塑料用品、绿色设计、发展公共交通等措施，提倡简约适度、绿色低碳的生活方式。

第七章　保障与监督

第七十五条　国务院和长江流域县级以上地方人民政府应当加大长江流域生态环境保护和修复的财政投入。

国务院和长江流域省级人民政府按照中央与地方财政事权和支出责任划分原则，专项安排长江流域生态环境保护资金，用于长江流域生态环境保护和修复。国务院自然资源主管部门会同国务院财政、生态环境等有关部门制定合理利用社会资金促进长江流域生态环境修复的政策措施。

国家鼓励和支持长江流域生态环境保护和修复等方面的科学技术研究开发和推广应用。

国家鼓励金融机构发展绿色信贷、绿色债券、绿色保险等金融产品，为长江流域生态环境保护和绿色发展提供金融支持。

第七十六条 国家建立长江流域生态保护补偿制度。

国家加大财政转移支付力度，对长江干流及重要支流源头和上游的水源涵养地等生态功能重要区域予以补偿。具体办法由国务院财政部门会同国务院有关部门制定。

国家鼓励长江流域上下游、左右岸、干支流地方人民政府之间开展横向生态保护补偿。

国家鼓励社会资金建立市场化运作的长江流域生态保护补偿基金；鼓励相关主体之间采取自愿协商等方式开展生态保护补偿。

第七十八条 国家实行长江流域生态环境保护责任制和考核评价制度。上级人民政府应当对下级人民政府生态环境保护和修复目标完成情况等进行考核。

第七十九条 国务院有关部门和长江流域县级以上地方人民政府有关部门应当依照本法规定和职责分工，对长江流域各类保护、开发、建设活动进行监督检查，依法查处破坏长江流域自然资源、污染长江流域环境、损害长江流域生态系统等违法行为。

公民、法人和非法人组织有权依法获取长江流域生态环境保护相关信息，举报和控告破坏长江流域自然资源、污染长江流域环境、损害长江流域生态系统等违法行为。

国务院有关部门和长江流域地方各级人民政府及其有关部门应当依法公开长江流域生态环境保护相关信息，完善公众参与程序，为公民、法人和非法人组织参与和监督长江流域生态环境保护提供便利。

第八章 法律责任

第八十九条 长江流域磷矿开采加工、磷肥和含磷农药制造等企业违反本法规定，超过排放标准或者总量控制指标排放含磷水污染物的，由县级以上人民政府生态环境主管部门责令停止违法行为，并处二十万元以上二百万元以下罚款，对直接负责的主管人员和其他直接责任人员处五万元以上十万元以下罚款；情节严重的，责令停产整顿，或者报经有批准权的人民政府批准，责令关闭。

第九十条　违反本法规定，在长江流域水上运输剧毒化学品和国家规定禁止通过内河运输的其他危险化学品的，由县级以上人民政府交通运输主管部门或者海事管理机构责令改正，没收违法所得，并处二十万元以上二百万元以下罚款，对直接负责的主管人员和其他直接责任人员处五万元以上十万元以下罚款；情节严重的，责令停业整顿，或者吊销相关许可证。

第九十二条　对破坏长江流域自然资源、污染长江流域环境、损害长江流域生态系统等违法行为，本法未作行政处罚规定的，适用有关法律、行政法规的规定。

第九十三条　因污染长江流域环境、破坏长江流域生态造成他人损害的，侵权人应当承担侵权责任。

违反国家规定造成长江流域生态环境损害的，国家规定的机关或者法律规定的组织有权请求侵权人承担修复责任、赔偿损失和有关费用。

5.9　《"十四五"重点流域水环境综合治理规划》（节选）

第三章　聚焦重要湖泊推进保护治理

第一节　严守生态保护空间

大力整治房地产建设等环湖开发活动，坚决遏制"造湖大跃进"，加快构建管控体系。

第二节　统筹污染防治与绿色发展

切实削减入湖污染负荷，优化提升生态减污功能，强化水资源节约集约利用，推动产业绿色发展。

第三节　健全完善体制机制

切实发挥湖长制作用，探索建立生态补偿机制，建立重要湖泊系统治理监督评估体系。

第四章　推动大江大河综合治理

第一节　深化流域水环境综合治理与可持续发展试点

推进试点流域截污控源，形成绿色生产生活方式，促进生态保护与绿色发展相协调，深化流域治理体制机制创新。

第二节　支撑区域重大战略实施

以保护修复长江生态环境为首要目标，推进长江上中下游、江河湖库、左右岸、干支流协同治理。以三峡库区及上游、沱江、乌江等为重点，加强总磷污染防治，推进府河、螳螂川、南淝河等重污染河流综合治理。以汉江、乌江、嘉陵江、赣江等支流和鄱阳湖、洞庭湖等湖泊为重点，加强农业面源污染防治，加快发展循环农业，强化周边畜禽养殖管理。提高城镇污水垃圾收集处理能力，提升重点湖泊、重点水库等敏感区域治理水平。

推动长三角生态环境共保联治，夯实绿色发展生态本底。落实河长制、湖长制，加强长江、淮河、钱塘江、新安江等跨省联防联控，加大长江口、杭州湾等蓝色海湾整治。深化太湖流域水环境综合治理，加大巢湖、淀山湖、太浦河等重点跨界水体协同治理。加大千岛湖等重要饮用水水源地保护力度，优化太湖、巢湖等重要生态空间管控，推动提升区域环境治理一体化水平。

第三节　提升主要河流治理水平

推动城镇污水垃圾收集处理设施建设。加大农业农村污染防治力度。强化地表水与地下水协同防治。

第五章　项目实施

第一节　水污染防治项目

包括污水处理工程、污水管网工程、污水处理提标改造和再生利用工程、污泥处置工程、城镇生活垃圾处理工程。

第二节　小流域水环境综合治理项目

包括水环境质量提升工程、河道水环境综合整治工程、农业面源污染治理工程。

第三节　水源地保护项目

包括城市饮用水水源地保护工程、农村饮用水水源地保护工程、南水北调水质安全保障工程。

6 长江经济带沿线各省市相关政策

表 2

长江经济带沿线各省市政策一览

省、市	成文时间	文件名称	政策内容	关注重点
上游 重庆市	2018.05	《重庆市建立流域横向生态保护补偿机制实施方案（试行）》	将全市范围内流域面积 500 平方千米以上且流经 2 个区县及以上的 19 条河流（涉及 33 个区县）全部纳入流域横向生态保护补偿机制的实施范围，要求上下游区县间签订具有约束力的补偿协议	协同保护；补偿机制
	2021.02	《重庆市国民经济和社会发展第十四个五年规划和二〇三五年远景目标纲要》	（1）改善水环境质量。（2）建立健全环境治理的领导责任体系、企业责任体系、全民行动体系、监管体系、市场体系、信用体系及法规政策体系	改善水环境质量；治理体系建设
	2021.11	《重庆市人民代表大会常务委员会关于加强嘉陵江流域水生态环境保护的决定》	与四川省人民政府建立健全嘉陵江流域水生态环境保护协同机制、联席会议协调机制、信息共享系统、横向补偿制度，协商统一制定嘉陵江流域生态流量系统、信息共享系统、横向补偿制度，协商统一制定嘉陵江流域生态流量调度机制等	协同保护机制
	2022.01	《重庆市生态环境保护"十四五"规划（2021—2025年）》	改善水环境质量。加强河流水质目标管理，加强重点水环境综合治理，修复水生态扩大水环境容量	加强管理和修复
	2022.06	《重庆市水生态环境保护"十四五"规划（2021—2025年）》	到 2025 年，全市水生态环境持续改善，主要水污染物排放总量持续减少，长江上游生态屏障更加巩固，减污降碳取得成效。到 2035 年，全市水生态环境根本好转，长江上游重要生态屏障全面筑牢，山清水秀美丽之地基本建成，人民对优美水生态环境的需要得到基本满足	改善水环境质量

续　表

省、市	成文时间	文件名称	政策内容	关注重点
四川省 上游	2016.04	《四川省加快推进生态文明建设实施方案》	（1）科学划定资源环境生态红线，严守环境质量底线。（2）加强生态建设与保护，严格水资源保护。（3）全面推进污染防治，持续推进水污染治理	守线、保护、治理
	2016.12	《四川省人民政府办公厅关于健全生态保护补偿机制的实施意见》	建立和完善多元化的生态保护补偿机制。到2020年，实现重点生态领域和重点生态区域生态保护补偿基本覆盖，保护主体责任进一步落实，补偿标准体系进一步规范，资金来源渠道基本稳定，补偿水平与经济社会发展状况更加适应，跨区域、跨流域横向补偿试点取得突破性进展，多元化补偿机制初步形成，符合我省省情的生态保护补偿制度体系基本建立，对生态文明建设促进作用更加明显	水流生态保护补偿、跨区域、跨流域横向补偿试点
	2018.09—2018.10	《沱江流域横向生态保护补偿协议》《沱江流域横向生态保护补偿机制实施方案》	成都、自贡、泸州、德阳、内江、眉山、资阳等7个沱江流域城市，按照"保护者得偿、受益者补偿、损害者赔偿"的原则，2018—2020年，7市每年共同出资5亿元，设立沱江流域横向生态补偿资金，并建立"厂网河"一体化管理模式，构建常态长效河道管理体系	横向生态补偿；常态长效河道管理体系
	2018.12	《四川省人民政府办公厅关于优化区域产业布局的指导意见》	（1）加快推进长江干流和主要支流沿岸产业布局优化，严禁在长江干流及主要支流沿岸1千米范围内新建布局重化工、煤化工、涉磷、造纸、印染、制革等项目。（2）积极稳妥腾退化解落后过剩产能，大力发展绿色低碳循环经济，加快传统产业转型发展、绿色发展	沿岸产业布局优化；化工污染项目、化工污染整治

续 表

省、市		成文时间	文件名称	政策内容	关注重点
上游	四川省	2019.06	《四川省流域横向生态保护补偿奖励政策实施方案》	2018—2020年，按照"早建早给、早建多给、不建不给"的原则，对四川省与相关省（市）签订补偿协议、建立跨省流域横向生态保护补偿机制的和省内同一流域上下游所有市（州）协商签订补偿协议、建立起流域横向生态保护补偿机制的，奖励资金采取先预拨、后清算的模式，资金安排与绩效评价结果挂钩	跨省流域横向生态保护补偿机制
		2021.11	《四川省嘉陵江流域生态环境保护条例》	嘉陵江流域实行河湖长制，分级分段组织领导本行政区域内流域的水资源保护、水域岸线管理、水污染防治、水环境治理、水生态修复、水土流失防治，执法监督等工作，协调政府有关部门依法履行法定职责	深入打好污染防治攻坚战；水资源保护
		2022.01	《四川省"十四五"生态环境保护规划》	（1）加强水资源保护利用。（2）强化水环境污染治理。（3）开展水生态保护修复。（4）加强饮用水水源地保护。（5）深化地下水污染防治。（6）推进美丽河湖保护与建设	
		2022.05	《四川省贯彻落实第二轮中央生态环境保护督察报告整改方案》	（1）生态环境质量持续改善。（2）强化产业空间布局。（3）优化调整生态环境管控。（4）强化流域生态保护。（5）持续提升水环境质量	
		2022.09	《中共四川省委 四川省人民政府关于深入打好污染防治攻坚战的实施意见》	（1）打好重点流域限期达标攻坚战。（2）打好长江保护修复攻坚战。（3）打好黄河生态保护治理攻坚战。（4）打好城市黑臭水体治理攻坚战。（5）全面推进美丽河湖建设。（6）巩固提升饮用水水源地保护水平	

205

续　表

省、市	成文时间	文件名称	政策内容	关注重点
贵州省 上游	2011.07	《贵州省赤水河流域保护条例》	赤水河流域保护实行责任制，流域各级人民政府及其主要负责人对本行政区区域内赤水河流域保护负责	跨流域协调保护
	2016.11	《贵州省水资源保护条例》	（1）明确规划水域水量、水质和水生态保护目标，制定污染物限制排放总量控制方案，提出水质保障、水质保护和水生态保护与修复措施等。（2）有关单位和个人开展水资源开发利用、废水和污水排放，航运、旅游以及河道管理范围内项目建设等可能对水功能区有影响的涉水活动，应当对水功能区水量、水质、水生态的影响进行环境影响评价。（3）对水质不达标或者新增入河（湖）排污口，应当暂停审批新增入河（湖）排污口，由县级以上环境保护行政主管部门会同监督入河（湖）排污口整治，经限期治理仍然没有达到要求关闭令关闭的入河（湖）排污单位作出责令关闭的决定。	河湖长制
	2018.02	《赤水河流域横向生态保护补偿协议》	（1）赤水河流域保护实行责任制，流域各级人民政府及其主要负责人对本行政区区域内赤水河流域保护负责。（2）省人民政府有关部门，按照水资源、水生态、水环境统筹以及赤水河流域保护规划和水功能区划要求，制定赤水河流域保护水质控制指标，用水总量控制指标、污染物排放总量控制指标，逐级分解落实到赤水河流域县级以上人民政府，经省人民政府批准后，纳入政府及其主要负责人目标责任考核内容。（3）赤水河流域县级以上人民政府依法实行河长制、湖长制，分级分段组织领导本行政区域内江河、湖泊的水资源保护、水域岸线管理、水污染防治、水环境治理等工作	跨流域协调保护机制

续 表

省、市	成文时间	文件名称	政策内容	关注重点
贵州省 上游	2018.11	《贵州省水污染防治条例》	(1) 水污染防治规划。(2) 监督管理。(3) 饮用水水源与地下水保护。(4) 水污染防治措施。(5) 流域污染防治。(6) 风险监控控制预警与应急处置。(7) 法律责任	水污染防治
	2019.05	《贵州省开展长江珠江上游生态屏障保护修复攻坚行动方案》	(1) 强化生态环境空间管控，严守生态保护红线。(2) 排查整治排污口，推进水陆统一监管。(3) 加强农村人居环境整治，有效防范生态环境风险。(4) 持续改善农业面源污染短板，遏制农业面源污染趋势。(5) 补齐环境基础设施短板，保障饮用水水源水质安全。(6) 加强航运生态防治，防范船舶港口环境风险。(7) 优化水资源配置，有效保障生态用水需求。(8) 强化生态系统管护，严厉打击生态破坏行为	加大排污治理
	2020.12	《贵州省赤水河等流域生态保护补偿办法》	按照"谁超标谁付费、谁保护谁受益""市县为主、省级奖补"的流域横向补偿机制，充分调动各地各部门保护水环境的积极性，不断改善全省流域生态环境质量。据了解，该办法适用于贵州省内流域生态补偿，主要包括乌江、赤水河藻江、柳江、沅江、红水河、北盘江、南盘江、牛栏江横江等水系干流。横向补偿通过采取横向生态补偿、省级奖补相结合的方式开展流域生态补偿。横向补偿主要为跨市（州）界考核断面选取化学需氧量、氨氮、总磷为主要考核因子	横向补偿与省级奖补相结合的流域生态补偿
	2021.01	《贵州省国民经济和社会发展第十四个五年规划和二〇三五年远景目标纲要》	加强水污染防治	水污染防治

续表

省、市		成文时间	文件名称	政策内容	关注重点
上游	贵州省	2021.03	《黔南州乌江等流域生态保护补偿实施细则》	按照"谁超标谁付费、谁保护谁受益"的原则，采取横向补偿与奖补相结合的方式对黔南州乌江等流域开展流域生态补偿	流域生态保护补偿长效机制
		2022.03	《贵州省"十四五"重点流域水生态环境保护规划》	到2035年，贵州省水生态环境总体优良，基本达到与美丽中国建设相适应的水生态环境目标。水资源和水环境承载能力与生产生活方式总体相协调（水位）得到有效保障，水源涵养功能进一步增强，生物多样性保护水平明显提升。主要污染物排放总量持续削减，城乡黑臭水体全面消除，居民饮水安全得到全面保障，基本满足人民群众对优美生态环境的需要	削减排污，保护水资源
	云南省	2016.01	《云南省水污染防治工作方案》	到2020年年底，全面完成《云南省水污染防治目标责任书》工作目标，水环境质量得到阶段性改善	水污染防治
		2017.01	《云南省人民政府办公厅关于健全生态保护补偿机制的实施意见》	（1）以六大水系、九大高原湖泊、具有重要生态功能的大型水库以及集中式饮用水水源地为重点，全面开展水源涵养、加大水土保持生态效益补偿资金筹集力度。（2）创新重点流域生态保护补偿机制。在有条件的区域开展建立跨省流域横向生态保护补偿工作	保护补偿机制
		2021.05	《云南省生态文明建设排头兵规划（2021—2025年）》	（1）以革命性举措抓好高原湖泊保护治理。（2）加大六大水系水污染防治力度。（3）持续提升饮用水安全保障水平。（4）持续深化水污染治理。（5）整治黑臭水体	持续深入打好碧水保卫战

续　表

省、市		成文时间	文件名称	政策内容	关注重点
上游	云南省	2021.05	《云南省人民代表大会常务委员会关于加强赤水河流域共同保护的决定》	云南省、贵州省、四川省按照统一规划、统一标准、统一监测、统一防治措施的要求，共同推进赤水河流域保护责任，共同推进赤水河流域保护	赤水河流域联席会议协调机制；司法工作协作机制；生态环境联合预警预报机制
		2021.08	《云南省创建生态文明建设排头兵促进条例实施细则》	统筹山水林田湖草沙冰一体化保护和系统治理，加强水环境、水生态水资源系统保护和修复，全面提升水生态环境质量	加强保护修复，全面提升水环境质量
		2022.05	《云南省赤水河流域保护条例》	省人民政府，昭通市及镇雄县、威信县人民政府应当加强对赤水河流域保护工作的领导，将赤水河流域保护纳入国民经济和社会发展规划，健全和落实河湖长制、生态环境保护责任制、考核评价制度以及赤水河流域生态环境保护和修复的财政投入	建立健全赤水河流域协调机制
		2022.07	《云南省"十四五"重点流域水环境综合治理工作方案》	到 2025 年，基本形成较为完善的城镇水污染防治体系，基本消除劣 V 类水体和县级以上城市建成区黑臭水体。主要水污染物排放总量持续减少，九大高原湖泊水功能区水质达标率持续提高，六大水系环境质量持续改善	城镇水污染防治体系
		2022.08	《中共云南省委办公厅云南省人民政府办公厅印发〈关于深化生态保护补偿制度改革的实施意见〉》	聚焦重要生态环境要素，完善分类生态补偿制度；围绕生态安全重点，健全纵向生态保护补偿制度；推动实现生态利益共享，深化横向生态保护补偿；发挥市场机制作用，加快推进多元化生态保护补偿等深化生态保护补偿制度改革	深化生态保护补偿制度改革

续 表

省、市	成文时间	文件名称	政策内容	关注重点
中游 江西省	2017.05	《江西省人民政府办公厅关于健全生态保护补偿机制的实施意见》	推进河流源头区、重要生态治理区和重要湖库生态保护补偿	生态保护补偿机制
	2018.05	《鄱阳湖生态环境综合整治三年行动计划（2018—2020年）》	(1)开展工业污染集中整治。(2)强化重点企业排污监管。(3)深入推进化工污水整治。(4)提升河湖长制工作实效。(5)强化水环境质量管理。(6)加强生活污水治理。(7)加快集中式饮用水水源地规范化整治。(8)推进农村集中式饮用水水源地保护工作。(9)推进中式饮用水水源地应急体系建设	水污染整治
	2019.01	《江西省在赣江流域开展按流域设置生态环境监管和行政执法机构试点实施方案》	(1)建立赣江流域生态环境保护协调机制。(2)强化赣江流域生态环境监管和综合行政执法。(3)合理确定赣江流域生态环境监管和行政执法职责边界	生态环境保护协调机制；明确和加强环境监管、执法力度
	2021.11	《江西省"十四五"生态环境保护规划》	(1)加强水资源、水环境、水生态系统治理。(2)深化水污染治理。(3)推进流域综合治理	
	2022.05	《九江市"十四五"生态环境保护规划》	(1)加强水资源、水生态、水环境系统治理。(2)深化水污染源头治理。(3)统筹推进流域水生态环境保护。(4)水生态环境保护提升工程	加强治理

续表

省、市	成文时间	文件名称	政策内容	关注重点
	2018.02	《湖北省人民政府办公厅关于建立健全生态保护补偿机制的实施意见》	到2020年，实现我省森林、水流、湿地、耕地、大气、荒漠等重点领域和禁止开发区域、重点生态功能区、生态保护区等重要生态保护区域的生态保护补偿全覆盖，跨流域补偿试点范围明显扩大；基本建立与我省经济社会发展状况相适应的生态保护补偿制度体系，生态保护者与受益者良性互动的多元化补偿机制不断完善，促进形成绿色生产方式和生活方式	明确生态保护补偿主体、范围、方式、标准、评价与考核
中游 湖北省	2019.06	《湖北省长江保护修复攻坚战工作方案》	到2020年年底，长江流域水质优良（达到或优于Ⅲ类）的国控断面面比例达到88.6%以上，丧失使用功能（劣于Ⅴ类）的国控断面比例低于1.8%，力争全面消除；省控断面水质总体逐年改善；地级及以上城市建成区黑臭水体消除比例达90%以上，城市集中式饮用水水源水质达到国家考核要求。在全省范围内，以长江、汉江、清江等73条重点河流、洪湖、斧头湖、网湖、汤逊湖等17个重点湖泊（21个水域）和丹江口水库、漳河水库等11座水库为重点开展保护修复攻坚行动	强化生态红线空间管控；全面排查整治入河排污口，严格水源地保护；加快推进工业污染治理；深入开展农业农村环境污染防治；加快城镇污水、垃圾处理设施建设改造；加强港口码头和船舶污染防治

续　表

省、市	成文时间	文件名称	政策内容	关注重点
中游 湖北省	2019年 年底	《道观河流域横向生态补偿协议》	道观河水库地跨武汉市新洲区和黄冈市团风县，是新洲区重要的饮用水水源地。为持久保护良好水质，新洲、团风两县（区）探索建立道观河流域横向生态补偿机制。根据协议约定，在道观河水库设立监测点4个，每月开展采样监测，监测项目为水质标准基本项目和补充项目29项。监测结果由双方互质确认，如有争议时互查并共同审定。 建立全联防共治机制。在补偿机制的助力下，两地联系交往更加紧密，定期召开联席会商会议，及时开展联防共治，统筹推进巡查监管，推动落实好协议任务。2019年至今，两县（区）级会商10次，部门（街镇）级会商11次，联合执法检查10次，协同推进环境调查评估，保护实施方案编制，面源污染治理与修复，生态治理和生态旅游发展转型等工作。 实现流域生态保护共赢。2019年9月，道观河流域生态补偿项目获得长江经济带生态保护生态补偿300万元，2020年再获奖励217万元。追加资金落实了道观河水库水质自动站监测体系建设，库区排口调查溯源，水源保护区设施建设，水库生态放养管护、团风周边库区畜禽退养、流域农村环境综合整治等项目，推动道观河流域转型发展生态文化旅游产业。2020年9月，团风、新洲两县（区）共同组织考核验收收会议，评估确认生态补偿协议落实到位，道观河水质稳定保持在Ⅱ类并持续改善，新洲区如约向团风县拨付生态补偿资金300万元	武汉市和黄冈市流域协同保护治理

续 表

省、市		成文时间	文件名称	政策内容	关注重点
中游	湖北省	2020.07	《湖北省汉江流域水环境保护条例》	适用于本省行政区域内汉江流域水污染防治、水生态修复和水资源保护等活动。本条例所称汉江流域,是指本省行政区域内十堰市、神农架林区、襄阳市、荆门市、随州市、孝感市、潜江市、天门市、仙桃市、武汉市境内汉江干流及其支流汇水面积内的水域和陆域	水污染防治、水生态修复和水资源保护
		2021.11	《湖北省生态环境保护"十四五"规划》	以改善水生态环境质量为核心,坚持污染减排和生态扩容两手发力,加强截污控源、清淤活流、调水引流,统筹水环境治理、水资源利用、水生态保护,持续推进水生态环境质量改善	统筹推进"三水"共治,持续改善水生态环境质量
		2021.12	《湖北省水安全保障"十四五"规划》	实施重点湖泊水生态修复	水生态修复
		2022.01	《汉北河及汈汊湖跨流域上下游突发水环境污染事件联防联控协议》和《府河跨流域上下游突发水环境污染事件联防联控协议》	武汉市、孝感市、荆门市和天门市生态环境局签订了《汉北河及汈汊湖跨流域上下游突发水环境污染事件联防联控协议》;武汉市、孝感市和随州市生态环境局签订了《府河跨流域上下游突发水环境污染事件联防联控协议》。协议约定了建立联动机制,开展隐患排查,及时通报信息,开展联合监测,加强污染管控,实施协同处置,做好纠纷调处,后期处置通报等具体措施	跨流域上下游突发水环境污染事件联防联控

续 表

省、市		成文时间	文件名称	政策内容	关注重点
中游	湖北省	2022.04	《长江中游城市群发展"十四五"实施方案 湖北省主要目标和任务分工方案》	协同推进长江水环境治理	深入实施长江经济带生态环境保护修复，加强河湖生态保护，强化河湖水域岸线空间管控，持续实施污染治理"4+1"工程
		2022.05	《通顺河流域跨市断面水质考核生态补偿协议》	（1）通顺河流域上下游"双向生态补偿协议"；（2）约定水质类别考核目标为IV类，主要污染物因子包括化学需氧量、氨氮、总磷等3项，以IV类水质对应的浓度参数进行考核	武汉市和仙桃市协同生态补偿保护
		2022.05	《武汉长江高水平保护十大攻坚提升行动实施方案》	（1）沿江化工企业关改搬转绿色转型攻坚提升行动。（2）长江入河排污口溯源整治攻坚提升行动。（3）船舶和港口污染防治攻坚提升行动。（4）水资源保障攻坚提升行动。（5）长江流域非法码头整治攻坚改堤提升行动	（1）推动绿色低碳转型，共同筑牢生态安全屏障。（2）六大污染治理攻坚提升行动。（3）四大生态保护修复攻坚提升行动

续　表

省、市	成文时间	文件名称	政策内容	关注重点
中游 湖南省	2012.09	《湖南省湘江保护条例》	2018年修改后，湘江流域实行河长制管理；建立健全湘江保护联合执法机制	严控排污
	2016.07	《长沙市湘江流域水污染防治条例》	长沙市行政区域内湘江流域地表水和地下水体的污染防治	水环境保护目标责任制和考核评价制度；严控排污
	2018.06	《湖南省污染防治攻坚三年行动计划(2018—2020年)》	(1)推进转型升级，加快形成绿色发展方式。(2)加大法规政策支持。(3)强化科技支撑	严控排污
	2019.06	《湖南省流域生态保护补偿机制实施方案（试行）》	在湘江、资水、沅水、澧水干流和重要的一、二级支流，以及其他流域面积在1800平方千米以上的河流，建立水质水量奖罚机制、流域横向生态保护补偿机制	水质水量奖罚机制；流域横向生态保护补偿机制
	2020.04	《澧水流域横向生态保护补偿协议》	从2020年1月1日起，每月以常德市与张家界市澧水交界断面水质作为考核依据，若当月断面水质类别达到Ⅰ类标准，或较上年同期水质有所提升时，常德市将补偿张家界市80万元；若当月断面水质为Ⅱ类标准时，张家界市将补偿常德市80万元；若当月断面水质为Ⅲ类标准时，互不补偿	常德市和张家界市的横向生态保护补偿协议
	2021.03	《湖南省国民经济和社会发展第十四个五年规划和二〇三五年远景目标纲要》	(1)推进长江经济带突出环境问题整治。(2)推进水污染治理	(1)持续改善环境质量。(2)推进转型升级，加快形成绿色发展方式

续　表

省、市	成文时间	文件名称	政策内容	关注重点
中游 湖南省	2021.05	《湖南省洞庭湖保护条例》	根据洞庭湖水环境质量状况和水污染防治工作的需要，省人民政府生态环境主管部门按程序拟定洞庭湖总磷、氨氮等重点水污染物的排放总量削减和控制方案，报省人民政府批准后下达到湖区市、县（市、区）人民政府，湖区市、县（市、区）人民政府应当将控制指标分解落实到排污单位	污染防治
	2022.01	《湖南省贯彻落实〈中华人民共和国长江保护法〉实施方案》	强化和落实河湖长制、林长制，推进上下游、左右岸、干支流建立共建共治共享机制。（省水利厅、省林业局）严格长江经济带发展负面清单管理，适时调整优化长江经济带发展负面清单实施细则。（省发展改革委）依法规划定河湖管理范围，编制河湖管护线保护与利用规划，夯实河湖管控基础；持续推进河湖"清四乱"常态化规范化，强化水域岸线空间管控	共建共治共享机制
	2022.02	《湖南省大通湖流域水环境综合治理试点实施方案与可持续发展（2022—2024年）》	试点范围包括大通湖区全域（河坝镇、北洲子镇、金盆镇、千山红镇、南湾湖办事处）、南县片区（明山头镇、青树嘴镇、乌嘴乡、华阁镇、茅草街镇）和沅江片区（草尾镇、阳罗洲镇、黄茅洲镇、四季红镇）。力争到2024年，大通湖流域水环境质量得到明显改善，入湖主要污染物排放总量明显减少，国控考核断面总磷浓度下降20%以上；流域内城镇污水处理率达95%以上	（1）优化流域治理格局，加强湖泊保护分区管理；加强水域岸线管控。（2）推进流域源减污。（3）加强流域治理体制机制创新

续表

省、市		成文时间	文件名称	政策内容	关注重点
下游	上海市	2017.01	《关于本市全面推行河长制的实施方案》	（1）加强水污染防治和水环境治理。（2）加强河湖水面积控制。（3）加强河湖水域岸线管理保护。（4）加强水资源保护。（5）加强水生态修复。（6）加强执法监管	（1）突出预防性控制。（2）深入打好污染防治攻坚战。（3）提升生态系统服务功能，维护城市生态安全
		2017.03	《上海市工业绿色发展"十三五"规划》	突出预防性控制，扩大清洁生产覆盖面	
		2020.02	《关于长江（上海段）管理范围的规定》	就长江（上海段）管理范围作出规定	
		2020.12	《上海市绿色发展行动指南（2020版）》	（1）财政补贴政策。（2）税收政策。（3）金融支持政策	
		2021.08	《上海市生态环境保护"十四五"规划》	（1）水环境综合治理。（2）健全生态系统监管体系	
	江苏省	2017.06	《江苏省"十三五"节能减排综合实施方案》	（1）控制重点区域流域排放。（2）建立市场化交易机制。（3）推进环境污染第三方治理	（1）主要污染物总量减排行动计划。（2）推进绿色产业发展。（3）坚持水陆统筹，巩固提升水环境质量。（4）坚持多措并举，落实长江大保护
		2020.03	《江苏省政府关于推进绿色产业发展的意见》	（1）优化产业空间布局。（2）大力发展循环经济。（3）提升产业安全生产治理能力。（4）强化产业污染治理。（5）完善绿色产业治理体系	
		2021.02	《江苏省国民经济和社会发展第十四个五年规划和二〇三五年远景目标纲要》	（1）全面推动流域水环境综合治理。（2）有效防范重大环境风险。（3）深化生态文明制度创新	

续　表

省、市		成文时间	文件名称	政策内容	关注重点
下游	江苏省	2021.09	《江苏省"十四五"生态环境保护规划》	（1）健全水环境质量改善长效机制。（2）持续深化水污染防治。（3）推动重点流域生态环境治理。（4）扎实开展海洋生态环境保护。	（1）主要污染物总量减排行动计划。（2）推进绿色产业发展。（3）坚持水陆统筹，巩固提升水环境质量。（4）坚持多措并举，落实长江大保护
		2021.11	《南京市"十四五"生态环境保护规划》	（1）加强长江岸线保护。（2）提升入江支流水质。（3）确保饮用水源安全。（4）防治航运船舶污染。（5）实施生态保护修复	
		2021.12	《苏州市"十四五"生态环境保护规划》	（1）实施水环境质量目标管理。（2）切实保障区域水安全。（3）持续深化水污染防治。（4）持续加大"一江两湖两河"保护力度。（5）大力推进生态美丽河湖建设。（6）水环境综合治理工程	
	浙江省	2016.09	《浙江省参与长江经济带建设实施方案（2016—2018年）》	（1）加强长江口海域环境保护和综合治理。（2）加强长江支线航道水环境治理和水资源保护。（3）统筹推进生态环境协同保护	
		2016.11	《浙江省生态环境保护"十三五"规划》	（1）保障饮用水源安全。（2）深化流域水环境治理。（3）狠抓工业污染防治。（4）强化城乡统筹治理。（5）加强船舶港口污染控制	（1）协同打造绿色生态廊道。（2）深化"五水共治"，提升水环境质量
		2021.05	《浙江省生态环境保护"十四五"规划》	（1）坚持控源、扩容两手发力，以"美丽河湖""污水零直排区"建设为载体，深化"五水共治"碧水行动。（2）持续深化水环境治理。（3）着力提升水生态健康。（4）强化水资源刚性约束。（5）全方位保障饮用水安全。（6）治水领域重大工程	
		2021.12	《湖州市生态环境保护"十四五"规划》	（1）深化水环境治理。（2）加强河湖水生态修复。（3）治水重大工程	

续表

省、市	成文时间	文件名称	政策内容	关注重点
安徽省 下游	2017.01	《安徽省长江经济带化工污染整治专项行动工作方案》	整治重点：(1)沿江化工企业不符合主体功能区规划，在生态保护红线、自然保护区、水源保护区以及其他环境敏感区域内设立化工园区（集中区）等突出问题。(2)沿江化工企业污水不达标或超标排放，入河排污口设置不符合相关要求，污水处理设施尚未建设，配套不完善，运行不正常，恶意偷排等突出问题。(3)落后、淘汰、污染的化工产能或生产工艺未依法依规关闭，并向长江中上游转移，黑化小作坊、化工小区等突出问题。(4)沿江化工企业未进入园区（集中区），化工园区基础设施不配套等突出问题。(5)沿江化工企业和化工园区监管不到位，监管机制不健全，惩治执法偏软、治理力度偏弱等突出问题	(1)长江经济带化工污染整治。(2)优化区域生态系统，推动生态环境共保联治。
	2020.01	《安徽省实施长江三角洲区域一体化发展规划纲要行动计划》	(1)加快建设绿色生态屏障。(2)强化更高标准重点领域污染防治。(3)健全更加紧密防控联防联控体系	
	2021.02	《安徽省国民经济和社会发展第十四个五年规划和2035年远景目标纲要》	水利重大工程：(1)大江大河大湖治理。(2)控制性枢纽建设。(3)防汛薄弱环节提升。(4)重大引调水及重点水源工程建设。(5)灌区建设	

续 表

省、市		成文时间	文件名称	政策内容	关注重点
下游	安徽省	2021.04	《安徽省实施长江三角洲区域一体化发展规划纲要行动计划 2021 年工作要点》	推动生态环境共保联治，打造具有重要影响力的经济社会发展全面绿色转型区	（1）长江经济带化工污染整治。（2）优化区域生态系统，推动生态环境共保联治
		2022.01	《安徽省"十四五"生态环境保护规划》	（1）纵深推进长江经济带生态修复和环境治理。（2）全方位保障饮用水安全。（3）优化实施地表水生态环境质量目标管理。（4）持续深化水污染治理。（5）切实推进生态扩容。（6）水生态环境提升重大工程	

参考文献

［1］边慧. 从绿色经济角度进行水治理［J］. 河北水利，2016（3）：21.

［2］卞戈亚，陈康宁，黄莉. 河北省水资源–产业系统协同度分析［J］. 水利经济，2010，28（3）：17-20.

［3］曹小星，延军平，闫军辉. 工业活动对地下水影响程度分析：以陕西省榆林市为例［J］. 云南师范大学学报（自然科学版），2009，29（5）：62-66.

［4］陈惠娟，千怀遂. 中国特大城市水资源消费及其与经济和气候的关系：以北京、上海和广州为例［J］. 生态环境，2006，15（6）：1331-1336.

［5］陈文艳，王好芳. 基于模糊识别的流域水资源配置评价［J］. 水电能源科学，2009，27（4）：29-30，66.

［6］陈锡康，刘起运，齐舒畅，等. 水利投入占用投入产出表的编制与应用［J］. 中国统计，2003（8）：10-11，16.

［7］陈小波. 探讨水资源管理和实现水资源的可持续发展［J］. 城市建设理论研究（电子版），2017（9）：71.

［8］李兴林. 基于主体功能区的重庆市水资源合理配置探讨："合理配置和高效利用水资源服务城乡发展"专题研讨会主题报告［C］//重庆市水利学会. 重庆市水利学会"合理配置和高效利用水资源服务城乡发展"专题研讨会论文汇编. 重庆市水资源管理站，2013.

［9］成晋松，吕惠进，刘玲. 太原市用水量影响因素的灰色关联分析［J］. 水资源与水工程学报，2012，23（2）：109-111，115.

［10］邓虹. 农村可持续发展与水资源保护：江西农村社会变迁过程中的

环境观察［J］. 农业考古，2005（6）：352-357.

［11］邓建伟，金彦兆，胡想全. 甘肃省水资源投入产出分析［J］. 水资源与水工程学报，2018，29（1）：62-66.

［12］邓履翔，陈松岭. 水资源需求管理研究分析与实施建议［J］. 水资源与水工程学报，2009，20（6）：77-83，87.

［13］邓铭江. 中国西北"水三线"空间格局与水资源配置方略［J］. 地理学报，2018，73（7）：1189-1203.

［14］翟浩辉. 水利与经济社会发展问题［J］. 水利经济，2005，23（1）：1-8.

［15］董婕，张华丽，延军平. 西安城市化进程对城市用水的影响［J］. 资源科学，2010，32（8）：1520-1526.

［16］范波芹，陈筱飞，刘志伟. 浙江水资源规划引导空间均衡发展的实践思考［J］. 水利发展研究，2014，14（9）：33-38.

［17］高荣伟. 我国水资源污染现状及对策分析［J］. 资源与人居环境，2018（11）：44-51.

［18］郭书英. 坚持绿色发展理念推进流域水生态环境治理工作［J］. 海河水利，2017（2）：14-15.

［19］郭嫣. 水资源保护与可持续发展的关系研究［J］. 资源节约与环保，2014，29（10）：136.

［20］韩丽萌，郭君华. 新发展理念下绿色投资促进经济高质量发展［J］. 中国管理信息化，2021，24（19）：133-134.

［21］何静，陈锡康. 水资源影子价格动态投入产出优化模型研究［J］. 系统工程理论与实践，2005，25（5）：49-54.

［22］何智励，汪发元，汪宗顺，等. 绿色技术创新、金融门槛与经济高质量发展：基于长江经济带的实证［J］. 统计与决策，2021，（19）：116-120.

［23］黄杰，金华丽. 中国绿色创新效率的区域差异及其动态演进［J］. 统计与决策，2021，37（21）：67-71.

［24］侯建，白婉婷，陈建成. 创新活力对区域绿色发展转型的门槛机理

研究：人力资本视角［J］. 科技管理研究，2021，41（15）：207-214.

［25］胡健，伍荣. 水资源与农业的发展问题研究：以四川地区为例［J］. 农村经济，2007（12）：106-109.

［26］黄初龙，郑朝洪. 福建省水资源供需平衡区域差异分析［J］. 资源科学，2009，31（5）：750-756.

［27］黄德春，林欣，贺正齐. 黄河流域经济高质量发展与水资源消耗脱钩关系研究［J］. 经济与管理评论，2022，38（3）：25-37.

［28］黄燕芬，张志开，杨宜勇. 协同治理视域下黄河流域生态保护和高质量发展：欧洲莱茵河流域治理的经验和启示［J］. 中州学刊，2020（2）：18-25.

［29］黄永基，陈晓军. 我国水资源需求管理现状及发展趋势分析［J］. 水科学进展，2000，11（2）：215-220.

［30］贾绍凤，梁媛. 新形势下黄河流域水资源配置战略调整研究［J］. 资源科学，2020，42（1）：29-36.

［31］贾绍凤，张士锋，杨红，等. 工业用水与经济发展的关系：用水库兹涅茨曲线［J］. 自然资源学报，2004，19（3）：279-284.

［32］蒋惠风，曹赟，南飞. 苏南水资源与生态经济协同发展研究［J］. 经济论坛，2015（3）：23-25.

［33］焦士兴，王安周，张馨歆，等. 黄河流域河南段经济高质量发展与水资源利用效率耦合协调研究［J］. 创新科技，2020，20（4）：68-77.

［34］康艳青，刘羽晴，朱永明. 沿黄城市生态保护与高质量发展的耦合协调性分析与预测［J］. 生态经济，2022，38（10）：190-197.

［35］李贺静，于瑛. 农业节水技术的采用及影响因素［J］. 农业与技术，2016，36（4）：70.

［36］李京善. 水权分配影响因素分析与对策［J］. 南水北调与水利科技，2008，6（6）：121-123.

［37］李林红. 滇池流域可持续发展投入产出系统动力学模型［J］. 系统工程理论与实践，2002，22（8）：89-94.

［38］李庆林，黄春花. 浅谈水资源的保护与可持续发展［J］. 黑龙江水利科技，2016，44（3）：157-158.

［39］李然，姚洪敏. 邯郸水资源短缺对农业的影响及对策［J］. 中国水利，2010（3）：22-24.

［40］李原园，李云玲，何君. 新发展阶段中国水资源安全保障战略对策［J］. 水利学报，2021，52（11）：1340-1346，1354.

［41］廖虎昌，董毅明. 基于 DEA 和 Malmquist 指数的西部 12 省水资源利用效率研究［J］. 资源科学，2011，33（2）：273-279.

［42］林长义. 水资源保护和可持续发展战略［J］. 科技传播，2014，6（14）：116-117.

［43］刘昌明. 对黄河流域生态保护和高质量发展的几点认识［J］. 人民黄河，2019，41（10）：158.

［44］刘丹丹，冯利华，王宁，等. 基于 BP 神经网络的义乌市水资源需求量预测［J］. 水资源与水工程学报，2010，21（4）：114-117.

［45］刘丹丹，冯利华，王宁. 基于反向传播神经网络的区域水资源需求量预测：以金华市为例［J］. 浙江大学学报（农业与生命科学版），2011，37（2）：231-236.

［46］刘海涛. 合理开发利用水资源助力经济又好又快发展［J］. 吉林农业（上半月），2015（12）：73.

［47］刘红梅，王克强，刘静. 虚拟水贸易及其影响因素研究［J］. 经济经纬，2008，25（2）：50-53.

［48］刘娇妹，闫肃，吕剑峰，等. 黄河流域生态保护和高质量发展对策：以河南省为例［J］. 铁道建筑技术，2022（9）：42-45，65.

［49］刘磊. 加强水资源保护 实现可持续发展［N］. 许昌日报，2014-06-19（002）.

［50］刘明广. 环境规制对绿色创新的影响效应研究［J］. 技术经济与管理研究，2021（9）：29-33.

［51］刘庆生. 浙江省水资源利用效率研究［J］. 水利经济，2010，28

（2）：28-30.

［52］刘雅鸣. 盛世治江谋发展 科技兴江惠民生［J］. 中国水利，2015（24）：35-36.

［53］刘玉铭. 立足水情强化管理：促进水资源可持续利用与经济社会可持续发展［J］. 科技创新与应用，2014，4（21）：138.

［54］刘子增，徐康，卢兴旺. 和谐水价模型研究［J］. 中国农村水利水电，2010（2）：84-86.

［55］卢丽文，宋德勇，李小帆. 长江经济带城市发展绿色效率研究［J］. 中国人口·资源与环境，2016，26（6）：35-42.

［56］鲁仕宝，黄强，马凯，等. 虚拟水理论及其在粮食安全中的应用［J］. 农业工程学报，2010，26（5）：59-64.

［57］陆志波，王娟. 科学发展观与生态城市水资源保护［J］. 科学管理研究，2005，23（2）：5-7，19.

［58］罗会武. 税收与水资源保护关系的研究［J］. 税务研究，2007（7）：22-25.

［59］罗利民，仲跃，张晟，等. 基于可持续发展的区域水资源多目标优化配置研究［J］. 水文，2006，26（4）：6-9.

［60］罗文刚，方凯，陈博，等. 无定河流域水环境综合治理与高质量发展重点任务分析［J］. 水利规划与设计，2022（10）：4-7，62.

［61］毛春红，周治国. 基于水资源影响下的种植制度结构调整研究：以江苏省为例［J］. 安徽农业科学，2008，36（6）：2436-2438.

［62］宁瑶，刘雅莉，杜剑卿，等. 黄河流域可持续发展评估及协同发展策略［J］. 生态学报，2022，42（3）：990-1001.

［63］牛存孝，崔玉阁. 海水利用对GDP的拉动效应分析［J］. 科技信息（学术版），2007（27）：308-309.

［64］彭祥. 我国宏观与区域发展战略对水资源配置的影响研究［J］. 中国水利，2008（13）：23-26.

［65］秦长海，甘泓，卢琼，等. 基于SEEAW混合账户的用水经济机制

研究［J］．水利学报，2010，41（10）：1150-1156.

［66］邱立新．西北地区煤炭开发利用对水环境影响预测分析［J］．干旱区资源与环境，2010，24（1）：148-153.

［67］隋凤波．水资源保护及水资源可持续利用分析［J］．河南水利与南水北调，2014（20）：3-4.

［68］孙才志，王妍，李红新．辽宁省用水效率影响因素分析［J］．水利经济，2009，27（2）：1-5.

［69］孙才志，张蕾，闫冬．我国水资源安全影响因素与发展态势研究［J］．水利经济，2008，26（1）：1-4，25.

［70］孙凡，解建仓，吴景霞．跨流域调水对调水区产业结构发展的长期影响［J］．西安建筑科技大学学报（自然科学版），2008，40（1）：132-136.

［71］孙敏，汪翙．水资源价格对水资源保护的作用［J］．水资源保护，2004，20（6）：62-63.

［72］谭逢娟．加强水资源节约和保护促进合理配置和高效利用［C］//重庆市水利学会．重庆市水利学会"合理配置和高效利用水资源服务城乡发展"专题研讨会论文汇编．石柱土家族自治县水务局，2013.

［73］汪达，汪明娜，汪丹．改革我国的水资源保护经济政策［J］．科技导报，2004，22（1）：51-54.

［74］汪旺，铁舒雅，杨森．陕西省水资源与经济高质量发展耦合关系研究［J］．水利科技与经济，2021，27（2）：1-6.

［75］王浩，韩素华，秦大庸．市场经济条件下农业水资源高效利用模型研究［J］．中国水利水电科学研究院学报，2003，1（3）：179-184.

［76］王浩，胡鹏．水循环视角下的黄河流域生态保护关键问题［J］．水利学报，2020，51（9）：1009-1014.

［77］王红瑞，刘晓燕．水资源紧缺对北京市GDP增长造成的不利影响分析［J］．北京师范大学学报（自然科学版），2001，37（4）：559-562.

［78］王慧亮，申言霞，李卓成，等．基于能值理论的黄河流域水资源生态经济系统可持续性评价［J］．水资源保护，2020，36（6）：12-17.

［79］王建华. 生态大保护背景下长江流域水资源综合管理思考［J］. 人民长江, 2019, 50（10）：1-6.

［80］王婧, 杜广杰. 中国城市绿色创新水平的空间差异及分布动态［J］. 中国人口科学, 2021（4）：74-85, 127.

［81］王孟. 长江水资源保护与流域经济社会发展关系研究［J］. 人民长江, 2015, 46（19）：75-78.

［82］王西琴, 杨志峰, 刘昌明. 区域经济结构调整与水环境保护：以陕西关中地区为例［J］. 地理学报, 2000, 55（6）：707-718.

［83］王西琴. 水环境保护与经济发展决策模型的研究［J］. 自然资源学报, 2001, 16（3）：269-274.

［84］王喜峰, 张景增. 水资源管理的供给侧结构性改革研究［J］. 水利经济, 2018, 36（1）：42-45.

［85］王笑舒, 王乐. 水资源的循环经济发展模式研究［J］. 产业与科技论坛, 2013, 12（21）：28-29.

［86］王欣欣. 规制研发与绿色创新［J］. 技术经济与管理研究, 2021（8）：25-30.

［87］王亦宁. 城市水务市场化背景下我国城市水价分析［J］. 水利经济, 2010, 28（2）：31-35.

［88］魏山忠. 落实长江大保护方针为长江经济带发展提供水利支撑与保障［J］. 长江技术经济, 2017（1）：8-12.

［89］魏莹, 张辉. 浅谈水资源的保护与可持续发展［J］. 科学技术创新, 2017（34）：125-126.

［90］吴邦信, 孙海健. 加快构筑中国循环经济型社会的水资源保护和开发利用新模式［J］. 环境保护, 2004, 32（8）：26-29.

［91］夏军, 黄浩. 海河流域水污染及水资源短缺对经济发展的影响［J］. 资源科学, 2006, 28（2）：2-7.

［92］肖贵清, 尹聪. 水文助力长江经济带高质量发展探讨［J］. 中国水利, 2019（3）：38-40, 43.

［93］谢书玲，王铮，薛俊波. 中国经济发展中水土资源的"增长尾效"分析［J］. 管理世界，2005（7）：22-25，54.

［94］谢卫奇，田贵良，谢文轩. 虚拟水战略适宜性评价的指标体系研究［J］. 水利经济，2010，28（2）：12-15，30.

［95］徐文婷. 基于可持续发展的水资源保护策略探讨［J］. 黑龙江科技信息，2015（11）：286.

［96］许继军，曾子悦. 适应高质量发展的南水北调工程水资源配置思路与对策建议［J］. 长江科学院院报，2021，38（10）：27-32，39.

［97］许继军，王永强. 长江保护与利用面临的水问题及其对策思考［J］. 长江科学院院报，2020，37（7）：1-6.

［98］许长新，田贵良. 社会水资源利用的投入产出研究［J］. 财经研究，2006，32（12）：16-24.

［99］严冬，周建中. 水价改革及其相关因素的一般均衡分析［J］. 水利学报，2010，41（10）：1220-1227.

［100］严婷婷，贾绍凤. 水资源投入产出模型综述［J］. 水利经济，2009，27（1）：8-13.

［101］杨海镇，马海州，沙占江，等. 绿洲发展的水资源总供给与总需求模型［J］. 盐湖研究，2004，12（1）：51-56.

［102］杨朝均，王冬彧，毕克新. 制度环境对工业绿色创新的空间效应研究［J］. 科研管理，2021，42（12）：108-115.

［103］尹立河，张俊，姜军，等. 南疆地区水资源问题与对策建议［J］. 中国地质，2023，50（1）：1-12.

［104］于洪波. 论西部地区水资源供给与需求的动态均衡：退耕还林的一种新思路［J］. 理论学刊，2006（8）：48-50.

［105］于冷，戴有忠. 吉林省水资源投入产出分析［J］. 系统工程理论与实践，2000，20（2）：136-140.

［106］于长剑，刘廷玺，朝伦巴根，等. 通辽市宏观经济水资源优化配置研究［J］. 水利水电技术，2004，35（12）：5-9.

［107］袁汝华，耿小娟，邱德华. 区域水资源供需的系统动力学仿真［J］. 水利经济，2007，25（4）：7-9，23.

［108］张存刚，郭心怡. 甘肃沿黄生态经济带建设研究［J］. 开发研究，2022（4）：103-112.

［109］张凤梅. 水资源的保护和水资源的可持续开发探讨［J］. 科技创新与应用，2013，3（28）：129.

［110］张莉，赵兵，李爱武. 促进水利经济发展与城市水环境"双赢"的探讨［J］. 科技创业月刊，2013，26（5）：94-96.

［111］张恬姿，王小军，齐广平，等. 甘肃省水资源-经济社会-生态环境耦合协调驱动因素研究［J］. 水利水运工程学报，2023（3）：38-46.

［112］张晓军，侯汉坡，吴雁军. 基于水资源利用的北京市第三产业结构优化研究［J］. 北京交通大学学报（社会科学版），2010，9（1）：19-23.

［113］张晓军，侯汉坡，徐栓凤. 基于水资源优化配置的北京市第二产业结构调整研究［J］. 北京工业大学学报（社会科学版），2009，9（4）：12-18.

［114］张永林. 人力资本、环境规制与绿色技术创新：基于长江经济带省域面板数据的实证［J］. 时代经贸，2021，18（8）：92-95.

［115］赵继芳. 浅谈水资源保护与可持续利用［J］. 科技创新与应用，2013，3（36）：109.

［116］郑华平，刘刚. 河西水资源与农业产业结构调整的战略思考［J］. 兰州大学学报（社会科学版），2004，32（2）：119-124.

［117］中国投入产出学会课题组. 国民经济各部门水资源消耗及用水系数的投入产出分析：2002 年投入产出表系列分析报告之五［J］. 统计研究，2007，24（3）：20-25.

［118］周静. 水资源开发补偿的制度架构研究［J］. 农业经济，2008（11）：51-53.

［119］周利军. 水利工程建设与保护生态环境可持续发展［J］. 黑龙江科学，2014，5（4）：268.

［120］朱芳芳. 我国的环境保护与可持续发展研究［J］. 科技与创新，

2016（10）：31.

［121］朱于珂，高红贵，肖甜. 工业企业绿色技术创新、产业结构优化与经济高质量发展［J］. 统计与决策，2021，37（19）：111-115.

［122］MALTHUS T R. An Essay on the Principle of Population［M］. New York：Oxford University Press，1798.

［123］ROMER D. Advanced Macroeconomics［M］. 2nd. ed. Shanghai：Shanghai University of Finance & Economics Press，2001.